Frontier Series
日本語研究叢書 28

現代日本語の反復構文

構文文法と類像性の観点から

野呂 健一

くろしお出版　2016

Repetitive Constructions in Modern Japanese:
From the Viewpoint of Construction Grammar and Iconicity

First published 2016

Kurosio Publishers
3-21-10, Hongo, Bunkyo-ku, Tokyo 113-0033, Japan

ISBN 978-4-87424-721-1
printed in Japan

まえがき

野呂健一さんの好著がくろしお出版から刊行されることを、心よりうれしく思う。野呂さんとの出会いは、名古屋YWCA・日本語教育セミナーである(2003年)。当時から学習意欲、言葉を見るセンスが際立っていた。その後、2005年に名古屋大学大学院国際言語文化研究科・現代日本語学講座に入学し、博士前期課程2年、後期課程3年の計5年間熱心に研究に励み、2010年に博士号を取得した。しかも、フルタイムの仕事をしながらである。研究中心の週末はもちろんのこと、毎日暗いうちに起床し、出勤までの数時間を研究に充てていたと聞く。野呂さん自身がご家族を心から愛する優しいお人柄であるからこそ、ご家族の理解・支えが得られ、研究に没頭できたのではないかと甚だ勝手ながら推測する。

野呂さんは、研究に取り組む姿勢と優れた研究成果の両面で、大学院生の模範であった。実は、模範という言葉では言い尽くせず、仕事と両立しながら着実に研究成果を挙げていく姿は、現代日本語学講座の他の院生にとっては脅威であった。私自身も野呂さんから、もっと頑張らねばという気持ちにさせられた一人である。

以下、本書の位置付け、特に優れている点、注目すべき点について簡単に触れたい。本書は、現代日本語の約20の反復構文(同一語句の反復を構成部分として含み、反復される語句を何らかの程度で入れ替えることが可能であり、部分から厳密には予測できない形式的および意味的特徴を持つ、形式と意味が慣習的に結びついた単位)を考察対象としたものである。これまでの日本語の意味・文法の研究において手薄であった反復構文という言語現象に注目したこと自体、野呂さんのセンスのよさを強く感じる。浅学を省みず言えば、この種の表現がこれまで十分に研究されなかったのは、ある意味で必然的とも思われる。というのは、反復構文は、文法的に規則性の高い現象と形態素・語あるいは慣用句といった個別性の強い項目という二分法では適切に扱えないものであり、野呂さんが援用している構文文法の考え方からアプローチするのに、まさにふさわしいものだからである。

さて、本書は、まず、各反復構文の意味を的確に明示的に記述しているという点で、日本語の意味・文法の記述的研究として大きな貢献をしている。なお、意味記述に先立ち、各反復構文の意味が、構成要素からは完全には予測できないこと、つまりは各構文自体が意味を有することを、意味と形式の両面から証拠を積み重ね、実証している。そのうえで、意味の記述に当たって、適切な実例を豊富に提示するとともに、非文も活用し、堅実に論を進めており、説得力がある。さらに、「NらしいN」と「Nの中のN」(「男らしい男」と「男の中の男」等)、「PといえばP」と「PことはP」(「忙しいといえば忙しい」と「忙しいことは忙しい」等) 等の類義関係にある反復構文の意味の違いについても綿密に検討することによって、意味記述の精度が一層高いものになっている。

また、個々の反復表現の意味・形式の両面を詳細に検討し、さらに構文間の比較を行うことによって、構文らしさ(構成要素や統語規則からどの程度予測できない表現であるか)に程度性・段階性があることを明らかにしたことも注目に値することである。

さらに、各反復構文の意味は、同一語句の反復という形式と無関係ではないという見通しに立ち、言語形式と意味内容の間に類似関係を認める類像性の観点から、同一語句の反復が表現全体の意味にどのように貢献しているかを考察している点も大変興味深い。例えば、「NというN」という反復構文が、類義の「すべてのN」とは異なり、複数の物や事態の1つ1つに焦点を当てる表現であることを明らかにしたうえで、この種の構文には、同じ名詞を繰り返すという形式上の特徴と意味との間に類像性が見出せることを導いている。

加えて、名詞反復構文および動詞反復構文については下位分類を行っており、反復構文の体系の構築に向かっている。これは、反復構文としてどのようなものがありえるか、あるいはありえないかということも含めて、今後の研究に対して1つの枠組みを提供するものである。

本書の最後には、本書で扱われていない反復構文が相当数挙げられている。今後、野呂さん自身、さらには本書に刺激を受けた若い方々が、より広範囲の反復構文の研究に取り組み、構文文法への理論的貢献も含めて、さらに研究が発展することを強く願う。本書は、そのような発展が近い将来実現することの重要な基盤を成すものである。

名古屋大学教授　籾山洋介

目　次

本書における表記法

（1） 引用例の出典は例文の後の（ ）内に示す。詳細は論文の末尾に例文出典として挙げる。例文の後に出典が示されていないものは、筆者による作例である。

（2） 例文には、章ごとの通し番号を付してあるが、既に示した例文を再度示す場合は、例文の後の（ ）内に、等号で初出の例文番号を挙げて、その例文が既出であることを示す。

（3） 例文の文頭、または分析対象語句に付された「*」は、その表現が非文であることを示し、「?」は非文ではないが容認度が低いことを示す。

（4） 例文中、直接考察対象となっている箇所は下線（　　）で示し、それ以外の問題となる箇所は波線（　　）で示す。

（5） 同一文中で、複数の語句（A と B）が置き換え可能である場合、{A ／ B}のように示す。また、その例文が引用例である場合には、A の位置に来る語句が、元の引用例で用いられている語句である。

（6） 英文の引用の後に（ ）付きで日本語訳が示されている場合、特に断りのない場合は筆者によるものである。

（7） 引用文中、筆者によって省略した箇所は、（中略）または（以下省略）として示す。

（8） 注は章ごとに通し番号を付し、各ページ末に挙げる。

（9） 図表番号は、全章を通しての連番とする。

第1章
序　論

1.1　研究の対象と目的

現代日本語には、1つの文の中で同じ語句が繰り返される表現(以下「反復構文」と呼ぶ)が相当数存在する。同じ語句の反復は、いわゆる「ことばのあや」として用いられる場合もあるが[1]、本書で考察対象とするのは、そのような修辞法の一種としての反復法ではなく、同じ語句の繰り返しを含むパターンが何らかの意味と慣習的に結びついた構文である。

本書は、現代日本語のさまざまな反復構文を、言語は人間の認知能力が反映したものであると考える認知言語学の観点から考察したものである。個々の構文について、類義表現や関連表現との比較を行いながら詳細に分析するとともに、包括的な分析によって、それらの構文全般に認められる特性を見出すことを目的とする。

現代日本語の研究は、従来文法や語彙を対象にしたものが中心であったが、最近は語と文の中間に位置する、複合辞と呼ばれる表現形式についての研究も盛んに行われている。本書が行う反復構文の研究も、そのような複合

1　野内(2005: 314)によると、反復法とは、強調のため、あるいは文体的効果をねらって同一の語句を少なくとも二度以上繰り返し使うことである。修辞法としての反復法の例を以下に挙げる。

(a)　太郎をねむらせ、太郎の屋根に雪ふりつむ。
　　二郎をねむらせ、二郎の屋根に雪ふりつむ。　(三好達治「雪」)

(b)　我が母よ 死にたまひゆく 我が母よ 我を生まし 乳足らひし母よ　(斎藤茂吉)

辞研究の一環に位置づけることができる。

以下は、本書が考察対象とする反復構文を、第3章以降の考察で用いた分類に従い、例示したものである。

A. 同一名詞の反復構文

（1） 私には、彼女が、いまの世の中ではめずらしいほど自然な、人間らしい人間だと思えた。

（見尾三保子『お母さんは勉強を教えないで』、p.185、新潮文庫）

（2） ティンバーウルフは、けっして人に慣れない狼の中の狼。

（荻原浩『神様からひと言』、p.67、光文社文庫）

（3） 直亮の病は医者という医者を集め、八方手を尽くしても快方に向かわず、それどころか重くなる一方だという。

（諸田玲子「妊婦にあらず」、日本経済新聞、2006年2月3日）

B. 同一動詞の反復構文

（4） あの人、私の母のところへ飛んできて、泣きに泣いたのを覚えています。

（有吉佐和子『悪女について』、p.39、新潮文庫）

（5） とにかく、向こうが私に積極的になってきたんだ。仕方がないでしょう、払っても払ってもやってくる、可愛い子犬みたいなものですよ。

（乃南アサ「忘れ物」、『家族趣味』所収、p.129、新潮文庫）

（6） 「開墾補助費」が三百円位出るには出た。然し家族連れの移住費を差し引くと、一年の開墾にしか従事することが出来なくなる。

（小林多喜二『不在地主』、青空文庫）

C. 同一形容詞の反復構文

（7） そこでマネージャーは無言でぱっと両手を肩のところで拡げ、首をかしげて、今夜は忙しくて忙しくてという身振りをする。

（岡本かの子『母子叙情』、青空文庫）

D. 同一述語の反復構文[2]

（8） 寂しいといえば寂しいが、そのほうが気楽といえば気楽で、2DK の賃貸マンションから始まった四人家族の歴史は、こんなふうにして徐々に終わりを迎えていくのかもしれない、という気もする。

（重松清『ビタミン F』、p.267、新潮文庫）

（9） といって教授診察の日には、この病棟係が筆記者として教授の傍につくことはついた。しかしそれも午前十一時近くまでであった。

（北杜夫『楡家の人びと』、新潮 100）

これらの反復構文には、構成要素の意味の総和から全体の意味を完全には導き出すことができないという共通点がある。例えば、（3）の「医者という医者」は概略で「すべての医者」という意味であるが、構成要素である 2 つの「医者」という名詞、助詞「と」、および、動詞「いう」の意味の総和から、そのような意味を導くのは困難である。「油を売る」や「骨を折る」のような慣用句も同様に、構成要素の意味の総和から全体の意味を導き出すことができないという特徴を持つが、慣用句の場合、具体的な語の組み合わせが固定しているのに対して[3]、反復構文は繰り返される語句の部分をある程度自由に入れ替えることができるという違いがある。例えば、前述した「医者という医者」の「医者」の代わりに他の名詞を入れても、同様に「すべての（名詞）」という意味をあらわすことができる。そのため、これらの表現の多くは一般的な辞書に掲載されることが少なく、慣用的な表現として認識されにくい。本書の第 1 の目的は、これらの表現の 1 つ 1 つについて、さまざまな意味的および形式的特徴の考察や類義表現との比較を行いながら、構文的意味を記述することである。

考察の理論的基盤として、構文文法（Construction Grammar）（Fillmore, Kay

---

2 この範疇に属する表現は、繰り返される部分に、日本語の述語、すなわち、動詞、形容詞、名詞 +「だ」のいずれかが用いられるものである。

3 籾山（2002: 123）参照。例えば、「仕事の途中で無駄話などをして怠ける」という意味をあらわすのに、「油を売る」とはいえても、「オイルを売る」、「油を販売する」などと表現することはできない。

and O'Connor 1988、Goldberg 1995、Kay and Fillmore 1999、Croft 2001など）からのアプローチを援用する。構文文法では、一般的統語規則と語彙知識からは説明できないような単位（形式と意味の結びつき）を、「構文」（construction）として設定する必要があると考えられている[4]。本書でも、考察対象となる反復表現を構文であると考え、分析を行う[5]。構文文法からのアプローチを援用することにより、合成的解釈からは得られない構文的意味を記述することができるとともに、類義表現との違いや構文間の関連性について明らかにすることができる。

本書の第2の目的は、同一語句の反復という形式と構文的意味との関係を明らかにすることである。例えば、（4）の「泣きに泣いた」は「泣く」という行為の反復・継続とその程度の甚だしさをあらわしているが、そのような意味と動詞「泣く」の反復という形式が無関係であるとは考えられない。言語形式と意味内容との間に何らかの類似関係を認める類像性（iconicity）が反映した表現であると考えることができる。前述したとおり、構文とは構成要素の意味を合成的に解釈しても全体の意味を厳密には導くことができないものであるが、構成要素の意味が構文の意味に貢献することを否定するものではない。同一語句の反復という形式に結びついた意味が全体の意味にどのように貢献しているかを類像性の観点から考察することによって、各表現の意味記述をより詳細に行うことができるとともに、今後、本書で取り上げていない他のさまざまな反復構文について考察する際の手がかりとなる。

本書では、約20の反復構文を考察対象としているが、現代日本語の反復構文を網羅したものではない。取り上げた表現については、前述した構文的意

4 constructionに「構文」という訳語が当てられているが、文（sentence）のレベルのことではなく、句のパターンであっても、形式と意味が慣習的に結びついたものであれば、「構文」と呼ぶ。この点について、大堀（2001: 530）も、Construction Grammarは語と文の間に本質的な境界を設けないので、constructionは厳密には「統合体」や「構成体」というほうが適切であるとしていながら、constructionの訳語を「構文」としている。なお、大堀（2001）は、Construction Grammarについて、文法的知識と語彙的知識との連続性を念頭において「文法」に限定せず「構文理論」と呼ぶが、本書では慣例にしたがい、「構文文法」と呼ぶことにする。

5 これ以降、反復表現に慣習的意味が結びついたものを「反復構文」と呼ぶ。

味がどの程度認められるかということ、および、ある程度生産性が高い表現であること、という2つの基準により選択した。

構文的意味、すなわち、構成要素の意味の総和から導き出せない意味については、程度性、段階性がある。構成要素の意味がほとんど喚起されないようなものから、かなりの程度構成要素の意味から全体の意味が予測可能なものまで、さまざまな段階が存在する。本書では、全体の意味の予測可能性が低いものを中心に取り上げることとし、予測可能性がかなりの程度高いものについては、構文として記述する必要性が薄いと考える。例えば、以下の例では、「NからNへ」という構文が認められるが、この場合、「ある村から別の村へ」という意味が予測可能である[6]。

(10)　中央部の木綿を栽培する地方では、綿桃を摘むのからが女の仕事で、小さな綿繰り器を家々に持っていたが、それでも綿打ちだけはもう男の職人があった。彼らは綿を打つ大きな弓を携えて、<u>村から村へ</u>渡りあるいていた。　(柳田国男『木綿以前の事』、青空文庫)

次に、生産性がある程度高いという基準について述べる。構文の生産性が高いというのは、多くの語彙項目に適用可能ということである。第1の基準の構文的意味と同様に、生産性についても、段階性が存在する。かなり自由に、さまざまな語とともに用いることができるものから、用いられる語が限定されるものまで、さまざまな段階が認められる。生産性がかなり低い構文、すなわち、適用可能な語彙項目が極端に少ない構文については、構文としての意味を記述するよりも個々の語彙項目として記述するほうが適切であると考える。生産性の低い構文の例として以下のような、「NなきN」という構文を挙げる。「道なき道」のほかには、「夢なき夢」のような表現はあるが、「道路なき道路」「希望なき希望」は不自然である。

(11)　迎えに行った浩さんは吹雪のために道を失い、腹の方まで埋る<u>道なき</u>

6　この場合も、全体の意味が部分の意味の総和から完全に予測可能なわけではない。言語表現上の「村」は2つであるが、渡りあるいた村が2つだけとは考えにくく、「ある村から別の村へ、いくつもの村を次々と」渡りあるいたと解釈されるからである。

道を歩き通したために胃腸を冒され、お蔭で花嫁さん(?)を前に、二三日起きることも出来なかったとか。(犬田卯『沼畔小話集』、青空文庫)

本書が考察対象として取り上げる反復構文は、全体の意味が部分の意味の総和から予測されにくく、かつ、生産性がある程度高い表現であるという2つの基準を満たし、構文としての意味を記述する必要性の高いものである。

1.2 反復構文についての先行研究

本書と同様に、現代日本語のさまざまな反復構文を取り上げている先行研究に国広(1985a, 1989, 1997)、林(1986)、Okamoto(1990, 1994)がある[7]。

国広(1985a, 1989, 1997)は、日本語の反復構文について、全体の枠組みが固定していて、その中の要素が変わりうる、変項を含む表現であると述べ、句全体の意味は文法構造から直接出てくるものとは異なっているので慣用句の一種であるとしている[8]。合わせて15の表現が取り上げられ、実例とともに意味が簡潔に記述されているが、その意味が文法構造から導き出すことのできないものであることについては具体的に説明されていない。例えば、国広(1997: 282)は、(12)の下線部のような表現を(13)のように記述している。

(12) 一瞬も飽きることのなかった鈍行の旅も終わりに近づき、麦畑また麦畑が続く風景も単調となって、ようやく出てきた疲れに、私はわれ知らずウトウトとしていた。 (堀淳一『ヨーロッパ軽鉄道の詩』)

(13) A また A(A は名詞)

7 そのほか、それぞれの反復表現について、反復語句以外の語句についての研究の中で考察されているものもあるが、それらの先行研究については、第3章以降の個別の分析の中で取り上げることとする。

8 国広(1989, 1997)は、この種の表現を「枠組慣用句」と名づけ普通の慣用句と区別し、同じ語が二度繰り返されていることが共通の特徴であるとしているが、このように変項を含む慣用句は反復表現に限られるものではない。その一例として、鍋島(2003)は以下のような「...... ひとつ ...... ない」という表現を構文文法の観点から分析している。

(a) ワープロひとつろくに使いこなせない(ようじゃ、うちじゃ使えませんね。)

(同書 : 83)

＜ずらりと並ぶA＞（Aが出来事のときは＜連続的に起こるA＞）

しかし、「麦畑また麦畑」が「ずらりと並ぶ麦畑」という意味であれば、「麦畑」の繰り返しと「また」の意味から十分導き出すことができると思われる。また、同じ語の繰り返しがもたらす意味と全体の意味との関係や、各表現の持つ意味的および形式的特徴、類義表現との比較等、さらなる考察の余地がある。

林（1986）は、現代日本語の慣用的表現の類型を提示している。単独では自立できない、常に他の語と結合することによって使用可能な付属的慣用表現の中で、同一語の反復を含むものを1つの類型として示し、それらは「具体的な表現をなすとき、単なる文字通りの意味以上のものがある」と述べている（同書: 311）。反復構文について、構成要素の意味の総和以上の意味を持つものとしている点は本書も同じ立場であるが、各表現についての例文を挙げているのみで、意味記述が行われておらず、「文字通りの意味以上のもの」を持つことについて論証されていない。

Okamoto（1990, 1994）は、日本語に同じ語句の繰り返しを含む表現が相当数存在することを指摘し、そのうちのいくつかの表現について考察している。それらの表現の意味は完全に分析可能でもなければ恣意的でもない、つまり、イディオム的ではあるが構成要素の意味によって動機づけられていると述べている。例えば、Okamoto（1994）では、以下の例のような動詞の反復構文（「VにV」、「VばVほど」、「VてもVても」）について分析している[9]。

(14)　京子は走りに走った。　（同書 : 384）

(15)　食べれば食べるほど大きくなれるのよ。　（同書 : 386）

(16)　腹の底から抑えても抑えても抑えきれない怒りが込みあがってきてしまったのだ。　（同書 : 391）

いずれの場合も、動詞の繰り返しが概念的増加を類像的にあらわす一方

9　Okamoto（1990, 1994）からの例文は、原典ではローマ字表記である。次章以降において同書から引用した例文も同様である。

で、全体の意味は構成要素の意味から完全には予測できないものであることを示している。ただし、Okamoto (1990, 1994) では考察が及んでいない点として、以下の3点が挙げられる。

1. 各表現について意味的および形式的特徴を詳細に記述しているが、最終的な構文的意味がメタ言語によってあらわされていない。
2. 類義表現との比較がされていない。例えば、「VてもVても」と「どんなに／いくらVても」との違いについて考察されていない。
3. 同じ語句の繰り返しが概念的増加を類像的にあらわすとしているが、品詞による違いについて考察されていない。例えば、「VばVほど」において、動詞の代わりに形容詞が用いられる場合との違いについて明らかにされていない。

以上のような先行研究を踏まえ、本書では、現代日本語のさまざまな反復構文について、繰り返される語句の種類別に考察し、意味的特徴および形式的特徴を分析し、構文的意味を記述するとともに、必要に応じて類義表現や関連表現との比較を行う。また、同じ語句の繰り返しが全体の意味（構文的意味）にどのように貢献しているかに着目し、考察対象として取り上げたさまざまな反復構文が共通点を持つことを指摘する。

1.3 本書の構成

本書の構成は以下のとおりである。

第2章では、本書の理論的基盤となる諸概念について概観する。前述したように、本書が考察対象とするさまざまな反復構文について、形式と意味が慣習的に結びついた単位として認める必要があることを主張するにあたり、構文文法（Construction Grammar）からのアプローチを援用する。また、同一語句の反復という形式と意味との関わりについては、言語形式と意味内容の間に類似性を認める類像性（iconicity）の観点を導入する。さらに、第3章以降の考察において、言語は人間の認知能力が反映したものであると主張する認知言語学の諸概念を援用するため、具体的考察に入る前に、これらの理論や概念について、簡潔に説明を行う。

第3章では、名詞反復構文について考察する。取り上げる反復構文は、接尾辞「らしい」を含む反復構文(「NらしいN」など)、「Nの中のN」、「NNしている」、「NというN」、「NまたN」および「NにつぐN」の6つである。これらの表現について、意味的特徴および形式的特徴等を考察し構文としての意味を記述した後、必要に応じて類義表現との比較を試みる。また、名詞の反復がもたらす意味について考察し、それぞれの名詞反復構文の共通点を探る。

第4章では、動詞反復構文について考察する。取り上げる表現は、「汗を拭き拭き」のような動詞連用形重複構文、「VにV」、「VだけV」、「VばVほど」、「VてもVても」、「VにはV」、「VわVわ」の7つである。意味的特徴や形式的特徴、生起可能な動詞についての制約等を考察し構文としての意味を記述した後、必要に応じて類義表現との比較を試みる。また、動詞の反復がもたらす意味について考察し、それぞれの動詞反復構文の共通点を探る。

第5章では、形容詞反復構文について考察する。考察対象とするのは、「AばAほど」および形容詞テ形を含む反復構文である。「AばAほど」については、「VばVほど」との比較を行うことによって、動詞反復と形容詞反復の違いについて検討する。形容詞テ形の反復構文については、意味的特徴や形式的特徴について考察するほか、形容詞テ形の単独用法等との関係性について検討し、それらが互いに関連するネットワークを形成することを示す。

第6章では、日本語の述語形式(動詞、形容詞、名詞+「だ」)が、同一文中で繰り返され、全体としても文の中で述語として機能する、2つの表現(「PといえばP」、「PことはP」)について考察する。これらの表現は、いずれもカテゴリーの周辺例を焦点化する働きを持つことを指摘し、意味的特徴や形式的特徴について考察するほか、類義表現との比較を行う。

第7章では、本書のまとめを行い、今後の展望について述べる。

第2章

理論的背景

第1章で述べたとおり、本書では、現代日本語のさまざまな反復構文を取り上げ、構文文法（Construction Grammar）からのアプローチを援用して、各表現が持つ、構成要素などから予測できない意味的特徴および形式的特徴について詳細に記述する。また、同一語句の反復が全体の意味にどのように貢献しているかを、類像性（iconicity）の観点から考察する。

吉村（2002）が指摘するように、構文文法における構文観は、語彙と統語の厳密な区分を否定する点や、構文にプロトタイプを設定し、類似例をネットワーク的な拡張と捉えている点において、認知言語学の言語観に基づくものである。本書でも、第3章以降の個別の表現の分析において、認知言語学の基本的概念を援用している。

本章では、1節で、構文文法（Construction Grammar）、2節で、類像性（iconicity）、3節で、本書で援用するその他の基本的概念について、さまざまな先行研究を踏まえて概観する。

2.1　構文文法（Construction Grammar）

本節では、本書の理論的基盤となる構文文法（Construction Grammar）について概観する。「構文」という用語は伝統的には、「類似文の集合を統語の型から整理したリスト」であり、「記述的・学習的な便宜から、記憶・記録されるべき」（吉村 2002: 75）ものとして用いられてきた。

それに対して構文文法は、言語を人間の認知活動の一部として捉える認知言語学の枠組みから、構文を個々の語とは独立して存在する、意味と形式の対応物として捉える。構文文法は、Fillmore, Kay and O'Connor(1988)、Goldberg(1995)、Kay and Fillmore(1999)、Croft(2001)などにより展開されてきた文法理論である。生成文法と異なり、複数の開発者が異なった立場から推進しているので、「万世一系」のものではない(大堀 2001: 528)。Fillmore や Kay らが、従来十分に扱われてこなかったイディオム的な言語事実を取り上げ、その内部構造を詳細に記述しようと試みたのに対し、Goldberg は動詞の項構造という文構造のいわば中核的な部分に着目し、1つの形式に結びつく複数の意味の関係や構文間の関係をプロトタイプやメタファーといった認知言語学の概念を用いて捉えようとしているという違いがある[1]。

しかし、構文文法(Construction Grammar)は、上述したように、研究者によって考察対象とする言語表現や分析方法に違いがあるものの、「構文」という単位(形式と意味の慣習的結びつき)を設定する必要があると考えている点では共通している。Langacker(2005: 102)は、構文的アプローチが共有する基本的認識として12の事項を挙げている。そのうち、本書にとって特に重要な関わりを持つものを以下に挙げる。

(a) Constructions are form-meaning pairings.
(構文は形式と意味の組合せである)

(b) Constructions are linked in networks of inheritance ("categorization").
(構文は、継承("カテゴリー化")のネットワークで結ばれる)

(c) Linguistic knowledge comprises vast numbers of constructions, a large proportion of which are "idiosyncratic" in relation to "normal", productive-grammatical patterns.

---

1 Goldberg(2006: 213–214)は、構文的アプローチ(広義の構文文法)を以下の4つに分類している。

(a) Unification Construction Grammar(Fillmore, Kay, and O'Connor 1988, Kay and Fillmore 1999, etc.)
(b) Cognitive Grammar(Langacker 1987, etc.)
(c) Radical Construction Grammar(Croft 2001)
(d) Cognitive Construction Grammar(Lakoff 1987a, Goldberg 1995, etc.)

（言語知識は膨大な数の構文から成り、その大部分は、“通常の”生産的な文法パターンと比べて“特異な”ものである）

(d) A framework that accommodates “idiosyncratic” constructions will easily accommodate “regular” patterns as a special case (but not conversely).
（“特異な”構文を取り込む枠組みは、“規則的な”パターンを特殊例として容易に取り込むが、逆は成り立たない）

このうち、(a)は構文の定義、(b)は構文間の関係に関するものである。また、(c)と(d)は、通常の文法パターンから予測されないようなイディオム的構文の存在と、そのような構文を扱うことの意義について述べたものである。

まず、構文の定義について見てみよう。どのような単位を構文とするかについては、研究者によって異なる。Goldberg (1995: 4)は、構文を次のように定義している[2]。

> C is a CONSTRUCTION iff C is a form-meaning pair ⟨F_i, S_i⟩ such that some aspect of F_i or some aspect of S_i is not strictly predictable from C’s componentparts or from other previously established constructions.
> （Cが形式と意味のペア⟨F_i, S_i⟩であるときにF_iのある側面あるいはS_iのある側面が、Cの構成部分から、または既存の確立した構文から厳密には予測できない場合、かつその場合に限り、Cは一つの「構文」である。）
> （河上他訳 2001: 5）

さらに、Goldberg (1995)は、形態素も意味と形式から成り立っており、他の存在から予測することができない点において明らかに構文の事例であると

2　Goldberg (2006: 5)では、以下のように、Goldberg (1995)に比べ、より広く構文を定義し、予測不能性を構文の必要十分条件とはしていない。

> Any linguistic pattern is recognized as a construction as long as some aspect of its form or function is not strictly predictable from its component parts or from other constructions recognized to exist. In addition, patterns are stored as constructions even if they are fully predictable as long as they occur with sufficient frequency.
> （あらゆる言語パターンは、形式または機能のある側面が構成部分あるいは存在が認められた他の構文から厳密には予測できない場合、構文として認められる。加えて、十分予測できたとしても、十分な頻度で生じる場合、パターンは構文として蓄積される。）

述べている。

それに対して、Fillmore, Kay and O'Connor(1988: 501)は、構文について、以下のように述べている。

> Constructions may be idiomatic in the sense that a large construction may specify a semantics (and/or pragmatics) that is distinct from what might be calculated from the associated semantics of the set of small constructions that could be used to build the same morphosyntactic object.
> (同じ形態統語的対象を構成するために用いられる一連の小さな構文が結合した意味から予測されうるものとは異なる意味(と/や語用)を、大きな構文が特定するという意味で、構文はイディオム的になりうる。)

Croft and Cruse(2004)が指摘するように、Fillmore や Kay らにとっての構文は、構成要素の一部が入れ替え可能な形式的イディオム(formal idiom)である[3]。形式的イディオムとは、kick the bucket(死ぬ)、pull a fast one(一杯食わせる)のように語構成が特定された実質的イディオム(substantive idiom)に対するもので、以下の例のような表現が該当する[4]。

(1) The more carefully you do your work, the easier it will get.
(仕事は注意深くすればするほど、簡単になる。)
(Fillmore, Kay and O'Connor 1988: 507)

---

3 Taylor(2003)は、formal idiom を構文イディオム(constructional idiom)と呼び、一般的原理から予測できない性質を持っている点でイディオム的でありながら、語彙的イディオム(lexical idiom)と異なり、構文スキーマによって特徴づけられると述べている。

4 Substantive idiom と formal idiom の区別は連続的なものである。この点に関して、Croft and Cruse(2004: 248)は、以下のような4段階を示している。(a)の kick the bucket は語構成が固定しているが、(b)では give NP the lowdown の形で、NP の部分が特定されていない。(c)になると、let alone という機能語以外の要素はすべて入れ替え可能であり、(d)の結果構文では構成要素がすべて入れ替え可能となる。

(a) Jake kicked the bucket.(ジェイクは死んだ。)
(b) I gave him the lowdown.(私は彼に真相を話した。)
(c) She gave me more candy than I could carry, let alone eat.
(彼女は私に食べきれないどころか、持ちきれないほどのキャンディをくれた。)
(d) I had brushed my hair very smooth.(髪にブラシをかけて滑らかにした。)

（2）　Harry is the second cousin four times removed of Susan.　（同書 : 510）
（ハリーはスーザンの又従兄弟の曾々孫だ。）

（3）　He may be a professor, but he's an idiot.
（彼は確かに教授であるかもしれないが、大馬鹿である。）

（4）　Him be a doctor ?（彼が医者だって？）

（5）　No writing on the walls!（壁に落書きをするな。）（以上 3 例　同書 : 511）

この区別について日本語で考えてみると、「油を売る」等の慣用句は substantive idiom に相当し、本書が考察対象とするさまざまな反復構文は、繰り返される語句がある程度入れ替え可能であるため、formal idiom に相当するといえる。

第 1 章で述べたように、本書が考察対象とする反復構文も、構成要素の意味の総和から全体の意味を導くことができないという特徴を持ち、また、形式的にも同一語句の反復という特徴を備えているため、構文文法（Construction Grammar）における構文であると考えることができる。ここで、本書の考察対象である反復構文を、Goldberg（1995）や Fillmore, Kay and O'Connor（1988）における構文の定義を踏まえ、以下のように定義する。

反復構文：同一語句の反復を構成部分として含み、反復される語句を何らかの程度で入れ替えることが可能であり、部分から厳密には予測できない形式的および意味的特徴を持つ、形式と意味が慣習的に結びついた単位

また、Kay and Fillmore（1999: 4）は、独立した構文の存在を認めるための方法について以下のように記述している。

> First, we show that there are specific semantic interpretations associated by convention with just such sentences, interpretations that are neither given by ordinary compositional processes nor derived from a literal meaning by processes of conversational reasoning. Second, we demonstrate that sentences that carry such interpretations are subject to a special array of morphosyntactic

constraints.
（第1に、対象となる文と慣習的に結びついている特定の意味解釈が存在し、その解釈が通常の合成過程によるものでも、会話の推論によって文字どおりの意味から生じるものでもないことを示す。第2に、そのような解釈を持つ文が、特別な一連の形態統語的制約に従っていることを示す。）

第3章以降において、個別の反復構文について分析する際には、このような方法に従い、それぞれの構文が、構成要素や他の構文から予測できない、独自の形式的および意味的特徴を持つことを明らかにする。

次に構文間の関係について、Goldberg（1995）は、それぞれの構文は独立したものではなく、ネットワークを形成していると考える。構文間の関係を一般的に捉えるにあたって、Goldberg は、言語的組織化に関する心理学的原則を採用しているが、主なものは以下の A と B の2つである。

A. 動機づけ最大化の原則：構文 A が構文 B と統語的な関連性を持つ場合、構文 A のシステムは、それが構文 B と意味的な関連性を持つ程度まで、動機づけられている。こうした動機づけは最大化される。　（同書 : 67）

例えば、次の（6a）は移動使役構文、（6b）は結果構文であるが、いずれも、＜主語－動詞－目的語－副詞句＞という統語形式を持つ点では関連しているといえる。ここで、状態の変化を「新しい位置への移動」として捉え、結果構文をメタファー的な位置変化をあらわしていると考えることによって、2つの構文が意味的にも関連していることが明らかとなる。

（6）a.　Joe kicked the bottle into the yard.（ジョーは瓶を庭へ蹴り入れた。）
　　b.　Joe kicked Bob black and blue.
　　　　（ジョーはボブを蹴ってあざだらけにした。）　（同書 : 88）

B. 非同義性の原則：二つの構文の統語形式が異なる場合、それらは意味論的にも、あるいは語用論的にも、異なるものでなくてはならない。構文の語用論的側面には、トピックや焦点といった特定の情報構造が含まれ、さらに使用域など文体的な側面も含まれる。（同書 : 67）

次の (7a) のような二重目的語構文の多くは前置詞 to を用いて、(7b) のように書き換えることができるが、厳密には意味が異なる。(7a) には、彼女の母が実際に写真を見たという含意があるが、(7b) の場合、そうした含意を持たない。

(7) a. Mary showed her mother the photograph.
（メアリーは母親に写真を見せた。）
b. Mary showed the photograph to her mother (but her nearsighted mother couldn't see it).
（メアリーは母親に写真を見せた。（しかし、近眼の母親にはそれが見えなかった。））（同書 : 33）

また、二重目的語構文の間接目的語は有生物に限られるが、to を用いた書き換え表現の場合にはそのような制限はない。

(8) a. *I brought the table a glass of water.
b. I brought a glass of water to the table.
（私は一杯の水をそのテーブルに持っていった。）（同書 : 2）

Goldberg は、動機づけ最大化の原則に従って、2 つの構文の統語的・意味的関連性を認める際に、非対称的な「継承リンク」(inheritance link) を提唱する[5]（以下の 4 種類）。

① 多義性のリンク (Polysemy link)
② メタファー的拡張のリンク (Metaphorical extension link)
③ 部分関係のリンク (Subpart link)
④ 事例のリンク (Instance link)

5 ここで「非対称的」というのは、構文 A が構文 B を動機づけている場合、構文 A の情報が構文 B に継承されるのであり、構文 B の情報が構文 A に継承されることは想定されていないということである。

以下でそれぞれの継承リンクについて概要を述べる[6]。

まず、多義性のリンクの例としては、二重目的語構文が挙げられる。次の（９）のような中心的意味とそこから派生的に生じる拡張的意味との関係を捉えるものである[7]。この場合、中心的意味に対応する統語的特徴は、拡張例に継承されている。一方、中心的意味が「実際の移送」を意味するのに対し、(13)のように創造動詞が二重目的語構文と結びついた場合は、「実際の移送」ではなく「移送の意図」をあらわすにすぎないというように、中心的意味のすべてが拡張例に継承されるわけではない。

（９） ‘X CAUSES Y TO RECEIVE Z’(central sense)
(X が Y に Z を受け取らせる：中心的意味)
Joe gave Sally the ball.(ジョーはサリーにボールをあげた。)

(10) Conditions of satisfaction imply ‘X CAUSES Y TO RECEIVE Z’
(充足条件が、X が Y に Z を受け取らせることを含意する)
Joe promised Bob a car.(ジョーはボブに車を約束した。)

(11) ‘X ENABLES Y TO RECEIVE Z’
(Y が Z を受け取ることを X が可能にする)
Joe permitted Chris an apple.
(ジョーはクリスにリンゴを食べることを許可した。)

(12) ‘X CAUSES Y NOT TO RECEIVE Z’
(X が Y に Z を受け取らせない)
Joe refused Bob a cookie.
(ジョーはボブにクッキーをあげることを拒否した。)

(13) ‘X INTENDS TO CAUSE Y TO RECEIVE Z’

---

6 Goldberg(1995)が提唱した４つの継承リンクのうち、本書と関係するのは、①多義性によるリンクと②メタファー的拡張のリンクの２つである。

7 杉本(1998)は、二重目的語構文において、中心的意味をもとにさまざまな意味が派生的に生じている状況を考えるにあたって、Lakoff(1987)の放射状カテゴリー(radial category)の考え方が参考になるとしている。放射状カテゴリーとは、「中心的な成員を規定する基本的な下位範疇と、それらの成員とは異なる特徴を持つさまざまな成員を規定する変異体とが、放射状を成して関連する複合的なカテゴリー体系」(河上編著 1996: 210)のことである。

（Y に Z を受け取らせることを X が意図する）
Joe baked Bob a cake.（ジョーはボブにケーキを焼いた。）

（14）　'X ACTS TO CAUSE Y TO RECEIVE Z at some future point in time'
（将来のある時点で、Y に Z を受け取らせるように X が行動する）
Joe bequeathed Bob a fortune.（ジョーはボブに財産を遺贈した。）
（Goldberg 1995: 75）

次に、メタファー的拡張のリンクとしては、前述したような移動使役構文と結果構文の例がある。

（15）a.　Joe kicked the bottle into the yard.　（＝（6a））
（ジョーは瓶を庭へ蹴り入れた。）
b.　Joe kicked Bob black and blue.　（＝（6b））
（ジョーはボブを蹴ってあざだらけにした。）

もう 1 つ移動使役構文からメタファー的に拡張された例として、以下（16b）のような、移送の与格構文が挙げられる。この場合、所有権の移送を物理的移動として捉えるメタファーが働いており、（16a）の移動使役構文からの拡張として捉えられる。

（16）a.　Joe kicked the bottle into the yard.（移動使役構文）　（＝（6a））
b.　John gave an apple to Mary.（移送の与格構文）　（同書 : 89）
（ジョンはメアリーにリンゴをあげた。）

一方、移送の与格構文は、結果として二重目的語構文と類義関係になるが、両者には統語的な関連性はないため継承関係は成り立たず、前述したように厳密には意味が異なる（非同義性の原則）。

その他、部分関係のリンクとは、ある構文が独立して存在する別の構文の部分である場合、すなわち、ある構文と別の構文とが部分と全体の関係をなしている場合であり、事例のリンクとは、ある構文が他の構文の特殊例となっている場合である。

以上の4種類の継承リンクによって、さまざまな構文が相互に関連しネットワークを形成していると考えられている[8]。

Goldberg (1995) と同様に、本書は、それぞれの反復構文間の関連性についても検討する。動機づけ最大化の原則に従うと、同じ語句の繰り返しという形式上の共通点があるということは、意味的にも関連していると考えられるからである。一方、類義表現については、非同義性の原則に従い、形式が異なる以上、意味も異なるものでなければならないと考える。このように、さまざまな反復構文について意味の共通性を考察するとともに、類似した意味を持つ構文間においては、意味の違いを明らかにする。

2.2　類像性 (iconicity)

「記号分類のうち、記号と対象の関係が記号自体の特徴 (典型的には類似性) に基づくものを類像 (icon)」(大堀 2002b: 318) と呼ぶ。つまり、類像性 (iconicity) とは、記号と対象が何らかの類似関係を持つことである。そのような類像性が言語において現れる場合、「〔言語的な〕図式における要素間の関係が〔認知的な〕対象の要素間の関係と等しいもの」(大堀 1991: 96)、ある

8　Goldberg は、4つの継承リンクを同じレベルで扱っているが、多義性のリンクは他の3つと様相が異なる。他の3つは構文の拡張を動機づけるものであるのに対し、多義性のリンクは構文の意味がさまざまに拡張した結果であると考えられる。

また、部分関係のリンクで結びつけられる2つの構文はメトニミー (換喩) の関係、事例のリンクで結びつけられる2つの構文はシネクドキー (提喩) の関係にあるといえる。したがって、メタファー的拡張のリンクと併せると、多義語の複数の意味を動機づける3つの比喩 (籾山 2001) が、構文間の関係も動機づけていると考えることができる。

なお、メタファー、メトニミー、シネクドキーについては、籾山 (2001) による以下の定義に従う。

メタファー：二つの事物・概念の何らかの類似性に基づいて、一方の事物・概念を表す形式を用いて、他方の事物・概念を表すという比喩。

メトニミー：二つの事物の外界における隣接性、あるいは二つの事物・概念の思考内、概念上の関連性に基づいて、一方の事物・概念を表す形式を用いて、他方の事物・概念を表すという比喩。

シネクドキー：より一般的な意味を持つ形式を用いて、より特殊な意味を表す、あるいは逆により特殊な意味を表す形式を用いて、より一般的な意味を表すという比喩。

いは、「言語形式と認知的経験との組織的な対応関係」（大堀 1992: 37）と規定される。

大堀（1991）が指摘するように、言語における類像性は、擬声語・擬態語、すなわち、単語レベルでの音と意味との対応に限られるものではない。Ungerer and Schmid（1996: 251）は、文法や言語要素の配列に関して提案される類像原則として、時系列の類像性（iconic sequencing）、近接性の類像性（iconic proximity）、量の類像性（iconic quantity）の3つがあると述べている[9]。

時系列の類像性について、塩谷（2003: 190）は以下の例を挙げ、言語表現の順序が経験の順序を直接反映する現象であると述べている[10]。

（17）　Bill is supposed to leave Tokyo tonight, meet the staff in London, and attend the conference.
（ビルは今夜東京を発って、ロンドンでスタッフと会い、会議に出席することになっている）

（18）?戦後に行われたビッグイベントといえば、やはり、筑波の科学博、大阪万博、東京オリンピックですね。

（17）において、多くの人は「東京を発つ」、「ロンドンでスタッフと会う」、「会議に出席する」順番で、ビルの行動が生起すると解釈するであろう。この解釈は、言語表現の順序が経験の順序をある程度まで反映するという類像性に支えられたものである。逆に（18）のように、出来事が生起した順序と言語表現の順序が異なると、類像性に反することになり容認度が低くなる。

また、近接性の類像性については、「記号レベルで近い関係にあるものほど、（相対的に）意味的にも近い関係にあり、逆に、記号レベルで遠い関係にあるものほど、（相対的に）意味的にも遠い関係にある」（同書 : 191）ことであると述べている。

9　類像性には他に、言語記号の対称性が事態の対称性を反映するという対称的類像性がある（大堀 1991、Okamoto 1994、Haiman 1995 等）。

10　塩谷（2003）では、時系列の類像性は「連続性」、近接性の類像性は「遠近性」とあらわされている。

(19) a. I think she is unhappy.（彼女が不幸だと私は思う。）
b. I think she is not happy.（彼女が幸福でないと私は思う。）
c. I don't think she is happy.（彼女が幸福とは私は思わない。）
（同書 : 192）

(19)の3つの文において否定辞が形容詞happyを否定する強さは、aが最も強く、cが相対的に最も弱い。このことは否定辞と形容詞happyとの物理的距離に反映しており、物理的な距離と意味の強度の間に相対的な平行性が観察される。

量の類像性について、Ungerer and Schmid (1996: 252)は、Givón (1990)から以下の例を挙げ、2つの文の主語名詞句の長さの差が、言及している人物を述べるために与えられた情報の量に対応するものであると述べている。

(20) a. This guy is getting on my nerves.（こいつには腹が立ってきた。）
b. This aggressively impertinent egghead is getting on my nerves.
（このけんか腰で失礼なえせインテリには腹が立ってきた。）

また、Haiman (1980: 530)は、類像的に動機づけられた多くの文法操作のうち、最も普遍的なものは、おそらく文法的重複(grammatical reduplication)であると述べ、さまざまな言語において観察される重複の例を、以下の3つに分類している。この文法的重複も、量の類像性の一種として見なすことができるであろう。

(a) 複数または分配性(plurality or distributivity[11])
(b) 反復(repetition)
(c) 強調(intensification)

このような重複の例は、日本語においても観察される。

11 distributivityとは、集合全体よりも、個々の構成員に焦点が当てられることである。例えば、日本語の「木々」と「林」を比べてみると、前者は個々の「木」に焦点が当てられるのに対し、後者は、多数の「木」をまとまりとして捉えた表現である。

(21)　山々、人々、村々、木々、…
(22)　汗を拭き拭き、粽食べ食べ、…
(23)　国境の長い、長いトンネルを抜けると、また、トンネルだった。
(益岡・田窪 1992: 172)

まず、(a) の例として、(21) のような畳語名詞が挙げられる。名詞が指示する対象が相当数存在するとともに、個々の存在に焦点が当てられていることをあらわす表現である。次に、(b) の例として、(22) のような表現がある。これは、第 4 章で「動詞連用形重複構文」と名づける表現であるが、事態が相当回数反復することをあらわしている。(c) の例としては、(23) において形容詞の繰り返しが程度の強調をあらわすというものがある。いずれの場合も、言語形式の長さの違いが、あらわされる事物の数や回数、程度の増加に反映しているため、量の類像性の一例であると考えられる。

このように、言語形式と意味内容が何らかの類似性を示すという類像性には、さまざまな例が見られる。ただし、注意すべきことは、言語形式と類似関係にあるのは、現実世界のモノや出来事ではないということである。例えば、「長いトンネル」といおうが、「長い長いトンネル」といおうが、現実世界のトンネルの長さに変わりはない。つまり、トンネルの長さをどのように捉えるかの違いが言語形式に反映されているということである。

第 3 章以降で反復構文を考察する際にも、同じ語句の繰り返しという形式が、あらわされる内容と何らかの類似性を持つという仮説のもとに検討を進める。その際も、あらわされる内容とは、現実世界における事物や出来事のことではなく、認知主体がどのように対象を捉えるかということである。

2.3　その他援用する諸概念

本節では、第 3 章以降でさまざまな反復構文について考察する際に援用する、認知言語学におけるその他の諸概念について簡潔に説明する。

2.3.1 捉え方 (construal)

籾山(2006: 158)は、同じ物事に対して異なる捉え方をすることができるという能力は、人間の持つ認知能力の1つであり、言語の意味の基盤をなすものであると述べている。

また、「言語の意味は(外界の)物事そのものではなく、その物事を人間がどう捉えているかということに決定的に依存している。したがって、異なる表現が同じ物事をあらわしていても、その異なる表現は、同じ意味をあらわしているとはいえず、異なる捉え方に基づく異なる意味を持っていることになる」と述べている(同書 : 159)。つまり、現実世界において同一の状況であっても、捉え方が異なれば形式も異なるということである。例えば、Langacker(1987b: 56)の例を挙げると、宇宙に散らばる星を見たとき、constellation(星座)、cluster of stars(一群の星)、specks of light in the sky(空の光りの小粒)など、異なる表現が可能なのは異なる捉え方に基づくものである。

また、前述した、「二つの構文の統語形式が異なる場合、それらは意味論的にも、あるいは語用論的にも、異なるものでなくてはならない」という非同義性の原則は、この捉え方の違いが、統語形式の違いに反映したものであるということができる。

2.3.2 カテゴリー化 (categorization)

カテゴリー化とは、「事物や事象の同定(identification)や差異化(differentiation)を行い、共通性や関係性に基づき、般化(generalization)を通してまとめあげるような認知活動」(辻 2002: 30)のことである。

また、吉村(1995: 46–47)はカテゴリー化について、「知識に秩序を与える」働きを持ち、「記憶の負担を軽くし、効率よく情報を蓄え、検索する」という目的を持つとしている。仮にわれわれが経験する事物や事態の一つ一つに別々の名前がついていたとしたら、それらを記憶するだけでも膨大な労力を必要とすることであろう。類似したものであれば些少な違いにはこだわらず、同じカテゴリーに所属させることで、記憶の負担は大幅に軽減することができるのである。吉村（1995: 47）はまた、「カテゴリー化とは、ある属性を際立たせることによってあるものを他のものから区別することである。このことは裏を返していうと、無関係な属性を無視するということである」と述べ、着目する属性を変えることによってダイナミックなカテゴリー化を行うことが可能であることを示唆している。

このようなカテゴリー化に関して、籾山（2008: 136）は、「必要に応じて、あるいは何らかの意図を持って、柔軟にカテゴリーを伸縮させ、その場にふさわしいカテゴリーを形成するという能力」が関係していると述べ、「人間」および「人（ヒト／ニン）」という語・形態素が、「ホモサピエンス全体」だけでなく、「ホモサピエンスの一部」、さらには「ホモサピエンス全体に加えてホモサピエンス以外のある種の存在」をあらわす場合があることを例として挙げている。

また、カテゴリー化の方法には、必要十分条件に基づくものと、プロトタイプに基づくものとがあることが知られており、両者は相容れないものであると考えられることが多い。しかし、松本編（2003: 47–48）は、語の典型性と必要十分条件とは原理的には両立すると述べており、その根拠として「鳥」カテゴリーを例に挙げ、「現実に存在する生物に限っていえば、*bird* を特定化する必要十分条件が存在するが、それとは別に *bird* には典型性が存在する」としている。つまり、カテゴリーが典型性を持つかどうかと、カテゴリーの境界がファジーかどうかは別問題ということである。現代の一般成人の知識では、「鳥」カテゴリーは明確な境界線を持つといえるが、明らかに典型的な成員は存在する。さらに極端な例を挙げると、「奇数」というカテゴリーには、2で割ると1余る数という必要十分条件が存在するが、「奇数」カテゴリーの成員を挙げるようにいわれた場合、1や3を挙げる人が多いであろう。

次の例を見てみよう。

（24）　最初の子が女だったから、次は<u>男</u>がいい。

（25）　昼間のパパは<u>男</u>だぜ　　　　（忌野清志郎『パパの歌』）

(24) の「男」は生物学的条件を満たすカテゴリーであり、個々の存在は、男か男でないか、すなわち成員であるか否かのどちらかである。したがって、必要十分条件に基づくカテゴリー化の例である。それに対して、(25) の「男」は、「たくましい」とか「頼りがいのある」という属性を持つプロトタイプを中心として、典型性に段階性のあるカテゴリーである。

このようにカテゴリーの成員が示す典型性に段階性のあることが言語表現に現れた例として、ヘッジ表現と呼ばれる、真か偽かの断定になんらかの注釈を加える (制限を付ける) 働きを持つ表現がある (松本編 2003: 37)。Lakoff (1972: 197) は典型的な成員に対してのみ用いられる言語表現として次の例のような par excellence を挙げている [12]。

(26) a.　A robin is a bird par excellence. (コマドリは最も典型的な鳥だ。)
　　 b.　*A penguin is a bird par excellence.
　　　　(*ペンギンは最も典型的な鳥だ。)

逆に以下の例の sort of のように、周辺的な成員に対して用いられる表現もある。

(27) a.　A penguin is sort of a bird. (ペンギンもまあ鳥だ。)
　　 b.　*A robin is sort of a bird. (*コマドリもまあ鳥だ。)　　(同書 :195)

本書で考察する反復構文の中にもヘッジ表現として機能するものがいくつかある。例えば、第 3 章で取り上げる (28) のような例は、カテゴリーの中の代表的な成員に対して用いられる表現であり、第 6 章で取り上げる (29) のような表現はカテゴリーの周辺例を際立たせる働きをしていると考えることができる。

12　坂原 (2004: 95) が述べるように、日本語で par excellence の対応表現を見つけるのは難しいが、Lakoff (1972: 197) が、par excellence について以下のように述べていることを考慮し、ここでは「最も典型的な」という訳を当てることにする。

(a)　*Par excellence* requires the highest degree of category membership.
(par excellence はカテゴリーの成員としての程度が最も高いことを要求する。)

(28)　ティンバーウルフは、けっして人に慣れない狼の中の狼。
（＝第1章（2））

(29)　この家庭菜園での野菜作りが趣味といえば趣味ですが、広さも1畝(30坪)程度ですし、1ヵ月に費やす時間も10時間程度です。
(http://www.aba-j.or.jp/04/04_02_n200208p07.html)

2.3.3　百科事典的知識(encyclopedic knowledge)

認知言語学では、言語についての知識とわれわれが世界について知っている知識とは連続的なものであると考える。まず、以下の例を見てみよう(松本2003: 9)。

(30) a.　John is in the phone book.(ジョンは電話帳に載っている)
　　b.　The insect is in the phone book.(その虫は電話帳の中にいる)

同じphone bookという語が、(30a)では電話帳の内容(リスト)を指し、(30b)では物理的物体としての電話帳を指している。このように正しく解釈できるのは、電話帳に人はリストされても昆虫はリストされないという知識を持っているからである。このような知識は、「辞典」ではなく「百科事典」に記載すべきものであると考えられていたことから、「百科事典的知識」と呼ばれている。

松本(2003: 9)は、百科事典的知識について、その語が指す対象に関する科学的な知識ではなく、言語使用者が日常的経験から知っている知識のことであると述べ、世界についての民間モデル(folk model)であり、多くの場合、理想化された、専門知識によらない、素朴で日常的な世界解釈に基づくものであるとしている。

第3章で、接尾辞「らしい」を含む反復構文について考察するが、「らしい」の解釈には、百科事典的知識が関係している[13]。例えば、「男らしい」と

13　籾山(2003: 80–81)は、百科事典的意味(知識)を抽出する手がかりとなる言語表現の1つとして、「らしい」を含む表現を挙げている。例えば、「あの子は無邪気でいかにも子供らしい」という文が適格であるのに対して、「あの子は冷静でいかにも子供らしい」という文

聞けば、理想的な男性を思い浮かべるのに対し、「政治家らしい」の場合、ステレオタイプ的政治家をあらわすことが多いであろう。前者の場合、「勇敢である」、「力強い」のような「男」に関する知識、後者の場合、「狡猾である」、「言葉巧みである」のような「政治家」に関する知識を持っているためである。

2.3.4 フレーム (frame)

前述したように語の意味には百科事典的知識が重要な役割を果たしており、このことがフレームという概念において明らかとなる。フレームは、認知言語学では、Fillmore のフレーム意味論 (frame semantics) の用語として用いられる。Fillmore (1982: 111) によると、フレームとは、「ある概念を理解するには構造全体を理解しなければならないというように関連づけられた概念体系」のことであり、あるフレームの一部が文脈や会話に導入されると、フレーム内の他のすべての知識が自動的に利用可能となる。

例えば、weekend という語の意味の理解には、5日間を仕事に、残りの2日を私生活に充てるという人間の生活サイクルに関する知識が前提となっている。もし、休日が一日しかないなら、その日の名前 (例えば、Sunday) を使えばよいので、weekend という語を用いる必要がなくなるであろう。他の例として、vegetarian という語は、多くの人は肉を通常食べるというコミュニティの中で、野菜だけを食べる人がいるという知識が前提となっている。単に野菜を食べる人を指すのではなく、意図的に野菜のみを食べる人を指すのであり、金銭的に余裕がないため肉を食べない人は含まれない (Fillmore 1982 参照)。

また、Goldberg (1995) は、「天井」(ceiling) と「屋根」(roof) の違いについて、一階建ての建物の上部は、その建物の内側から解釈すれば「天井」であり、外側から解釈すれば「屋根」であるとし、両者の主な相違は、それぞれの背景となるフレームが異なることにあると述べている。Goldberg (1995) に

が不自然であることから、「無邪気」が「子供」の百科事典的意味と考えられるのに対して、「冷静」はそうではないと述べている。

よると「天井」と「屋根」という言葉は、建物の同じ部分を指し、異なるフレームを背景にして捉えられたものである。次の例において、物価や相場などが高騰して、どこまで上がるかわからない状態であることを、「天井知らず」というが「屋根知らず」とはいわないことは、このようなフレーム的知識から説明可能である。つまり、下方から見上げた上限をあらわすために用いられるのは、「天井」であって「屋根」ではないということである。

(31)　トヨタ自動車が5月に発売したハイブリッド車「プリウス」の新型車の人気が天井知らずだ。　　　　（日経産業新聞、2009年6月29日）

なお、フレームと類似した意味で、Langackerは「認知領域（cognitive domain）」、Lakoffは「理想認知モデル（idealized cognitive model）」という用語を用いている。

2.3.5　ベース／プロファイル（base ／ profile）

ベースは、言語表現の背景となる部分であるのに対し、プロファイルは焦点化され際立ちが大きいベースの部分構造（substructure）のことであり、言語表現が直接指し示す部分であるともいえる（Langacker 1987a）。

例えば、「弧」という語は、「円」という語をベースとしてプロファイルされ、「円」は二次元の空間領域をベースとしてプロファイルされている。

籾山（2005: 581）は、プロファイルは同一であるがベースが異なる類義語の例として、「裸眼／肉眼」を挙げている。この2語はともに「何も器具類を使わないで見ること」あるいは「何も器具類を使わないで見るときの目」という共通のプロファイルを持つが、「裸眼」が「眼鏡をかけて見ること」と対立関係にあるのに対して、「肉眼」は「望遠鏡や顕微鏡を使って見ること」と対立関係にあるというようにベースとなるものが異なる。

ここで、本書の第3章で考察する表現の中から、次のような表現を挙げる。

(32)　今日という今日は貸した金を返してもらうよ。

この文の場合、「発話時点を含む日」がプロファイルされている（言語表現が直接示す）部分であり、ベースとして、過去に貸した金を返してもらおうとしたが返してもらえなかった複数の日が想定されている。もし、話者が貸した金を返してもらおうと行動した日が、発話時点の当日（文字どおり「今日」）だけの場合には（32）のようにはいえないことから、「今日という今日」の理解にはベースとプロファイルが必要であることがわかる。

なお、プロファイル、ベースという概念は、知覚心理学における図（figure）と地（ground）という概念を基盤としている。

2.3.6　イメージ・スキーマ（image schema）

われわれは日々、具体的な身体的経験を繰り返すことで、さまざまなイメージを獲得する。例えば、呼吸をすることや、食べ物を摂取し排泄行為を行うことによって、自分の体が「容器」であるというイメージを獲得する。また、目や鼻などの感覚器官が向いている方向と人間の通常の移動の方向が一致していることにより、その向きを「前」、その反対側を「後ろ」とするイメージを獲得する。

イメージ・スキーマとは、このようにわれわれの日常の身体的経験の中で形成された具体的なイメージから抽象化された比較的単純な構造のことである。上記の例からは「容器」のイメージ・スキーマおよび「前・後」のイメージ・スキーマが形成される（Lakoff 1987、山梨 2000、籾山 2006 参照）。

また、イメージ・スキーマは、それ自体、直接的に理解される構造を伴った概念であるとともに、他の複合的な概念に構造を与えるためにメタファー的に用いられる（Lakoff 1987）。例えば、「前・後」のイメージ・スキーマにより、人間にとっての「前・後」だけでなく、自動車・建物・行列・講演などさまざまな事物や事態について「前・後（ろ）」が認識される。あるいは、「大学に入る（を出る）」、「頭がからっぽ」、「昏睡状態から抜け出す」などの表現には「容器」のイメージ・スキーマが適用されている。それぞれ「大学」、「頭」、「昏睡状態」が「容器」として捉えられているといえる。

イメージ・スキーマの例としては、その他、「連結のスキーマ」、「経路のスキーマ」、「上・下のスキーマ」、「遠・近のスキーマ」、「部分・全体のスキーマ」などが知られている。

2.3.7　主体化（subjectification）

まず、次の文を見てみよう。

(33) a.　The child hurried across the street.
　　b.　There is a mail box right across the street.　　　(Langacker 1999: 299)

(33a) に見られるように、across の基本的用法は、実際の物理的移動の経路をあらわすものである。この場合、子供は実際に通りを横切って移動している。それに対して、(33b) では、郵便ポストが物理的に移動したわけではない。それにも関わらず、across で表現されているのは、(33a) と同様に、人間にとって何らかの移動が存在すると捉えられているからである。この場合、通りを横切って向い側の郵便ポストに達する話者の視線の移動が認識されている。

この across に見られるような意味変化を、Langacker (1990, 1998, 1999 など) は、主体化 (subjectification) と呼ぶ[14]。その定義は以下のとおりである。

> Subjectfication is the 'laying bare' of conceptual operations which are immanent in the original lexical meanings and in that sense constitute their deepest properties.　　　(Langacker 1998: 88)
> (主体化とは、元の語彙的意味に内在し、その意味では語彙的意味の最も深い性質を構成する概念操作が顕在化することである)

すなわち、「客体的に把握されていたものが、客体性を徐々に失い、もとも

14　'subjectification' という概念は、E.C.Traugott によっても提唱されており、Langacker のものと混同されることも多い。Traugott の考える 'subjectification' というのは、次の例における 'while' のように、語の意味に、話し手の命題に対する主観的な態度が加わる傾向があるということであり、事態が客観的な把握から主観的な把握へと向かうという Langacker のものとは全く異なる (森 1998: 196)。
　(a) While he is a noted physicist, he is also an outstanding mathematician.
　(b) While she wanted to marry him, her parents were against it.

と内在していた主体的な把握しか残らなくなるような意味変化」のことである（野村 2002: 104）。つまり、（33a）の場合、客体としての子供の移動を話者が心の中でたどっているのに対し、（33b）では、客体の移動が存在せず、話者の心的走査のみが残っている。

そのほか、Langacker は、be going to における近未来の意味の成立や、may や must のような助動詞において、本動詞用法から義務的用法、認識的用法が成立する過程も、主体化の例として分析している。

第3章

名詞反復構文の考察

3.1　第3章の目的

本章では、同一名詞の反復構文について、構成要素との関連性や類義表現との相違点についての考察を行いながら、構成要素や他の表現から予測できない構文としての意味を記述する。また、形態的、統語的、および、音韻的特徴といった形式面での独自性についても言及し、本章で取り上げる名詞反復構文を、形式と意味との慣習的結びつきとして認めることが適当であると主張する。

3.2　接尾辞「らしい」を含む名詞反復構文

本節では、接尾辞「らしい」を含む名詞反復構文について考察する。取り上げる表現は、「らしい」の前後に同じ名詞を繰り返す「NらしいN」、「らしい」を否定形に変えた「NらしくないN」、「NらしからぬN」および「N以上にNらしい」という表現である。

以下に、それぞれの表現の例を挙げる。

（1）　本を読んでいても、父が身じろぎをすると、読むのを中断して注視していなくてはならない。そのため、しだいに本らしい本がよめなくなっていった。そこで、私は本を読むことを諦め、父の句を読むこと

にした。（沢木耕太郎『無名』、p.75、幻冬舎文庫）

（2）それは、「あたし」という言葉をあえて使う母親らしくない母親というもの自体、に対する違和感ではない。
（川上弘美『光ってみえるもの、あれは』、p.12、中公文庫）

（3）ここには日本以上に日本らしい 80 年代の建売住宅地が残っていたのだ。（http://www.com-et.com/colonne/005/003/003.htm）

3.2.1　先行研究とその問題点

接尾辞「らしい」の前後に同じ名詞を繰り返す「N らしい N」という表現について記述している先行研究に、飛田・浅田（1991）、山下（1995）、グループ・ジャマシイ編著（1998）、黄（2004）などがある。

飛田・浅田（1991: 591–592）は、「同じ名詞で前後をはさみ、全く典型的な□□という、強調した意味になる」、グループ・ジャマシイ編著（1998: 631）もほぼ同様に、「同じ名詞を繰り返してその名詞の表すものの中の典型的なものを表す」と記述している。

一方、山下（1995: 195–197）は、「N らしい N」の意味を「本当に N といえるような N」と記述し、「貯金らしい貯金もできない」とは「話し手が持っている貯金という基準に合うような貯金（蓄え）はできない」ということで、必ずしも「全く貯金ができない」ことを意味するものではないと述べている。

いずれの先行研究においても、「N らしい N」の意味は 1 つしか記述されていないが、両者の記述には違いが感じられる。その違いは、例に挙げられている「N らしい N」が、「非常に、とても」などの副詞と共起するかどうかに現れており、「学者らしい学者」（飛田・浅田 1991）「子供らしい子供」、「男らしい男」（グループ・ジャマシイ編著 1998）などには「非常に、とても」が修飾可能であるのに対して、山下（1995）の例については、「非常に（とても）貯金らしい貯金」といえない。したがって、「N らしい N」の意味として、2 つの意味が認められる可能性があるが、そのことに言及した先行研究はない。

また、黄（2004: 151）は、「N らしい N」の 2 つの N に着目して次のように記述している(黄(2004)では「XらしいX」と表記し、2つのXを順にX_{i}、X_{ii}としている)。

> X_{i}とX_{ii}は形態的に同じ語彙(X)であり、指示対象は同じモノゴトを指していると思われる。ただし、それぞれの語彙の意味するモノゴトの異なった側面の性質をあらわしている。(中略)X_{ii}が文脈中に存在する具体的なモノゴトをさすのに対して、X_{i}のほうは、Xが意味するモノゴトのスキーマ的な意味である[1]。(中略)たとえば、「親$_{i}$らしい親$_{ii}$」の場合の「親$_{i}$」は、父親と母親の上位語として位置づけられるだけでなく、その社会に依存して指定される「親」に対する見方・考え方や期待される役割も含まれている。それに対して「親$_{ii}$」は、文脈のなかに具体的な存在として導入されるものである。X_{ii}は具体的なモノゴトであり、その場その場に限って使われる一回的事象である。

「親らしい親」の最初の「親」についての「父親と母親の上位語として位置づけられるだけでなく、その社会に依存して指定される「親」に対する見方・考え方や期待される役割も含まれている」という記述は妥当である。すなわち、「親」カテゴリー全体ではなく、期待される役割という基準を満たした「親」ということであり、下位カテゴリーが想定されていると見ることができる。しかし、黄(2004)の記述では、前述した「NらしいN」に想定される2つの意味を区別することができない。例えば、「貯金らしい貯金」も「学者らしい学者」もすべての「貯金」、「学者」ではなく、社会に依存した指定される見方・考え方や期待される役割を含んだ「貯金」、「学者」ということができる[2]。

次に、「NらしいN」の「らしい」を否定形にした「NらしくないN」という表現については、野内(1998: 228)が、「男らしくない男」〔=だめな男〕「社

---

1 ここでのスキーマという用語の用い方は、認知言語学におけるスキーマとは異なる。Langacker(1987a)によると、スキーマとは、カテゴリーのすべての成員に矛盾なく当てはまる抽象的な特徴であり個々の成員の共通性を具体化する統合体である。黄(2004)でのスキーマは、フレーム意味論(frame semantics)におけるフレームの意味に近い。

2 また、2番目のNについて、黄(2004)は、「文脈中に存在する具体的なモノゴトをさす」と述べているが、本書では、後述するようにNカテゴリー全体を指すと考える。

長らしくない社長」〔＝気さくな社長〕のように、肯定的なニュアンスを帯びる場合と否定的なニュアンスを帯びる場合があることを指摘しているほかは、山下(1995)、黄(2004)が例を挙げているのみである。

また、「N以上にNらしい」については、山下(1995: 196–197)が、「N以上にNらしい」と表現される対象はNではないことを指摘している。この記述自体は妥当であるが、それに続けて、以下のように述べ、対象がNではないことを「Nらしい」全般に一般化している点が問題である。

> 「らしい」はあくまで対象がNの持つ特徴や性格を十分に備えているという話し手の判断を示すもので、対象がNかどうかは問題にしないのである。

「Nらしい」が示す対象がNでないのは、あくまでも「N以上にNらしい」という場合だけであり、単に「Nらしい」という場合の対象は、Nカテゴリーに属すると考えられるからである。

3.2.2 「NらしいN」

前述したように、「NらしいN」には2通りの用法を認める必要がある。(4)の「夏らしい夏」が概略で「典型的な夏」をあらわすのに対し、(5)の「けがらしいけが」には、「足の指の骨折1回だけだった」という記述から判断すると、「典型的なけが」よりはるかに広い範囲のけがが含まれるからである。

(4)　夏らしい夏ということで季節商品の売れ行きが好調であるなどと報じられております。
(http://www.chuden.co.jp/corpo/publicity/interview2004/0727_1.html)

(5)　身長168センチの体は、当時のサッカー選手としても小柄だったが、選手生活の中で、けがらしいけがといえば、足の指の骨折1回だけだった。
(http://www.yomiuri.co.jp/gourmet/food/shinagaki/20050517si11.htm)

また、「NらしいN」を構文、すなわち形式と意味との慣習的結びつきと見なすということは、「NらしいN」の意味的および形式的特徴が、構成要素である「らしい」から完全には予測できないということである。

以下で、接尾辞「らしい」の用法について確認した後、そこから完全には予測できない「NらしいN」の2つの用法の意味的特徴について記述し、さらに、その2つの用法の関連性について検討する。また、「NらしいN」の形式的特徴についても、通常の「らしい」の用法と異なることを指摘する。

3.2.2.1 接尾辞「らしい」について

まず、次の例を見てみよう。

(6) 尼は当時京都に集まる勤皇の志士から慈母のごとく慕われたが、自らは聊(いささか)も表立つことはなく、あくまで女らしい床しさに終始した。あの毅然たる中に持ちつづけた女らしい床しさこそ、私達が学ばなければならないものである。

(上村松園『大田垣蓮月尼のこと』、青空文庫)

(7) その写真には、不実ではないが、いかにも女らしい浅薄さで、相手の男と自分自身の本当の気持に責任を持たない女のためにまじめな男がとうとう自殺することが描かれていた。

(小林多喜二『雪の夜』、青空文庫)

いずれも「女らしい+名詞」の形であり、「床しさ」、「浅薄さ」は、女性が持つ性質あるいは属性をあらわしているといえる。

カテゴリーの成員が持つ属性については、カテゴリーへの所属を決める属性と、典型性を決める属性の2種類があることが知られている[3]。例えば、「男」というカテゴリーについていえば、前者は生物学的に見て男性であるという属性(端的にいえば性別が男性であること)であり、カテゴリーの成員が

3 坂原(1993)は前者を定義属性、後者を特徴づけ属性と呼ぶ。また、山梨(1988)もほぼ同様に、その語の指示対象に関して一応例外なしに適用する、生物的、物理的な特性と、常識的な知識や日常生活の経験を通して主観的に決められる顕現的な特性があると述べている。

例外なしに示す属性であるのに対して、典型性を決める属性とは、勇敢さ、決断力といった、いわゆる「男らしさ」のことであり、すべての成員に共通するものではなく、また段階性のある属性である。(6)と(7)で「女らしい」とされている「床しさ」も「浅薄さ」も、女性全員に共通するものではなく段階性のある属性であるため、典型性を決める属性であるといえるであろう[4]。

しかし、(6)の「床しさ」と(7)の「浅薄さ」を同様に、「女」の典型性を決める属性ということに対して、疑問が感じられる。なぜなら、(6)において、「私達が学ばなければならないものである」という表現からわかるように、「女らしい床しさ」は、世間一般の女性が身につけていないと考えられているものであるのに対し、(7)の場合、「いかにも」によって、話者が「浅薄さ」を女性全般に特徴的であると感じていることがあらわされているからである。

Lakoff(1987)は、あるカテゴリー全体を理解するのに用いられる下位カテゴリーの例として、ステレオタイプ、典型例、理想例などを挙げている[5]。ステレオタイプとは、「文化的な予想や期待を規定するもの」で、「普通は意識されており、世間で議論の話題になることもよくある」ものであり、「ステレオタイプ的な政治家は、よからぬことを企て、利己的で、不誠実である」、「ステレオタイプ的な日本人は、勤勉で、礼儀正しく、頭がよい」という例が挙げられている。それに対して、典型例は、「無意識で反射的なもの」であり、「文化的な予想や期待を規定するのに用いられることもない」とし、例として、「コマドリとスズメは典型的な鳥である」などが挙げられている。また、理想例については、「理想的な夫は、よき大黒柱で、誠実であり、力強く、尊敬され、魅力的である」という例が挙げられている。

これらの記述から判断すると、理想例は、話者または話者が属する言語社

4　田野村(1991: 67)は、「らしい」の意味の説明として、「ある物であることが分かっている対象について、それがその物の典型的な性質を示しているということを表現する」と述べている。

5　Lakoff(1987)は、下位カテゴリーがカテゴリー全体の理解に用いられる他の例として、模範例、生成元、下位モデル、顕著な事例を挙げている。

会の理想や規範に基づくものであるため常にプラス評価を伴うものであるのに対し、ステレオタイプは、対象について慣習化された画一的イメージであるためプラス評価の場合もあればマイナス評価の場合もある。また、典型例は、日本人が「鳥」と聞いて「ハト」や「スズメ」を思い浮かべるようなものであるため、評価的な意味がそれほど感じられないものであるといえる。前述した「女らしい」の例からわかるように、「Nらしい」はカテゴリー全体に共通する属性を示すものではない。言い換えれば、Nカテゴリーから、Nらしい成員を選び出すことによって下位カテゴリーを作ることができるということである[6]。そして、その下位カテゴリーには、Lakoff(1987)が示すような理想例、ステレオタイプ、典型例の場合があると考えられる[7]。(6)の「女らしい床しさ」は女性の理想例(またはよい意味でのステレオタイプ)を特徴づける属性、(7)の「女らしい浅薄さ」は女性の(悪い意味での)ステレオタイプを特徴づける属性と考えることによって、同じ「女らしい」がプラス評価にもマイナス評価にも用いられることが説明できる[8]。また、次の例のように「Nらしい」に評価的な意味がそれほど感じられない場合は、典型例に該当するといえる[9]。

(8)　飽きの来ない椅子らしい形
(http://www.ne.jp/asahi/omosiromon/chuma/4/omosiro2/komado/noarma.htm)

6　このことは、次のように話者が成員間の差異を見出すことができないようなカテゴリーの場合、「Nらしい」といいにくいという事実に反映している。
(a) 成員の持つ属性が均質であるカテゴリー：?米粒らしい形
(b) 話者にとってなじみのないカテゴリー：?アオクサカメムシらしい匂い

7　坂原(1993)は、「Nらしさ」について、「サルらしいサル」のように、「実際にNのメンバーによく見られる特徴にもとづく」場合と、「男らしい男」のように、「実際の特徴というより、むしろ理想、規範にもとづく」場合の2つに分けている。本書では、前者をさらにステレオタイプと典型例の2つに分けることとする。

8　したがって、森田(1989: 1205)が、「Nらしい」について、「プラス評価となることが多い」と述べているのは「Nらしい」のすべての実例に該当するわけではない。

9　この場合に、評価的な意味がそれほど感じられないことは、「Nらしい」に後続する名詞の位置に評価的意味を含む語句が使いにくいという事実に反映している。
(a)?椅子らしい快適さ、?町らしい華やかさ

（９）　黒いねばねばした薬品で、いかにも薬らしいにおいがする。
（星新一『人民は弱し官吏は強し』、新潮 100）

（10）　路はひどく細く折れ曲り、番人が内町と教えてくれた区域にはまだ小屋のような板葺きの民家がかたまっていたが、この区域を出ると時々長い寺の塀や雑木林があるだけで、長崎の町はまだ町らしい形をなしていないことがよくわかってきた。　（遠藤周作『沈黙』、新潮 100）

多くの場合、理想例、ステレオタイプ、典型例の区別は、N に入る名詞によってなされる。その場合、N についての百科事典的知識が関係すると考えられる。一般的に「男らしい」、「先生らしい」と聞けば、理想例を思い浮かべ、「教師らしい」、「政治家らしい」の場合、ステレオタイプをあらわすことが多いであろう。しかし、この区別は必ずしも明確なものではない。例えば、次の例の「男らしい」は、理想例というよりもステレオタイプをあらわすというほうが適当である。これは、「いかにも」という語が、理想例よりもステレオタイプと結びつきやすいからである[10]。

（11）　僕の兄は、いかにも男らしいゴツゴツした手をしている。

次に、「N らしい」が名詞を修飾する場合の、「N らしい」と後続する名詞 A との関係について検討する。

（12）　陰謀を企てた人間として、いますこしは男らしい、毅然としたところがあってもいい。　（菊池寛『俊寛』、青空文庫）

（13）　いかにもイギリス人らしい自信ぶりを旨く利用した、巧妙なパブリシティにちがいない。　（五木寛之『風に吹かれて』、新潮 100）

（14）　あたりにはいかにも街らしい匂いが充満していた。

10　森田（1989: 1087）は、「いかにも」について、「態度・行動などがまことにそれらしい、そのものの特徴・個性をよく示している状態であることをいう」と述べている。また、グループ・ジャマシイ編著（1998: 25）は、以下のように記述している。

「名詞＋らしい」をともない、「そのものの典型的な特徴・性質がよく現れている、あるいはそのものにふさわしい様子である」という意味を表す。「いかにも」によって「らしい」の意味が強められている。

（沢木耕太郎『一瞬の夏』、新潮 100）

前述したとおり、N カテゴリーの中から「N らしい」成員を抜き出すことによって、理想例、ステレオタイプ、典型例といった下位カテゴリーを作ることができる。ここで、「N らしい」成員が作る下位カテゴリーと後続する名詞 A との関係は、隣接関係（または全体と部分の関係）であるといえる。すなわち、「毅然としたところ[11]」、「自信ぶり」、「匂い」がそれぞれ、理想的な「男」、ステレオタイプ的な「イギリス人」、典型的な「街」に付随する要素（または構成要素）になっている。したがって、「N らしい A」は、「N カテゴリー（の理想例、ステレオタイプ、典型例）に特徴的な要素 A」という意味をあらわしている。

3.2.2.2　「N らしい N」の第 1 の用法

ここでは、接尾辞「らしい」の考察を踏まえて、「N らしい N」の第 1 の用法について検討する。

「N らしい N」も「N らしい A」の場合と同様、「N らしい」が名詞を修飾する構造であるため、「N らしい A」の特殊な事例であると考えられるかもしれない。しかし、本書では、以下で述べるように、「N らしい N」は通常の「らしい」の特徴を部分的にしか継承せず拡張した表現であると考える。

まず、「N らしい N」が「N らしい」から継承するのは、「N らしい」成員を抜き出すことによって、理想例、ステレオタイプ、典型例といった N カテゴリーの下位カテゴリーを作ることができるということである。

（15）　自分を抑えて女らしい女になっても、個性をそこなってしまっては何

11　（12）の下線部の「男らしい、毅然としたところ」を「男らしく毅然としたところ」と比較すると、後者の場合、2 つの修飾部分が並立していると感じられるのに対し、前者の場合、「男らしい」は「毅然としたところ」全体を修飾していると考えられる。また、原文の（12）の前の部分で、以下のように述べられていることからも、「毅然としたところ」が理想的な男に特徴的だと考えられていることがわかる。

（a）俊寛は、一緒に陰謀を企てた連中の、こうした辛抱のない、腑甲斐のない様子を見ていると、自分自身までが情なくなる。　（菊池寛『俊寛』、青空文庫）

もならないし…… (田辺聖子『新源氏物語』、新潮 100)

(16) 政治家らしい政治家が政治をやっておかしくなった。
(http://www.nagasaki-np.co.jp/press/senkyo/date/2004/sannin/kiji/070202.html)

(17) オナガザル科は生物の分類で、サル目に属する1科である。アジア南部およびアフリカに分布しており、旧世界ザルとも呼ばれる。いわゆるサルらしいサルである。(http://ja.wikipedia.org/wiki/オナガザル科)

(15)の「女らしい女」は、「自分を抑えて」までなろうとしていることから判断すると、概略で、「(いろいろな女がいる中で)理想例としてふさわしい女」であると考えられ、「女」カテゴリー全体の中から理想例に該当するものを抜き出す表現である。つまり「女らしい」成員が作る下位カテゴリーが理想例をあらわすのに対して、後続する「女」はカテゴリーの成員全体をあらわしており、両者は包含関係を成している[12]。

(16)の「政治家らしい政治家」は、「おかしくなった」とマイナス評価であることから、「政治家」というカテゴリー全体からステレオタイプ的な「政治家」を抜き出す表現であり、(17)の「サルらしいサル」は、評価的意味が感じられないことから判断すると、「サル」というカテゴリー全体の中から、典型例に該当するものを抜き出す表現である。

以下に、もう1つずつ例を挙げる。(18)は理想例、(19)はステレオタイプ、(20)は典型例の例である。

(18) 父親らしい父親になりたい。将来、息子達が僕の年齢になり、一人の男として僕の生き様を思い出すとき、恥ずかしくない生き方をしたい。
(http://www.mariodelmare.com/opinion/bossyorokobi-new.html)

(19) そのような子ども達ですから、登園時に泣いて来たり、友達と話すの

12 黄(2004: 151)は、2番目のNは具体的なモノゴトであり、その場その場に限って使われる一回的事象であると述べているが、例えば(15)において、2番目の「女」は具体的な女性を指しているのではない。「優しい女」といえば「女」カテゴリーの成員から「優しい」という属性を満たした成員を抜き出すのと同様に、「女らしい女」は成員全体の中から「女らしい」成員を抜き出す表現であり、2番目の「女」はカテゴリーの成員全体を指している。

が苦手だったり、上手く言葉で表現できずに友達をたたいてしまったり、集中力が続かず途中で飽きて他のことをしてしまったりと、実に子どもらしい子どもといった感じを受けました。

（http://www.chiba-kc.ac.jp/kodomo/hirohara/hirohara24/h24_0228.html）

(20)　「西六甲から東六甲まではたいしたことはないけれど、水無山、大平山、岩原山、譲葉山、と縦走していくにしたがって、だんだん山らしい山になっていきます」　（新田次郎『孤高の人』、新潮 100）

このように、「N らしい N」は「N らしい A」の意味的特徴を継承しているが、両者には相違点もある。「N らしい A」の場合、名詞 A を修飾する「N らしい」は限定用法の場合もあれば非限定用法の場合もある。

(21) a.　政治家らしい発言（限定用法）

b.　政治家らしい狡猾さ（非限定用法）

(22)　もっともそのあと峻一は龍子にむかって、「はっきりいって親父はもう駄目です。生きていても廃人ですよ」と報告したが、龍子はその言葉にやはりそうかと重々しく頷くと共に、そういう医者らしい言葉を吐いた峻一に実のところほっとした。（限定用法）

（北杜夫『楡家の人びと』、新潮 100）

(23)　いざ誘われてみると学生らしい恥じらいが先に立ち、彼は数秒ためらった。（非限定用法）　（筒井康隆『エディプスの恋人』、新潮 100）

(21a) はさまざまな「発言」の中から「政治家らしい」ものに限定する用法であるのに対し、(21b) は、「狡猾さ」について「政治家らしい」と説明を加えるだけで、さまざまな「狡猾さ」が想定されているのではない。また、(22) は、さまざまな「言葉」の中から「医者らしい」ものに限定するのに対し、(23) では、彼の「恥じらい」について「学生らしい」と叙述を加えている。

それに対して、「N らしい N」の場合は、限定用法に限られる。例えば、「小沢一郎は政治家らしい政治家だ」という場合、小沢一郎を特定の政治家に同定して、その政治家が「政治家らしい」と述べているのではない。「政治家」カテゴリーのすべての成員の中から、「政治家らしい」成員を抜き出し、その中に小沢一郎が含まれることをあらわしている。したがって、「NらしいN」は、Nカテゴリー内の他の成員との差異を焦点化する、つまり、他の成員の存在を前提とした表現であるということができる。

例えば、「政治家らしい発言」や「政治家らしい狡猾さ」と「政治家らしい政治家」を比較すると、「政治家らしい発言」や「政治家らしい狡猾さ」の場合には、ステレオタイプ的な政治家しか想定されていないのに対し、「政治家らしい政治家」は、ステレオタイプでない政治家、つまり、「政治家らしくない政治家」の存在を前提とした表現であるといえる。このことは、固有名詞のように成員が1つしかないカテゴリーの場合、「NらしいA」はいえるが、「NらしいN」は不自然であることから説明できる[13]。

(24)「オレが横綱になったとき(安馬は)十両だったな。敵だからかわいくないよ。でもよくけいこをしてるな」と、朝青龍らしい表現で後輩を褒めた。
(http://chuspo.chunichi.co.jp/00/sumo/20060923/spon_sumo_001.shtml)

(25) ?朝青龍らしい朝青龍

以上の考察により、「NらしいN」の第1の用法の、次のような意味的特徴が明らかとなった。

① Nカテゴリー全体から「Nらしい」成員が作る下位カテゴリーを抜き出す表現である。
② 「Nらしい」成員が作る下位カテゴリーには、理想例・ステレオタイプ・典型例の場合がある。
③ Nカテゴリー内の他の成員の存在を前提とした表現である。

これらの特徴を踏まえて、「NらしいN」の第1の用法について、構文とし

13　ただし、固有名詞でも、時間的変化の中で一時的に本来のその者らしさが失われることがあり、その場合、「NらしいN」が容認されることがある。
(a) ようやく朝青龍らしい朝青龍が帰ってきた。

ての意味を、以下のように記述する。

「NらしいN」①：
＜Nカテゴリーに属する成員の中で、理想例・ステレオタイプ・典型例に当てはまると、話者が認めるもの＞

3.2.2.3 「NらしいN」の第2の用法

以上で、「NらしいN」の第1の用法を記述したが、「NらしいN」の実例の中には、これに当てはまらない場合がある。

(26)　駅の待合室をひとまわり大きくした程度のがらんとした簡素な部屋で、窓はひとつもなく、飾りらしい飾りもない。
(村上春樹『世界の終りとハードボイルド・ワンダーランド』、新潮100)

(27)　「ツトムは車のなかで休んでろよ」とぼくはいったが、そのときになってぼくは、ぼくたちがなにひとつ武器らしい武器をもってないことで頭をいっぱいにしていたのだ。　(倉橋由美子『聖少女』、新潮100)

(28)　この数年、家に引きこもり、ほとんど仕事らしい仕事をしていなかった綾三郎だが、いざ死なれてみると家の中に大きな欠落が生じたようであった。　(渡辺淳一『花埋み』、新潮100)

これらの場合、理想例やステレオタイプあるいは典型例というよりも、かなりゆるやかでカテゴリーの大部分を含むような下位カテゴリーが想定される。例えば、(26)や(27)を、典型的な「飾り」や「武器」がないと解釈すると、典型的ではない「飾り」や「武器」ならあるということになるが、文脈から判断すると、ほとんど「飾り」や「武器」がなかったと解釈されるからである。また、(28)を「この数年、家に引きこもり、ほとんど仕事をしていなかった綾三郎だが(以下省略)」としてもそれほど意味は変わらないことからも、一部の典型的な「仕事」をあらわしているのではないことがわかる。

このことは、これらの「NらしいN」が「とても」、「いかにも」のような強意の副詞と共起することができないという特徴に現れている。第1の用法の場合、いずれの場合もカテゴリー全体の中から、理想例・ステレオタイプ・典型例に当てはまる成員を抜き出す表現であるため、「とても」や「いかにも」をつけることで、その下位カテゴリーへの帰属度を強めることができる。それに対して、第2の用法の場合、カテゴリーの大部分が想定されるため、「とても」や「いかにも」をつけると不自然になる。

(29)　とても男らしい男、いかにも政治家らしい政治家、いかにも夏らしい夏

(30)a.　?とても飾りらしい飾り、?とても武器らしい武器、?とても仕事らしい仕事

b.　?いかにも飾りらしい飾り、?いかにも武器らしい武器、?いかにも仕事らしい仕事

ここで、接尾辞「らしい」についての森田(1989: 1205)の記述を引用する。

> 「〜らしい」には、その対象における一般的な基準、または判断者が要求し期待する基準からみて、そのものの特徴が十分に備わっていてよいという価値判断がある。

この記述が、「Nらしい N」の第2の用法の意味記述の参考になる。第2の用法において、「Nらしい」成員が作る下位カテゴリーは、話者が、Nカテゴリーに要求し期待する基準を満たしたものという意味であると考えられる。

次の例を見てみよう。

(31)　彼は朝三時に夏沢鉱泉を出て以来、食事らしい食事は取っていなかった。両方のポケットに入れて置いた甘納豆と乾し小魚を随時口に入れていることによって空腹を処理していた。

(新田次郎『孤高の人』、新潮 100)

この場合、2番目の「食事」はカテゴリー全体を指し、食べ物を体内に摂取する行為がすべて含まれるのに対し、「食事らしい」が作る下位カテゴリーは、話者が「食事」カテゴリーの成員であれば満たしてほしいと期待す

る基準（例えば「食器を使って食べる」、「主食となるものを含む」など）に当てはまるものであり、カテゴリーの大部分が該当すると想定されている。

次に、「N らしい N」の第2の用法は、用いられる環境に特徴があり、「N らしい N」の存在または経験を否定する文、あるいは否定を前提とする文で用いられることを示す。

以下の例では、否定をあらわす文中で用いられている。

(32)　駅の待合室をひとまわり大きくした程度のがらんとした簡素な部屋で、窓はひとつもなく、飾りらしい飾りもない。　(=(26))

(33)　作品を買うため給料をやりくりし、貯金を取り崩し、保険を解約し、気がつけば資産らしい資産はほとんど消えていた。
(日本経済新聞、2009年7月3日)

(34)　この数年、家に引きこもり、ほとんど仕事らしい仕事をしていなかった綾三郎だが、いざ死なれてみると家の中に大きな欠落が生じたようであった。　(=(28))

(32)は、「飾りらしい飾り」の存在を否定し、(33)も「ほとんど消えていた」とあり「資産らしい資産」の存在を否定する。また、(34)は、主体が「仕事らしい仕事」を、現在までの一定期間において経験していないことをあらわしている。

否定文以外の場合は、「N らしい N」の存在または経験の否定を前提とする文で用いられる。

(35)　父母や兄によってささやかな旅行にすら連れだされた経験のない周二には、たかだか信州までの距離も生れてはじめての旅行らしい旅行であった。　(北杜夫『楡家の人びと』、新潮100)

(36)　吉田は自分にやっと睡眠らしい睡眠が出来るようになり、「今度はだいぶんひどい目に会った」ということを思うことが出来るようになると、やっと苦しかった二週間ほどのことが頭へのぼって来た。
(梶井基次郎『檸檬』、新潮100)

(35)は、「ささやかな旅行にすら連れだされた経験のない」とあることから、「旅行らしい旅行」の経験の否定を前提としており、(36)も、この二週間ほど「睡眠らしい睡眠」ができなかったことを前提としている。ただし、このような環境における「NらしいN」が必ずしも、第2の意味になるわけではない。以下の例では、「NらしいN」が理想例またはステレオタイプとして解釈される。これは、「男らしい男」、「政治家らしい政治家」、「子どもらしい子ども」が、理想例やステレオタイプの事例としての定着した表現であると考えられるからである。

(37)　服装の男女差がなくなってユニセックス化し、いわゆる男らしい男が少なくなった。　(http://www001.upp.so-net.ne.jp/ketoba/torisetsu.htm)

(38)　今、日本は重大な危機に瀕している。政治家らしい政治家がいない。(http://iwj.co.jp/wj/open/archives/39433)

(39)　最近、子どもらしい子どもが少ないと言われますが、ここでは子どもは「子どものまま」でいさせてくれます。
(http://ikihug.com/en_school/33_izumi_sc/4_interview.html)

以上の考察を踏まえると、「NらしいN」の第2の用法の意味的特徴として、以下のような特徴が挙げられる。

①　話者が、Nカテゴリーの成員に対して、期待する基準が想定されている。

②　①の記述を満たすNカテゴリーの大部分の成員を抜き出す表現である。

こうした特徴を踏まえて、「NらしいN」の第2の用法について、構文としての意味を、以下のように記述する。

「NらしいN」②(否定表現または否定を前提とする表現の中で用いられる)：＜Nカテゴリーに属する成員の中で、話者がNの成員に期待する基準を満たすもの＞

Nに入る名詞には、第2の用法と結びつきやすいものもある。

1つは、次の(40)(41)の「家具らしい家具」、「料理らしい料理」のように、Nが上位レベルカテゴリーをあらわす名詞の場合である[14]。

(40)　生活に余裕ができてきたので、そろそろ家具らしい家具がほしい。

(41)　自炊生活を始めて最初に作った料理らしい料理をご紹介します。

(http://www.1101.com/jisui/2001-03-31.html)

上位レベルカテゴリーの場合に第2の意味になる理由として、成員間の差異が大きいため典型性が見出しにくいということが考えられる。基本レベルカテゴリーの場合、例えば、「椅子らしい椅子」を1つ描くことは容易であり、共通の社会的・文化的環境であれば、ある程度類似した椅子が描かれることが予想される。それに対して、「家具らしい家具」を1つ描くように求められた場合、何を描くべきか(机、箪笥、ベッドなどから1つを選択しなければならない)を問い返したくなるであろう。また、描かれた「家具らしい家具」は、個人によって大きく異なることが予想される。これは、「家具」とは、机、椅子、箪笥などを集合的にあらわす語であり、成員間の差異が大きく、典型的な「家具」を1つ指定することは困難であるからである。このような理由から、「家具らしい家具」は第1の意味、すなわち典型的な家具という意味ではなく、第2の意味、すなわち「家具」カテゴリーの大部分を含むような意味で用いられることが多いといえる。

「NらしいN」が第2の用法で用いられやすい、もう1つの場合は「抵抗らしい抵抗」、「自由らしい自由」のようにNが抽象名詞の場合である。ただし、抽象名詞であっても(42)のように第1の意味になる場合もあり、第2の意味で用いられやすいのは、抽象名詞のうち、成員間に典型性を見出しにくいようなものの場合である。前述したように、「いかにも」をつけることができるかどうかを区別する基準とすることができ、第2の用法の場合には

14　上位レベルカテゴリーとは、基本レベルカテゴリー(「犬」、「桜」、「机」、「ラーメン」など)の上位に位置する、「動物」、「植物」、「家具」、「料理」などの一般的・総称的なカテゴリーである。また、大堀(2002a: 60)は、「基本レベルのカテゴリーは日常の活動の中で具体的な対象の認知を通じて抽出された共通の特徴をもつが、上位レベルは異質なものの集まりを何らかの意図をもってまとめた結果できた副次的なカテゴリーと考えられる」と述べている。

(43) のように不自然な表現となる。

(42)　どうせ嘘をつくのであれば、いかにも嘘らしい嘘をつくべきであって、なまじ真実に見せかけたような小粒の嘘は (かわいげがなく、腹の底を見透かされるので) よろしくない、ということ。
(http://app.m-cocolog.jp/t/typecast/115322/36771/4396228?page=4)

(43)　?いかにも抵抗らしい抵抗、? いかにも自由らしい自由

以上のように、「N らしい N」の第 2 の用法は、「N らしい A」や「N らしい N」の第 1 の用法と異なり理想例・ステレオタイプ・典型例を抜き出す表現ではないこと、また、第 1 の用法には見られない制約や特徴があることを考えると、第 2 の用法のほうが、通常の「らしい」の用法からの予測可能性が低い、すなわち、より構文らしい構文であるということができる。

3.2.2.4　「N らしい N」の 2 つの用法の関係

ここでは、「N らしい N」の 2 つの用法の関係について検討する。

まず、「N らしい N」の第 1 の用法は、N カテゴリーの成員全体の中から、話者が理想例・ステレオタイプ・典型例だと考えるものを抜き出す表現である。「N らしい N」の第 2 の用法も、同様に考えることができる。すなわち、話者の頭の中にある、話者が N カテゴリーの成員に期待する基準を満たすものを、N カテゴリーの成員全体の中から抜き出す表現である。したがって、2 つの用法は、どちらもカテゴリー全体の中から、話者の思い描く下位カテゴリーに適合するものを抜き出す表現であり、「N らしい N」が用いられる環境や N に入る名詞の種類によって、2 つの用法のいずれになるかが決まると考えられる。

次に、2 つの用法のうち、通常の「N らしい」の特徴を継承しており、また制約の少ない第 1 の用法を基本的用法として認定し、類似性に基づき第 2 の用法が拡張したと考えることができる。その際、＜N カテゴリー全体のうち話者の想定するカテゴリーに適合するもの＞というスキーマが抽出される。

「NらしいN」の2つの用法の関係を図にあらわすと、図1のようになる[15]。

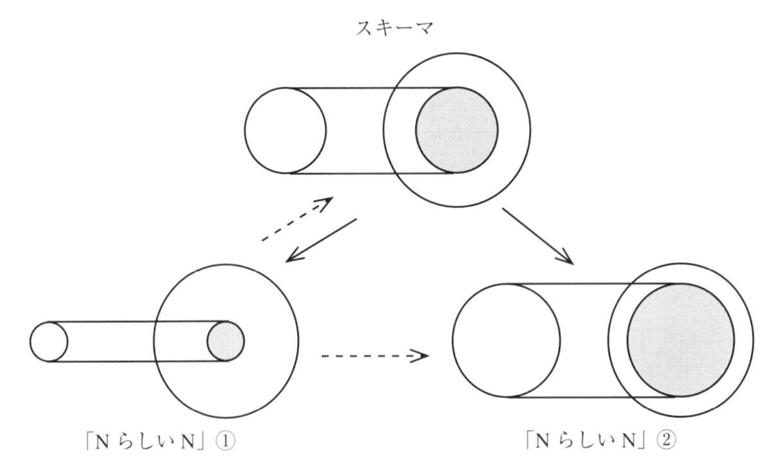

図1 「NらしいN」の2つの用法の関係

3.2.2.5 「NらしいN」の形式的特徴

「NらしいA」の場合、「Nらしい」と名詞Aの間に他の語句を挿入することや、語順を入れ替えて「AはNらしい」とすることが可能である。

(44) 学生らしい服装 → 学生らしいさわやかな服装
→ 学生らしいとてもさわやかな服装

(45) 子供らしい服装 → (その)服装は子供らしい

それでは、「NらしいN」の場合はどうであろうか。このような操作ができない表現であるほど、形式的に1つのパターンとしての固定性が強いということができる。結論を先に述べると、第2の用法のほうが、通常の「らしい」と異なる特徴を持つ、すなわち形式的独自性が高いといえる。

まず、第1の用法の場合、以下に示すように、「Nらしい」と2番目のNの間に他の語句を挿入することや、2つのNの順序を逆にして、「NはNら

15 図1において点線は、用法①から用法②が拡張していることと、スキーマが抽出されることをあらわし、実線はスキーマと事例の関係をあらわす。

しい」とすることができる。

(46)　子供らしい子供　→　（いかにも）子供らしい素直な子供
(47)　政治家らしい政治家　→　（いかにも）政治家らしい狡猾な政治家
(48)　子供$_1$らしい子供$_2$　→　（あの）子供$_2$は子供$_1$らしい
(49)　政治家$_1$らしい政治家$_2$　→　（あの）政治家$_2$は政治家$_1$らしい

それに対して、第２の用法の場合は、いずれの操作も容認度が下がる。

(50)　この部屋には家具らしい家具はない。
　　→　?この部屋には家具らしいちゃんとした家具はない。
(51)　この部屋には家具$_1$らしい家具$_2$はない。
　　→　?この部屋の家具$_2$は家具$_1$らしくない。

したがって、「Nらしい N」の２つの用法のうち第２の用法のほうが、前述したような意味的特徴だけでなく、形式的特徴の面でも、構成要素からの予測可能性の低い、「構文らしい構文」であるということができる。

3.2.3　「Nらしくない N」「Nらしからぬ N」

ここでは、「Nらしい N」の「らしい」を否定形にした、「Nらしくない N」および「Nらしからぬ N」という表現について考察する。

3.2.3.1　「Nらしくない N」

まず、「Nらしくない N」を含む例をいくつか挙げる。

(52)　へえ、だけど男は強くたくましく、男らしくあるべきじゃないのか？男らしくない男や、女らしくない女が増えるって、ちょっと恐怖だな。
（http://www.city.akita.akita.jp/city/in/wk/umdasuka/umum15.htm）
(53)　一方で、政治の世界にどっぷりつかっているベテラン議員が減り、多くの女性と若手が当選する良い面もあったと受け止める。「政治家らしくない政治家に期待したい」。声に力がこもった。

（http://mytown.asahi.com/yamanashi/news01.asp?c=18&kiji=60）

（54）　地上からまっすぐに三尺ぐらいの高さに延び立ったただ一本の茎の回りに、柳のような葉が輪生し、その頂上に、奇妙な、いっこう花らしくない花が群生している。肉眼で見る代わりに低度の虫めがねでのぞいて見ると、中央に褐色を帯びた猪口のようなものが見える。それがどうもおしべらしい。その杯状のものの横腹から横向きに、すなわち茎と直角の方向に飛び出している浅緑色の袋のようなものがおしべの子房であるらしく、その一端に柱頭らしいものが見える。たいていの花では子房が花の中央に君臨しているものと思っていたのに、この植物ではおしべが中軸にのさばっていてめしべのほうが片わきに寄生したようにくっついているのである。（寺田寅彦『沓掛より』、青空文庫）

（52）の、「男らしくない男」は、「強くたくましい」男らしい男、すなわち理想的な男とは反対の男をあらわす表現である。（53）の「政治家らしくない政治家」は、「政治の世界にどっぷりつかっているベテラン議員」すなわちステレオタイプ的な政治家とは反対の政治家である。（54）の「花らしくない花」は、「子房が花の中央に君臨している」典型的な花とは対照的に「おしべが中軸にのさばっていてめしべのほうが片わきに寄生したようにくっついている」花を指している。

したがって、「N らしくない N」は、「N らしい N」の第 1 の用法があらわす＜N カテゴリーに属する成員の中で、理想例・ステレオタイプ・典型例に当てはまると、話者が認めるもの＞に対応して、それとは反対のものをあらわす表現であるといえる。したがって、野内（1998: 228）による、肯定的なニュアンスを帯びる場合と否定的なニュアンスを帯びる場合があるという指摘に対しては、対応する「N らしい N」の違いによるものであるということができる。すなわち、「男らしくない男」は、理想的な男と反対のものをあらわすのに対し、「政治家らしからぬ政治家」の場合、「傲慢」、「利己的」といったマイナスイメージを持つ、政治家のステレオタイプが想起され、それと反対の政治家をあらわしているということである。

以下に、もう1つずつ例を挙げる。

(55)　自分が陰気で内向性で、子供らしくない子供であることを、彼は知っていたからだ。　　（吉行淳之介『砂の上の植物群』、新潮 100）

(56)　最近、不動産広告、特に分譲マンションの広告が、お洒落でスマートになってきたように思う。不動産広告らしくない不動産広告が増えてきている。そのメッセージ内容、デザイン手法、そして媒体も、ここ数年で大きく変化しているようだ。
（http://www.asahi.com/housing/column/TKY200509160166.html）

(57)　堤義明オーナー（コクド会長）はプラザ開業時のインタビューで「街らしくない街をつくりたい。いざとなれば（プラザ周辺の）ゴルフ場は全部つぶす」と答えている。
（http://mytown.asahi.com/nagano/news01.asp?c=42&kiji=4）

理想例・ステレオタイプ・典型例のいずれに対応するかは必ずしも明確に区別できるものではないが、(55)の「陰気で内向性」を持った「子供らしくない子供」が対応する、陽気で外交的な「子供らしい子供」とは、理想例であり、(56)の「不動産広告らしくない不動産広告」が対応する、「お洒落でスマート」ではない「不動産広告らしい不動産広告」はステレオタイプ、(57)の「街らしくない街」は、評価的意味を伴わないことから典型例に対応する表現であると感じられる。

「NらしくないN」が「NらしいN」の第1の用法に対応する表現であるとした理由は、前述したように、第1の用法の「NらしいN」は「NらしくないN」の存在を前提とした表現であるのに対し、第2の用法の場合、対応する「NらしくないN」を考えにくいからである。次の(58)で、「ほとんど仕事らしい仕事をしていなかった」ことから、「仕事らしくない仕事」をしていたとはいえないし、(59)で、「生まれてはじめての旅行らしい旅行であった」ことから、今までに「旅行らしくない旅行」をしたことがあったとは考えにくいのではないだろうか。

(58)　この数年、家に引きこもり、ほとんど仕事らしい仕事をしていなかった綾三郎だが、いざ死なれてみると家の中に大きな欠落が生じたようであった。　(＝(28))

(59)　父母や兄によってささやかな旅行にすら連れだされた経験のない周二には、たかだか信州までの距離も生れてはじめての旅行らしい旅行であった。　(＝(35))

ところで、「名詞＋らしい」は形容詞と同様に名詞を修飾する働きをするが、両者の否定形には相違点がある。形容詞の否定形は、形容詞があらわす属性のない状態であるのに対し[16]、「名詞＋らしい」の否定形「名詞＋らしくない」は、「名詞＋らしい」の正反対の状態をあらわすと考えられる。このことは、「非常に」、「大変」などの程度の甚だしさをあらわす副詞と共起するかどうかの違いに反映している。「名詞＋らしくない」は、以下の例のように、「非常に」、「大変」などとともに用いることができる。

(60)　そうしてデザインを煮詰めていくと、結果として非常にパソコンらしくないものができた。
(http://www.sharp.co.jp/mebius/muramasa/interview/cv/relay01_1.html)

(61)　先日、私は大変日本人らしくないアクションを起こしてしまいました…。　(http://www.kobe-fa.gr.jp/column/kawamura_no12.html)

それに対して、次の例が示すように、形容詞の否定形は「非常に」、「大変」などと共起すると容認度が下がる[17]。

16　益岡・田窪(1992: 140–141)は、以下のような否定文を有題否定と呼び、「ある対象に関して、その対象が持つかもしれない属性、経るかもしれない過程、するかもしれない動作が、実際には存在しない、あるいはしなかった、ということを表す場合が多い」と述べている。すなわち、この文があらわすのは、「この米」が「おいしい」という属性を持っていないということである。
　(a)　この米はおいしくない。

17　「は」を伴うことによって形容詞の否定形は「非常に」、「大変」などと共起できるが、その場合、「ない」が否定するのは、形容詞ではなく「非常に」、「大変」などの副詞である。つまり、次の例で否定されているのは、形容詞の示す属性ではなく、程度の甚だしさである。
　(a)　この問題は、非常に難しくはない。

(62) ?この問題は非常に難しくない。
(63) ?大変忙しくない店

したがって、「Nらしくない」という状態は、「Nらしさ」の尺度において、「Nらしい」の正反対をあらわすといえる(図2参照)。つまり、「Nらしくない N」があらわすのは、カテゴリー全体の中の周辺的なもの(「Nらしい N」と反対の状態)である(図3参照)。

非常にNらしくない　Nらしくない　　　　　　Nらしい　非常にNらしい

図2 「Nらしさ」の尺度

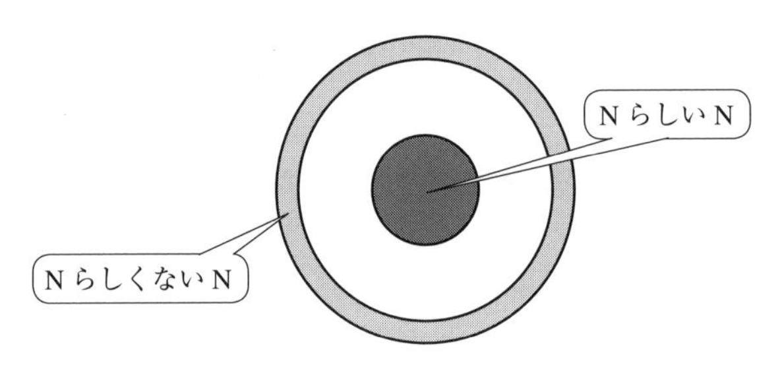

図3 「NらしいN」と「NらしくないN」

以上の考察により、「NらしくないN」について、①「NらしいN」の第1の用法に対応する表現である、②Nカテゴリーの周辺的な成員を指す、という2つの意味的特徴が明らかとなった。

これらの特徴を踏まえて、「NらしくないN」の構文としての意味を、以下のように記述する。

(b) 昨日は、大変忙しくはなかった。

「Nらしくない N」:
＜Nカテゴリーに属する成員の中で、理想例・ステレオタイプ・典型例としての度合いが低いと、話者が認めるもの＞

3.2.3.2 「Nらしからぬ N」

次に、「Nらしからぬ N」について考察する。「らしからぬ」は「らしくない」の文語体であるが、「Nらしくない N」と「Nらしからぬ N」の違いは単なる文体の違いだけではない。なぜなら、以下のように前者には用いることができるが後者に用いると容認度が下がるような例が存在するからである[18]。

(64) a.　山らしくない山
　　b. ?山らしからぬ山
(65) a.　会社らしくない会社
　　b. ?会社らしからぬ会社
(66) a.　時計らしくない時計
　　b. ?時計らしからぬ時計

この場合、対応する「Nらしい N」が理想例・ステレオタイプ・典型例のいずれに該当するかを考えると、いずれも評価的意味がそれほど感じられないことから、典型例であると考えられる[19]。一方、対応する「Nらしい N」が評価的意味を持つ場合、すなわち、ステレオタイプや理想例の場合には、「Nらしくない N」と「Nらしからぬ N」のいずれも用いることができる。

18　検索エンジン Google による検索件数は、以下のようにいずれも「Nらしくない N」よりも「Nらしからぬ N」のほうが少ない。「らしくない」「らしからぬ」単独での検索結果と比較すると、その差が大きいことが明らかである（平成 27 年 10 月検索）。

山らしくない山	194 件	山らしからぬ山	19 件
会社らしくない会社	696 件	会社らしからぬ会社	29 件
時計らしくない時計	107 件	時計らしからぬ時計	24 件

（「らしくない」約 928,000 件、「らしからぬ」約 672,000 件）

19　前述のとおり、Lakoff（1987）は、典型例について、無意識で反射的なものであると述べている（3.2.2.1 参照）。

(67)　こんな教師だったら、相談事もさらりとできてしまいそうな、{教師らしくない教師／教師らしからぬ教師}だ。

(http://www.webdokusho.com/shinkan/0310/tp_kawai.htm)

(68)　期待される教師役割に対して応えようという意識が弱く、いわゆる{教師らしくない教師／教師らしからぬ教師}というタイプ

(http://www.shizuoka-c.ed.jp/center/kenkyu/tyoken14/so-2.pdf)

(67)はステレオタイプ的な教師に対応しプラス評価を伴っているのに対し、(68)は、理想的な教師に対応しマイナス評価を伴う表現となっているが、いずれの場合も、「らしくない」と「らしからぬ」のどちらを用いても不自然ではない。

次の例を見てみよう。

(69)　政治的領域がどろどろとした私的利害の渦巻き衝突する場であり、利害調整がその内容であると誰れもが思うようになって久しい。「{政治家らしくない政治家／政治家らしからぬ政治家}」を善とみなし、知事に選んできた神奈川県民の知恵はもう尽きたのか。

(http://www.kensyokurou.ne.jp/rensai/sanpo/030501.htm)

(70)　アダムスがアメリカ独立後最初の副大統領であり、２代目大統領になったことは知られてはいるものの、アダムスこそがアメリカの独立宣言を実現させた中心人物であり、大ブリテン(Great Britain)に謀反を起こした反逆者の援助をフランスから得る為に、イギリスの戦艦が待ち構えている冬の大西洋を命を賭けて渡った果敢な愛国者であり、頑固で傲慢と思えるほど自分の信念に忠実な{政治家らしからぬ政治家／政治家らしくない政治家}であり、(以下省略)。

(http://www.jcaw.org/news/story/2004/200407/enokido.html)

この場合の「政治家らしくない政治家」、「政治家らしからぬ政治家」はいずれもステレオタイプ的な政治家に対応し、プラス評価を伴う表現であるといえ、「らしくない」と「らしからぬ」を入れ替えても不自然ではない。

以上の考察から、「N らしからぬ N」は「N らしくない N」と異なり、常に評価的な意味を伴う表現であるということができる。したがって、「N らしくない N」の意味から、典型例に対応する場合を除いたものが「N らしからぬ N」の意味となり、以下のように記述する。

「N らしからぬ N」：
＜N カテゴリーに属する成員の中で、理想例・ステレオタイプとしての度合いが低いと、話者が認めるもの＞

3.2.4　「N 以上に N らしい」

ここでは、「N 以上に N らしい」という表現について考察する。以下にいくつか例を挙げる[20]。

（71）一匹の犬としてその存在を認めて欲しいということを、いじらしいほどの豊かな表情としぐさで訴えようと努力する。その様子は、犬でありながら、時として人間以上に人間らしい感情を表し、読む人の共感を得たものと思われる。
（http://www.db.fks.ed.jp/txt/47000.kyouiku_fukushima/00123/html/00030.html）

（72）お話しのように、男らしさ、女らしさという言葉も時代によって変わってくるでしょうし、男以上に男らしい女性もおりますし、そういう意味ではいろいろとあろうかと私は思います。
（http://www.geocities.co.jp/WallStreet-Stock/8514/sangi.html）

（73）戦後、どんどん西欧化されていった日本とは裏腹に、人から人へと受け継がれていったハワイの日系文化は、時に、現在の日本以上に日本らしいところもあったりして驚かされます。
（http://allabout.co.jp/travel/hawaiilife/closeup/CU20060109A/）

20　この表現の生産性は「N らしい N」や「N らしくない N」に比べるとかなり低く、収集した実例の中では、「人間以上に人間らしい」、「日本（人）以上に日本（人）らしい」、「男以上に男らしい」、「本物（真実、現実）以上に本物（真実、現実）らしい」が見られたのみである。

(71)で、「人間以上に人間らしい」の主体は、「犬」であって、もちろん「人間」ではないし、(72)の「男以上に男らしい」が修飾するのは「女性」である。また、(73)で、「日本以上に日本らしい」の主体は「ハワイ(の日系文化)」であり、「日本」ではない。

山下(1995: 196)も述べているように、「SはN以上にNらしい」という場合のSは、Nカテゴリーに属するものではない。しかし、山下(1995: 197)は、「らしい」はあくまで対象がNの持つ特徴や性格を十分に備えているという話し手の判断を示すもので、対象がNかどうかは問題にしないと述べているが、本書では、単に「SはNらしい」という場合のSは、Nカテゴリーに属するものであると考える[21]。その根拠は、次の(74)において、「田中さん」が女性であるとは感じられないからである。それに対して、(75)の「田中さん」は明らかに女性である。

(74)　田中さんはとても男らしい。

(75)　田中さんは男以上に男らしい。

したがって、「N以上に」が加わることで、「SはN以上にNらしい」という場合のSが、Nカテゴリーに属さないと理解されるということである。

前述のとおり、坂原(1993)は、カテゴリーへの所属を決める定義属性と、典型性を決める特徴づけ属性は異なることを指摘している。例えば、「(人間の)男」の定義属性は生物学的特徴であるのに対し、特徴づけ属性は、「男」であることから期待できるさまざまな身体的、行動的特徴である。前者はすべての成員が満たすのに対し、後者は個人によって満たす場合も満たさない場合もあり、また満たす程度もさまざまである。

ここで、(74)と(75)を比較すると、(74)の場合、「田中さん」が「男」であることを踏まえて、「男らしい」と表現しており、特徴づけ属性に焦点を当てながらも、定義属性を満たしていることを前提としている。それに対して、(75)の場合、定義属性を前提とすることなく(むしろ定義属性を満たさな

21　尾谷(2000: 170)は、「NらしいT」といえば、「事例TはNカテゴリーの成員であり、且つNとしての特徴が顕著である」という2つを意味すると述べている。

いことを前提として)、特徴づけ属性のみを問題にした表現であるといえる。

それでは、この場合の「Nらしさ」とは何か(「Nらしい」成員が作る下位カテゴリーが理想例、ステレオタイプ、典型例のいずれに該当するか)について検討する。実例の文脈からはいずれもプラス評価が感じられることから、理想例あるいはステレオタイプのどちらかであると考えられる。

ここで、理想例とプラス評価のステレオタイプの違いを考えると、そのような成員が現実世界に普通に存在すると考えられているのがステレオタイプであり、現実にはめったに見られないと思われているのが理想例である。

(76) 人間のように対応するコンピュータが入ったスーツケースや、感情を持つアンドロイド、どんな質問にも答える球体機械など、ディックの小説には、人間以上に人間らしいコンピュータが登場する。
(http://media.excite.co.jp/daily/thursday/030731/p01.html)

(77) ブラジル入植者を前に歌った森は回想する。「日本人以上に日本人らしいというか、昔のまんまの日本人に出会えた気がした」
(http://www.nishinippon.co.jp/news/2005/sengo60/sengo1/mori7.html)

(78) スカーフだって本物以上に本物らしいスカーフが千円ぐらいで売っていたり、本当にブランド品のバッグとか何かも本物以上に本物に近いというか、本物を超えるような感じの商品が随分並べられていまして、これはどうなのかな、それを購入すること自体も犯罪行為になると思うんですが。
(http://www.shugiin.go.jp/itdb_kaigiroku.nsf/html/kaigiroku/009816220050518016.htm)

これらの例の中で、「どんな質問にも答える」や「昔のまんまの」、「本物を超えるような感じ」という記述から、現実にはそのような「人間」、「日本人」、「本物」は少ないと感じられる。したがって、この場合の「Nらしい」が喚起するのはNカテゴリーの中の理想例であるといえる。そして、「N以上に」によって、Nカテゴリーの一般的な成員よりも、理想例としての度合いが高いことがあらわされているのである。

以上の考察から、「N以上にNらしい」には、以下のような意味的特徴のあることがわかった。

① 「N以上にNらしい」の主体Sは、Nカテゴリーの成員ではない。
② 主体Sは、Nカテゴリーの理想例を特徴づける属性を持っている。
③ 主体Sは②の属性を満たす程度が高いと、話者が感じている。

これらの特徴を踏まえて、「(Sは)N以上にNらしい」の構文としての意味を以下のように記述する[22]。

「(Sは)N以上にNらしい」:
＜(Sは)Nカテゴリーには属さないが、Nカテゴリーの理想例としての度合いが高いと、話者が認めている＞

3.3 「Nの中のN」

本節では、「Nの中のN」という表現について検討する。(79)の「男の中の男」は、一部の男に対して用いられる褒め言葉であるが、構成要素の意味の総和からは、「男」の集合の中に「男」が存在しているという意味しか得ることができない。

(79) 女らしさについて、そういう理解をもつことこそ、明日の男らしさ、頼もしい雄々しさであろうと思います。女に対して荒々しく君臨する男は、いつの時代も男の中の男とはいえませんでした。
(宮本百合子『自然に学べ』、青空文庫)

「男の中の男」は、かなり慣習化された表現であるが、その他にも、以下の例のように、「Nの中のN」の部分を他の名詞に入れ替えた、同様の表現が成り立つことから、「Nの中のN」という形式に固有の意味が結びついた構文と

22 主体Sは必ずしも言語表現に現れていないが、意味記述の上で重要な役割を果たすため、括弧書きで表記することとする。

して記述する必要がある。

(80) このようにMBという車は常に「自動車の中の自動車」であり続けました。 (http://www.mercedesbenz-net.com/entrance/intro_lo.html)

(81) 糾弾派は、思想参謀本部である帝大学風粛正が目的だった。だから帝大の中の帝大である東京帝大、なかでも東京帝大法学部教授が主標的だった。 (http://www.yomiuri.co.jp/book/review/20050221bk06.htm)

(82) 甲斐の守護職武田家でうまれた武田信玄などは、例外の中の例外である。 (司馬遼太郎『国盗り物語』、新潮 100)

3.3.1 先行研究とその問題点

野内(1998: 227–228)は、「男の中の男」という表現について、「男らしい男」と同様に、同語反復法を応用した強調表現であり褒め言葉であると述べている。この記述は、概ね妥当であるが[23]、「男らしい男」との違いについては述べられていない。例えば、次の例の「男の中の男」と「男らしい男」は、いずれも褒め言葉であるが、互いに入れ替えると容認度が下がるため、両者の違いを明らかにする必要がある。

(83) 「勇気ある追跡」で悪党4人の中に馬で突っ込んでいくジョン・ウェインを見てキム・ダービーが「あれこそ男の中の男よ」と叫ぶ。 (http://www.ctn.jp/column/pickupthemovie/pickup_0009.html)

(84) 服装の男女差がなくなってユニセックス化し、いわゆる男らしい男が少なくなった。 (=(37))

また、野内(1998)は、「男の中の男」という特定の表現を挙げるのみで、前述の(80)〜(82)で示したように、「Nの中のN」の名詞Nがある程度自由に入れ替えられることについては触れられていない。

---

23 「概ね」としたのは以下のように褒め言葉といえない例があるからであるが、この場合にも、名の通った不良として評価するようなニュアンスが感じられる。
(a) あいつは不良の中の不良だ。

3.3.2 「の中の」の用法

ここでは、「Nの中のN」との比較のために、以下の例のように「の中の」の前後の名詞が異なる場合について確認する。

(85) 早くあなたの頭に瓶の中の香水をよく振りかけてください。
(宮沢賢治『注文の多い料理店』、青空文庫)

(86) ふりかえって見ると、車室の中の旅人たちは、みなまっすぐにきもののひだを垂れ、黒いバイブルを胸にあてたり、水晶の珠数をかけたり、どの人もつつましく指を組み合せて、そっちに祈っているのでした。
(宮沢賢治『銀河鉄道の夜』(新潮文庫版)、青空文庫)

これらは、Aであらわされる空間(容器)の中にBであらわされる物体が存在していることを表現する、「Aの中のB」の最も基本的な用法である(図4参照)。

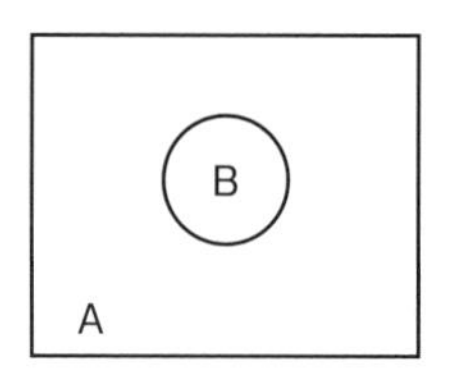

図4 「Aの中のB」

次に、AとBが物理的意味では、容器と内容物といえない場合の例を挙げる。

(87) どうも個々の人間の頭の中の考えの歴史は不思議なもので、通り一遍の理窟や下手な心理分析などを遥かに超越したものではないかと思われる。
(寺田寅彦『科学に志す』、青空文庫)

(88) そのとき、眼が覚める。私は涙を流している。眠りの中の夢と、現実がつながっている。気持がそのまま、つながっている。
(太宰治『フォスフォレッスセンス』、青空文庫)

(89) あとで担保に入れてあったガージュを銘々に返していたとき、一本の鉛筆をさし上げて「これはどなたのでしたか」と主婦が尋ねたら、一座の中の二人のイタリア女の若い方が軽く立上がって親指で自身の胸を指さし、(以下省略)。　　　(寺田寅彦『追憶の冬夜』、青空文庫)

これらの例文では、本来空間(容器)ではない「頭」、「眠り」、「一座」が内部を有する空間(容器)として捉えられ、その中に「考え」、「夢」、「二人のイタリア女」が内容物として表現されている。すなわち、物理的領域で適用されていた「容器」のイメージ・スキーマが、抽象的な領域でも適用されるようになったと考えられる。別の言い方をすれば、物理的領域における容器と内容物の関係が、思考や時間、集合という抽象的領域に写像されたということである。

3.3.3 「Nの中のN」の意味的特徴

「N_1の中のN_2」の場合も「Aの中のB」と同じように考えることができる。すなわち、N_1とN_2は言語形式としては同じであるが、N_1は容器、N_2は内容物として捉えられている。これを、(89)のように、ある集合の中に異なる存在が含まれていることをあらわす表現と同様に考えてみると、N_1がカテゴリー全体であり、N_2は同じカテゴリーに帰属しながらも際立った存在として見ることができる(図5参照)。

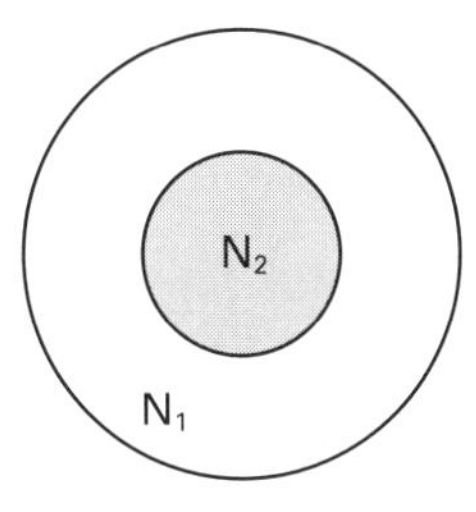

図5 「N_1の中のN_2」

このことを「Nの中のN」の実例をもとに検証する。

(90) 彼女は山の上の湖水のような女だ。いつもは静かに、おっとりしているが、その水が一度切って落されると、電熱に変り得るような、はげしい力を底にたくわえているのだ。ああいう女こそ、女の中の女ではないだろうか。 (山本有三『路傍の石』、新潮100)

この場合、「女の中の女」があらわすのは、「いつもは静かに、おっとりしている」が、「はげしい力を底にたくわえている」女性であるが、そのような特徴がすべての女性に等しく共通しているわけではない。「女」カテゴリーに属しながらも際立った存在であるといえる。

(91) ひとりの女が、ひとりの男に向けて、書くことによってだけ辛うじて伝え得る悔恨を、哀惜を、思慕を綴ったような便りが、手紙の中の手紙でなくてなんであろうか。 (宮本輝『錦繍』、新潮100)

単に何かを伝達するだけなら手紙以外でも役割を果たすことができることを考えると、書くことによってしか伝えられないような感情を綴った手紙は少ないといえる。したがって、「手紙の中の手紙」も、「手紙」カテゴリーの中の一部の顕著な成員をあらわす表現である。

(92) ところでその猿が又、実によく仕込んだもので、そんなお茶の大木の梢にホンノちょっぴり芽を出しかけている、新芽の中の新芽ばかりをチョイチョイと摘み取ると、見返りもせずに人間の手許へ帰って来るのだそうです。 (夢野久作『犯人は笑う』、青空文庫)

この「新芽の中の新芽」も、「新芽」と呼ぶことができるもの(カテゴリー全体)の中から、「新芽」である程度が高い(「ホンノちょっぴり芽を出しかけている」)一部の成員をあらわす表現である。

以上の実例から、「Nの中のN」で示される存在は、同じカテゴリーに所属しながらも他の成員から際立った存在として捉えられていることが確認できる。カテゴリー内の他の成員と類似したものであれば、カテゴリーの中に埋没し「Nの中のN」として浮かび上がることはないからである。そして、そのような際立ちを生み出すのは、当該カテゴリーの成員間で段階性がある属性の顕著さである[24]。その属性とは、(90)では女性の持つ内面の激しさであり、(91)では書き手の感情をいかに相手に伝えられるかということであり、(92)では「新芽」である度合い(芽を出していないほうがより新芽としての度合いが高い)である。

また、「Nの中のN」で示される存在は、カテゴリーの中で希少な存在として捉えられている[25]。なぜなら、カテゴリー内に遍在するものであれば、もはや際立った存在とはいえないからである。したがって、阿部(2009: 91)が指摘するように、以下のように単に典型的な成員であることを述べるような場合に「Nの中のN」を用いると不自然である。

(93) a. ?鳥の中の鳥、スズメ。
b. ?麺の中の麺、そば。

さらに、この属性の顕著さおよび希少性によって、「Nの中のN」で示される存在はカテゴリーNの代表例であると感じられるようになる[26]。このことは、野球選手などの代表例が、平均的な成員ではなく顕著な属性と希少性を持っていることからも説明できる。

注23で取り上げた例や、以下の(94)において、対象を賞賛するような意味合いが感じられるのは、「Nの中のN」で示される存在を代表例と認めるところから生じており、このような意味は、構成要素「の中の」からもたらされるものではなく、「Nの中のN」全体と慣習的に結びついたものである[27]。

---

24 この属性は、坂原(1993)が「特徴づけ属性」、山梨(1988)が「顕現特性」と呼ぶ属性のことであり、カテゴリーのすべての成員に等しく成り立つものではない。

25 このことは(89)のような、「Aの中のB」の場合にも当てはまる。集団Aの中に異質な存在Bが含まれることをあらわす場合、Bは少数派である。例えば、30人の一座にイタリア人が20人いる場合に「一座の中の20人のイタリア人」とは普通いわないだろう。

26 ここでの代表例は、Lakoff(1987)における模範例(Paragon)に相当する。Lakoffは、カテゴリーを理解するために、理想ないしはその逆をあらわす個々の成員を用いることもあると述べ、例として、ベスト・テンやワースト・テンのリスト、アカデミー賞、野球のベーブ・ルースやウィリー・メイズを挙げている。

27 阿部(2009)は、(94)に観察されるプラス評価を、「望ましさ」の顕れであるとし、「代表例」のニュアンスは「望ましさ」から喚起される付随的な意味効果であると述べているが、

(94)　泥棒の中の泥棒、アルセーヌ・ルパン。

以上の考察を踏まえて「Nの中のN」の構文としての意味を以下のように記述する。

「Nの中のN」：
＜顕著な属性を持っているため他の成員から際立っており、Nカテゴリーの代表例であると、話者が認めるもの＞

ここで、「Nの中のN」があらわす代表例と、「NらしいN」があらわす理想例との違いについて確認しておく。前述したように理想例とは、話者または話者の属する言語社会の理想や規範に基づくものであるのに対し、代表例は、現実世界におけるNカテゴリーの成員のうち、顕著な属性を持つ成員である。

以下の(95)は、理想例に該当するような「男」が少なくなったことをあらわすのに対し、(96)は、「ゼイン・マッケンジー」を、勇敢さと女性への深い愛と思いやりという属性が顕著である、「男」の代表例であると述べる文である。

(95)　服装の男女差がなくなってユニセックス化し、いわゆる男らしい男が少なくなった。　(＝(37))

(96)　危険な任務を勇敢にこなす屈強の戦士でありながら、女性には深い愛と思いやりをもって接するゼイン・マッケンジーは、まさに男の中の男。　(http://www.mirabooks.jp/comment.html)

また、前述したように、「Nの中のN」は、カテゴリーの代表となるような顕著な属性を持つ成員をあらわす表現であるため、以下の例のように、成員間に差異が少なく代表例を見出しにくいようなカテゴリーについて、通常の文脈では用いることができない。

カテゴリー全体の中に顕著な属性を持つ一部の下位カテゴリーが存在するという意味と、「Nの中のN」という形式との類似性を考えると、代表例という意味が形式と慣習的に結びついていると考えるほうが妥当である。

(97) ?米粒の中の米粒、 ?偶数の中の偶数、 ?直線の中の直線

固有名詞は成員が1つしかなく代表例は存在しないため、一般的には「Nの中のN」で用いられることはない。しかし、地名をあらわす固有名詞のうち、その土地特有の特徴が広く知られているようなものの場合は、(99)のように「Nの中のN」で用いることができる。その土地らしさの程度が顕著であるため、代表的と見なされるような場所という解釈ができるからである。

(98) *イチローの中のイチロー、 *朝日新聞の中の朝日新聞、 *コカコーラの中のコカコーラ

(99) 京都の中の京都と言うモデルエリアとしての核が必要で、そのエリア内での理想的な京都作りこそが21世紀に受け継ぐエッセンスになると思います。
(http://www.do-kyoto.jp/old_theme/2005/01/200501_009.html)

次に、カテゴリー構造を縦の階層から見た場合、「Nの中のN」の容認度に偏りが見られる。次の例で、「動物」、「植物」、「家具」は上位レベルカテゴリー、「犬」、「花」および「桜」、「椅子」は基本レベルカテゴリー、「柴犬」、「ソメイヨシノ」、「ソファー」は下位レベルカテゴリーと呼ばれる[28]。

(100) ?動物の中の動物、 犬の中の犬、 ?柴犬の中の柴犬

(101) ?植物の中の植物、 花の中の花、 桜の中の桜、 ?ソメイヨシノの中のソメイヨシノ

(102) ?家具の中の家具、 椅子の中の椅子、 ?ソファーの中のソファー

(103) 犬の中の犬! と言われるほど、警察犬・救助犬・盲導犬などさまざまな箇所で使役犬として人間社会に貢献してくれている。
(http://www.wanwan-style.com/contents/monthly/knowledge/picture_book/germanshepard/index.html)

---

28 Ungerer and Schmid (1996) は、何が基本レベルとして選ばれるのかを決定する上で、文化モデルが重要な役割を果たすとしている。「桜」が基本レベルとして捉えられるのは、日本人の文化モデルによるものと思われる。

(104)　日本人の自然観にあった、桜のなかの桜といえます山桜特有の淡い調子を織物で表現するのは至難の技ですが、京都の(株)川島織物の職人と作者との息の合った努力の結晶によって生み出されたものです。　(http://www.city.sakura.lg.jp/onhole/info/directors_room.htm)

これらの例の容認度の違いから判断すると、「Nの中のN」が最も結びつきやすいのは、中間レベルの階層すなわち基本レベルカテゴリーであるといえる。

Rosch et al.(1976)によると、基本レベルカテゴリーは他のカテゴリーと共有される属性が少なく、かつ当該カテゴリーの成員同士では共有される属性が多いレベルである。上位レベルでは、他のカテゴリーと共有される属性が少ないのと同時に成員間で共有される属性も少ない。下位レベルでは、成員間で共有される属性が多いのと同時に他のカテゴリーと共有される属性も多い。

「Nの中のN」は同じカテゴリーの成員でありながらも、属性の顕著さと希少性のために代表例として捉えられていることをあらわす表現であるが、上位レベルでは成員間で共有される属性が少なく、成員同士が互いに異なりすぎるため、代表例を見出しにくい。一方、下位レベルでは、共有される属性が多く成員同士の類似度が高いので、他の成員と異質に感じられるほど顕著な属性を持つ代表例は存在しにくいと考えられる[29]。

3.3.4　「Nの中のN」の形式的特徴

「の中の」の前後の名詞が異なる「Aの中のB」の場合、「Aの中の」とBの間に他の語句を挿入することや、順序を入れ替えて「BはAの中にある(いる)」とすることが可能である。

(105)　瓶の中の香水　→　瓶の中の余った香水

(106)　車室の中の旅人たち　→　車室の中の何人かの旅人たち

29　下位レベルカテゴリーの場合、「Nの中のN」の容認度には個人差があることが予測される。例えば、犬についてあまり詳しくない人にとって、「柴犬」はどれも同じに見えるだろうが、愛犬家にとっては、「柴犬」の中に十分差異を見出すことができるだろう。その場合、優れた柴犬を見て「柴犬の中の柴犬」と評しても不思議ではない。

(107) 瓶の中の香水 → (その) 香水は瓶の中にある
(108) 車室の中の旅人たち → (その) 旅人たちは車室の中にいる

それに対して、「Nの中のN」の場合、他の語句の挿入も、「NがNの中(にいる)」と順序を入れ替えることもできない。

(109) 男の中の男 → *男の中の立派な男
(110) 男$_1$の中の男$_2$ → *(その) 男$_2$が男$_1$の中にいる

したがって、「N の中の N」は、形式面においても、構成要素「の中の」から予測できない特徴を示すといえる。「N の中の N」は、「N の中の」が N を修飾する構造、つまり、「N の中の」が、N の内容を限定する構造ではなく、「N の中の N」を 1 つの統合体として考える必要があると考えられる。

3.4 「NN している」(名詞重複＋サ変動詞)

本節では、「子供子供している」、「棘棘(とげとげ) している」のように、名詞の重複形式にサ変動詞が接続した「NN している」という表現について考察する[30, 31]。

(111) 薊 (あざみ) …棘棘した赤紫の花を咲かせる草。川原などに見られる。 (http://yume.mizubasyou.com/zukan2.htm)
(112) その少女は十二三と聞いていたが、その年にしては思ったよりも小さくて、まだいかにも子供子供していた。
(堀辰雄『ほととぎす』、青空文庫)

30 同じ名詞が直接繰り返される場合と、間に他の語句が介在する場合を区別するために、前者を「重複」、後者を「反復」と呼ぶことにする。
31 後述するように、「NN する」のように基本形では用いられず、言い切りの場合「NN している」の形をとる。また、名詞修飾の場合は、「NN した」の形で用いられる。

3.4.1　先行研究とその問題点

国広（1989: 41）は、「NN している」が名詞修飾節で用いられる場合の「NN した」の意味を、「典型的に N の性質を持った」と記述している。また、吉村（2004: 158–159）は、「日本人日本人した」、「おじさん（おばさん）おじさん（おばさん）した」、「女の子女の子した」、「病人病人した」、「素人素人した」などの表現は、事例の帰属（〜らしさ）を強調することによって、そのものがプロトタイプであることを浮き出たせるものだと述べている。

（113）　このネクタイ、おじさんおじさんしている。やめようよ。
（114）　あの子も年頃ね。女の子女の子したドレスが欲しいみたい。

これらの記述から、「NN している」が「N らしい」と類義語であると判断することができる。しかし、2 つの構文の統語形式が異なる場合、意味的にも異なるものでなければならないという非同義性の原則に従うと、「NN している」と「N らしい」も異なる意味をあらわすことになるが、その違いについては明らかにされていない。

蜂矢（1998: 323–326）は、以下のような例について[32]、「これらは〜シタ・〜シテイルの形で用いられることが多く、動作的意味を表すより情態的意味を表すと見られる」と述べている。

（115）　「貴方まだ何処か子供子供したところがあるのね。こうして話していると。（略）」　（夏目漱石『明暗』）
（116）　少しやさしい言葉でもかけられると直ぐに涙、まことにしおらしい娘娘した、ラブるのには持って来いという女になってしまう、　（国木田独歩『第三者』）
（117）　新しい茶を持って入って来た伸子には、その言葉が何だか角々して、相手を傷つけるように感じられた。　（宮本百合子『伸子』）

32　蜂矢（1998）の中では、旧かなづかいおよび旧字体で表記されているが、ここではそれぞれ、新かなづかいおよび新字体に直して掲載している。

(118) 兎に角顎が尖つて頬骨が露れ、非道くやつれている故か顔の造作がとげとげしていて、愛嬌気といったら微塵もなし。(二葉亭四迷『浮雲』)

これらの例のうち、(115)と(116)は「NNした」の部分を「Nらしい」に置き換えることができ、国広(1989)や吉村(2004)の記述が当てはまるのに対して、(117)と(118)は、「Nらしい」に置き換えることはできない。したがって、「NNしている」には、2つの用法が認められる可能性があるが、その違いについて言及した先行研究はない。

3.4.2 「NNしている」の意味的特徴

前述したように、「NNしている」には2つの意味が認められる可能性がある。両者の違いは、「Nらしい」と類義関係にあるか否かという点のほか、主体Sと重複名詞Nとの関係に現れている。(119)の場合、主体Sと重複名詞Nが全体と部分の関係になっている(「棘」は「花」の一部)のに対し、(120)の場合、主体Sと重複名詞Nが包含関係を成している(「その少女」は、「子供」カテゴリーに属する)。

(119) 薊(あざみ)…棘棘した赤紫の花を咲かせる草。川原などに見られる。(＝(111))

(120) その少女は十二三と聞いていたが、その年にしては思ったよりも小さくて、まだいかにも子供子供していた。(＝(112))

こうした「NNしている」の2つの用法について、以下で順に意味的特徴を考察していく。

3.4.2.1 「NNしている」の第1の用法

ここでは、主体Sと重複名詞Nが、全体と部分の関係をなす場合について検討する。次の例文では、「棘」が「実」の一部であるといえる。

(121) 小豆くらいの棘々した実がついていて、それが峻一の足をちくちくと刺し、いくつかは半ズボンの裾にもくっついた。

（北杜夫『楡家の人びと』、新潮 100）

玉村（1985: 40）は、名詞の畳語形式が複数をあらわす場合は、単なる２以上ではなく、かなりの多数をあらわすとしているが、同様のことが「NN している」の重複名詞についても成り立つ。例えば、（121）において、仮に実に「棘」が２本しかついていないなら、「棘棘している」とはいわないであろう。相当数の「棘」がついていて初めて、「棘棘している」と表現しうるのである。したがって、主体Ｓと重複名詞Ｎが全体と部分の関係にある場合、ＮがＳの中に多数含まれているということをあらわしている。

ただし、Ｓの中にＮがたくさん含まれているからと言って、「NN している」と表現できるわけではない。「棘棘している」というのは、単に「棘」がたくさんついているというだけでなく、ちくちくして痛そうな状態をあらわしている。すなわち、「Ｓは NN している」は、主体ＳにＮであらわされるモノがたくさん含まれているうえに、そのモノの特徴が際立っていて知覚されやすい状態であることをあらわす表現であるといえる。

次の例を比較してみよう。

（122）a.　とげとげした実

b.　たくさんとげのついた実

どちらも実の表面に多数の「とげ」がついていることをあらわしており、真理条件的には同じ意味をあらわすと言ってよいであろう。しかし、（122b）は、単に多くの「とげ」がついていることをあらわすだけであるのに対し、（122a）は、話者が「とげ」の特徴を感覚的に捉えていることをあらわしている。すなわち、多数の「とげ」の特徴が、話者によって容易に知覚される状態にあることをあらわしていると考えられる。

次の例は、会場が一面ガラス張りであることを述べている。この場合、複数のガラスというよりは、会場を覆うガラスが大量のものとして捉えられており、ガラスの特徴（例えば透明性）は主に話者の視覚に働きかける。

（123）　東京に来てからは毎年見ているこのガラスガラスしている会場はい

つ見ても美しく、かつ、人のパワーを感じる。
(http://www13.plala.or.jp/oyajazz/diary_page12.html)

単に会場にたくさんのガラスがあることをあらわすだけではないことは、会場の中にたくさんの女の子がいるという意味で「*女の子女の子した会場」といえないことから確認できる。

次の例は、主体Sの中に際立つNの特徴が味覚によって感じられることをあらわしている。すなわち、「ケチャップケチャップしていな」いというのは、単にトマトソースにケチャップがたくさん入っていないというのではなく、ケチャップの味が際立っていないということである。

(124) トマトソースもケチャップケチャップしていなくてすごく美味しかったです。 (http://www.rakuten.co.jp/jagaimo/319964/319971/)

以上の考察の結果、主体をあらわす名詞Sと重複名詞Nが全体と部分の関係をなす場合、次のような意味的特徴があることがわかった。

① 主体Sは、多くのNを含んでいる。
② Nの特徴は際立っていて、話者によって容易に知覚される。

これらの特徴を踏まえて、「(Sは)NNしている」の第1の用法の構文としての意味を、以下のように記述する。

「(Sは)NNしている」①:
＜(Sは)Nを多く含み、その特徴が際立っていて容易に知覚される状態である＞

なお、名詞の意味が本来の意味から拡張している場合もある。(125)の「とげとげした」の「とげ」は、(121)の場合と異なり、本来の意味は失われ、「(言葉などに含まれる)人の心を刺激するもの」という意味で用いられている。また、(126)の「どろどろしている」は「どろ」そのものを含んでいるのではなく、「どろ」のような濃く粘り気のある状態であることをあらわしており、(127) も文字どおりゴミが散らばっているというよりは、無秩序で雑然とした状態を述べている。これらはいずれも、個別の用法が定着した表現である。

(125)　笹村はとげとげした口の利き方をした。(徳田秋声『黴』、青空文庫)

(126)　僕は屈みこみ、書記の微笑んだ顔の、鼻孔と耳から、どろどろした濃い血が流れ出ているのを見た。

(大江健三郎「飼育」、『死者の奢り・飼育』所収、新潮 100)

(127)　小滝橋公園の裏手のゴミゴミした住宅地の路地の奥にあって、木造の土間に大きなストップシリンダー型の自動印刷機が一台、その先の窓のない部屋に事務所があった。

(椎名誠『新橋烏森口青春篇』、新潮 100)

3.4.2.2 「NN している」の第 2 の用法

ここでは、「NN している」の第２の用法として、以下の例文のように、主体 S と重複名詞 N が包含関係をなす場合について検討する。例えば、(128) において「少女」は「子供」に属しており、(129) と (130) においても、『ブンとフン』、「早稲田 (大学)」はそれぞれ小説、大学の一個体であるから包含関係を成しているといえる。

(128)　その少女は十二三と聞いていたが、その年にしては思ったよりも小さくて、まだいかにも子供子供していた。 (＝(112))

(129)　なにしろ、そのころ、私はありとあらゆる常識や作法をひっくりかえそうと思っており、ほかにいくらでも、いかにも小説小説した終り方があったのだが、もっとも小説作法から外れていると思われるこの終り方を選んだのだった。

(井上ひさし『ブンとフン』(あとがき)、新潮 100)

(130)　早稲田のキャンパスって、なんか大学大学してるんですよね。よくドラマとか漫画とかに出てくる大学って感じなんですよ。

(http://web.sfc.keio.ac.jp/~t99492ys/kyoukun-new4.html)

ただし、「NN している」があらわすのは、単に主体 S が N カテゴリーに属しているということではない。「N らしい」成員が下位カテゴリーを作るのと同様、「NN している」成員が作るカテゴリーも、カテゴリー全体ではなく下位カテゴリーと考えられる。例えば、(128) で「その年にしては思ったよりも小さくて」とあるが、「子供」カテゴリーにはさまざまな体格の成員が存在することを考えると、ここでの「子供」はカテゴリーの一部を想定していると思われる。また、(130) でも、「大学」カテゴリーにはさまざまな大学が含まれるにも関わらず、「よくドラマとか漫画とかに出てくる」ような一部の大学をあらわしている。

3.2.2.1 で、「N らしい」成員が作る下位カテゴリーには、理想例、ステレオタイプ、典型例の場合があることを指摘したが、「NN している」の場合についても同様に検討してみる。(128) で「NN している」が共起する副詞「いかにも」の意味や、(130) の「よくドラマとか漫画とかに出てくる大学」という表現を考慮すると理想例とは考えにくい。

次の (131) のように理想的な男が想定される文脈において、「男らしい」の代わりに「男男している」を用いると容認度が下がる。それに対して、(132) のように「苦手です」とマイナス評価の文脈で用いられ、ステレオタイプが想定されていると考えられる場合には、「男男した」を「男らしい」に置き換えると容認度が下がる。

(131)　いつも {男らしい／？男男した} 行動を取るように心がけている。
(132)　私は父親のような {男男した／？男らしい} タイプが苦手です。

また、(133) のように、「N らしい N」に評価的意味が感じられない場合、すなわち、典型例をあらわす場合、「NN している」を用いると容認度が下がる。したがって、「NN している」成員が作る下位カテゴリーとして、N カテゴリーのステレオタイプを想定することが妥当である。

(133)　机らしい机がほしい。／？机机した机がほしい。

それでは、ステレオタイプをあらわす場合、「NNしている」と「Nらしい」に違いはあるのだろうか。この場合にも、「NNしている」の第1の用法と同様に、主体Sが多くのNの特徴を含むという関係が考えられる。言い換えれば、話者が、主体Sの中に、Nのステレオタイプ的な特徴を多数観察しているか、あるいは、何度も繰り返して観察しているということである。

以下の例を見てみよう。

(134)　「俺さ、母ちゃんの服装、ちょっと気に入らないんだよ。時々、清純系の格好するじゃん。白いブラウスにグレーのスカートとか。あれも嫌い。先生先生しててさ」

(桐野夏生『I'm sorry、mama』、p.14、集英社文庫)

(135)　「でも、人相が変わったみたいだな。昔のおまえは、もっと坊ちゃん坊ちゃんした野郎だったがね」

(五木寛之「天使の墓場」、『蒼ざめた馬を見よ』所収、p.296、文春文庫)

(136)　その名も「数え方の辞典」。A5版400ページの堂々たる体躯です。でも、辞書辞書してないのがいいですね。

(http://tokairadio.co.jp/program/umai/bn/040916.htm)

(134)では、「白いブラウスにグレーのスカートとか」とあるように、話者が「母ちゃん」に対して、ステレオタイプ的な「先生」の外面的特徴を多数観察しているといえるだろう。(135)では、「昔のおまえ」に対して、ステレオタイプ的な「坊ちゃん」としての特徴を多数あるいは繰り返し感じていたということであり、それがマイナス評価であったことが、「野郎」という言葉に現れている。(136)では、「辞書辞書してない」、「数え方の辞典」がいいと述べられている裏には、「辞書」のステレオタイプの特徴(例えば、分厚い、細かい字で埋まっている、等)を多数兼ね備えた「辞書辞書した」辞書が想定されているのではないだろうか。

したがって、多数の特徴を観察していない場合、あるいは、特徴を一度しか観察していない場合は、「NNしている」は使いにくいということが予想される。例えば、ある子供の一度の発言を聞いて、それを子供のステレオタイプと評価する場合、「子供らしい」は問題なく使えるが、「子供子供している」は不自然である。

(137) a. 子供らしい発言
　b. ?子供子供した発言

次の(138)においても、「うんと、この空気を吸つて帰りませうね」という絹子の発言を「子供らしい」と表現しているが、これを「子供子供した」というのは不自然であろう。

(138) 起伏のゆるい砂の上には白い網が干してある。信一と絹子は網をしまふ藁小屋の壁へ凭れて砂の上へ坐つた。四囲が静かなので濤の音が肚の底にひびくやうだつた。鉛色の海を吹いて来る空気には薬臭いやうな汐の匂ひがしてゐた。
「うんと、この空気を吸つて帰りませうね」
絹子が子供らしい事を云つた。信一は濤の音でもきいてゐるのか暫く黙つてゐたが、ふつと思ひ出したやうに、眉を動かして絹子の方へ向いた。　　　(林芙美子『幸福の彼方』、青空文庫)

また、第2の用法の場合も、主体が、単に多数のステレオタイプ的特徴を持っていることをあらわすのではなく、その特徴が際立っていることをあらわしている、つまり、多数の特徴が目立っているため話者に意識されていることをあらわしているといえる。

ここで、「NN している」の第2の用法と類似した構文との比較を行う。町田(2006)は、以下のような表現を、代表例を取って「娘する」構文と名づけ分析している。

(139) 今日は父の日だから、早く帰って家で娘しなくちゃ。
(140) 今日は息子の誕生日だから、早く帰って母親しなくちゃ。
(141) まだ動き回ってはだめでしょ。―大丈夫、主治医の前ではちゃんと病人していています。

「NN している」と「娘する」構文の共通点として、N カテゴリーのステレオタイプが想定されるという点を挙げることができる[33]。一方、両者の相違点として、「娘する」構文が属性ではなく何らかの行為をあらわすのに対し、「NN している」は他者と比較して属性を述べるという違いがある。したがって、「娘する」構文を「NN している」で置き換えることはできない。

(142)　*今日は父の日だから、早く帰って家で娘娘しなくちゃ。

以上の考察の結果、主体をあらわす名詞 S と重複名詞 N が包含関係をなす場合、次のような意味をあらわすことがわかった。

① 話者は、主体 S に、N のステレオタイプに見られる特徴を、多数または繰り返し観察している。
② 話者は、主体 S を、N のステレオタイプに属すると判断している。

これらを踏まえて、「(S は)NN している」の第２の用法の構文としての意味を、以下のように記述する。

「(S は)NN している」②：
＜(S は)N のステレオタイプであると判断されるほど、特徴を相当数または繰り返し、示している＞

3.4.2.3 「NN している」の２つの用法の関係

最後に、「NN している」の２つの用法の関係について検討する。これらの２つの用法は、＜S に多くの特徴が際立っている＞という共通点を持ち、その特徴が何に由来するかによって異なる意味になると考えられる。

先に述べたように、「NN している」の第１の用法は、①主体 S に多くの N

33　両者は統語的にも、格助詞が挿入されないという共通点がある。
(a)*この子はどこか子供子供と(を)している。
(b)*早く帰って家で娘をしなくちゃ。

が含まれていて、②Nの特徴は際立っていて容易に知覚されることをあらわしている。主体SにNが多数含まれているのを見たり触れたりするという人間の身体経験に基づいた表現であり、その経験が名詞Nの重複という言語表現に反映していると考えられる。

一方、「NN している」の第2の用法は、①主体Sが、Nのステレオタイプの特徴を多く含み、②Nのステレオタイプに属すると判断されることをあらわしている。主体Sに含まれるのが「とげ」のような物理的存在から、「子供（らしい特徴）」のような抽象的存在へ拡張される、つまり、物理的領域から抽象的領域への写像が行われるとともに、＜Sに多くの特徴が際立っている＞というスキーマが抽出されると考えられる。以上をまとめると、図6のようにあらわすことができる。

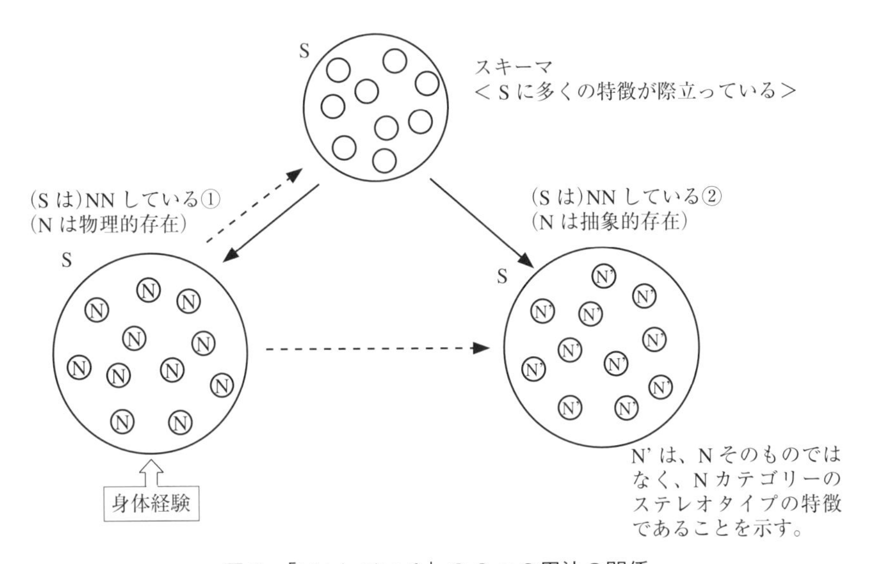

図6 「NN している」の2つの用法の関係

3.4.3 「NNしている」の形式的特徴

ここでは、「NNしている」が、他の表現から予測できない形式的特徴(形態統語的および音韻的特徴)を持つことを示す。

まず、第1の特徴は、名詞重複と「している」の間に格助詞の挿入が可能かどうかに関するものである。ただし、第1の用法と第2の用法では容認度に違いがあり、第2の用法の場合、(143)や(144)のように格助詞の挿入が不可能であるのに対し、第1の用法の場合、(145)のように格助詞「と」を挿入しても、容認度は下がるが非文ではないことが多い。

(143) a. 子供子供している。　b. *子供子供としている。
(144) a. おじさんおじさんしている。　b. *おじさんおじさんとしている。
(145) a. とげとげしている。　b. ?とげとげとしている。

一方、「NNしている」と類似した形式を持つ、「オノマトペ+する」の場合、第2の用法と同様、格助詞の挿入が非文ではない。

(146) a. わくわく(?と)する。　b. どきどき(?と)する。

したがって、プロトタイプ的な第1の用法より、拡張が進んだ第2の用法のほうが、類似形式と異なる特徴を持つといえる。すなわち、意味的に拡張が進んだ用法のほうが、特異な形式ということになり、形式と意味の間にある種の並行性を見出すことができる。

次に、サ変動詞の部分の特徴について述べる。「NNしている」は、名詞修飾節以外ではテイル形で用いられ、基本形やタ形で用いられることはないのに対して、名詞修飾節の中ではタ形が用いられるのが普通である。そして、その場合のテイル形やタ形は、アスペクトやテンスをあらわしているのではない[34]。

---

34 「あの人はとても太っている」、「眼鏡をかけた人」のような場合のテイル形やタ形がアスペクトやテンスをあらわしていないのと同様である。

(147) a. この子は、子供子供している。
b.* この子は、やがて子供子供する。
c.* この子は、去年子供子供した。
d.? この子の子供子供している顔が印象的だ。
e. この子の子供子供した顔が印象的だ。

(148) a. 父の言葉は、とげとげしている。
b.* 父の言葉は、やがてとげとげする。
c.* 父の言葉は、その時とげとげした。
d.? 父はいつも、とげとげしている言葉を使う。
e. 父はいつも、とげとげした言葉を使う。

それに対して、「オノマトペ＋する」の場合、基本形やタ形で用いることが可能である。

(149) 8月の総選挙は初めて参加した国政選挙だった。その結果起きている政治の変化に「ちっぽけな1票だと思っていたが、自分たちの世代の意思も反映されたと思うとわくわくする」。
(朝日新聞、2009年10月25日)

(150) 花柳はるみと云う髪を剪ったはいからな女のひとと暮しているひとだと風評にきいていたので、胸がどきどきした。
(林芙美子『新版放浪記』、青空文庫)

このような特徴から判断すると、「NN している」は寺村(1984)における「形容詞的動詞」に該当する[35]。つまり、「動的事象の展開の局面ではなく、他者と比較してのその性状の特徴を述べる」(同書: 143)表現であり、以下のように程度副詞を取ることや比較表現で用いることが可能になる。

---

35 寺村(1984: 142)によると、動詞には①テイル形がいつも形容詞になる動詞、②テイル形がいつもアスペクト的になる動詞、③文脈次第で、テイル形が形容詞的にもアスペクト的にもなる動詞の3つの種類があり、そのうち①を動詞の下位類として形容詞的動詞と呼ぶ。例として、「すぐれている」、「ばかげている」、「変な形をしている」、「堂々としている」などを挙げている。

(151) 伊勢丹のミセスはあまり芳しくないようです。一つにはかなりミセスミセスした売り場ですね。

(http://udit.sakura.ne.jp/town8/m/493_2.php)

(152) うちの子は、周りの子供より子供子供している。

最後に音韻面での特徴について述べる。玉村(1985: 40)は、日本語の名詞の畳語形式について3拍以上の語には作りにくいと述べている[36]。「NNしている」の名詞重複にも同様の傾向が見られるかどうか検討するために、今までに収集した実例のいくつかを拍数ごとに以下に挙げる。

2拍 とげとげしている、辞書辞書している、豆豆している、(ゴミゴミしている)、(どろどろしている)

3拍 子供子供している、男男している、女女している、ミセスミセスしている、会社会社している、ホテルホテルしている、京都京都している、機械機械している、漫画漫画している、演歌演歌している、薬薬している、手帳手帳している、魚魚している、ガラスガラスしている

4拍 学生学生している、先生先生している、素人素人している、おじさんおじさんしている、年寄り年寄りしている、坊ちゃん坊ちゃんしている、赤ちゃん赤ちゃんしている、大学大学している、病院病院している、教科書教科書している、小説小説している、ケチャップケチャップしている、牛乳牛乳している

5拍 女の子女の子している、公務員公務員している、日本人日本人している、コンピュータコンピュータしている

6拍 韓国人韓国人している、アメリカ人アメリカ人している、サラリーマンサラリーマンしている

収集した実例の中では、1拍のものは見当たらなかった。例えば、酢の風味が強すぎることをあらわすのに「*酢酢している」とはいわないが、「お酢

36 例外として、「所どころ」、「心ごころ」など(玉村 1985)。

お酢している」になると容認度が上がることから、1 拍の語は「NN している」の形を作りにくいようである。この点で、畳語名詞が、「木々」、「日々」など 1 拍の語でも可能であるのと違いが見られる。

一方、一般の畳語名詞は 3 拍以上の語には作りにくいとされているのに対し、「NN している」の場合は、そのような制限は感じられず、3 拍、4 拍の語が多いのが特徴的である。それ以上の拍数になると実例は少なくなるが、以下のような例も見られる。

(153) すごく驚異的な作品なのですが、余りにも韓国人韓国人しているしファッション造型的なところも感じられて、彫刻作品としては私の心に残るものではなかったようです。

(http://hitoshit.blog.shinobi.jp/Entry/253/)

(154) もっとビジネスライクに仕事をさばいていくことを覚えれば、立派なビジネスマンになることでしょう。でも個人的にはサラリーマンサラリーマンしていないので、けっこうお気に入りなんですけどね。

(http://closet.arekao.jp/entry-440e460ad045c41f0ef491049369daa3.html)

このように、「NN している」は、形態統語的には類似形式「オノマトペ+する」と、音韻的には一般的な畳語名詞とそれぞれ異なる特徴を示し、他の表現から予測しにくい表現であるといえる。

3.5 「N という N」

本節では、次の例のような、「N という N」という表現について考察する。

(155) 近所の公園という公園には『キャッチボールなどの球技は禁止』と朱書された札が立っているし、小中学校のグラウンドは鉄門が閉ざされているし、駐車場などはネコの額、たまに見掛ける更地にはバラ線が張り巡らされている。

(原田宗典『スバラ式世界』、p.192、集英社文庫)

(156)　お前と私との関係は長い間もつれていたが私と一緒に今日という今日過去の総ての記憶や生活を振り落して貰いたい。

（横光利一『鳥』、青空文庫）

(155)のように空所Nに具体的事物をあらわす名詞が入る場合は、概略で「すべてのN」という意味になるのに対し、(156)のように時間をあらわす直示表現が入る場合は、「今日」という日を焦点化する用法である。「NというN」を構成部分の意味から合成的に解釈しても「カテゴリーNに属するもののうち、Nと呼ばれるもの」という意味にしかならないため、いずれの場合も構成部分の意味の総和から全体の意味を完全には予測できない。

3.5.1　先行研究とその問題点

「NというN」についての先行研究には、国広(1985a, 1989, 1997)、森田・松木(1989)、グループ・ジャマシイ編著(1998)、多門(2004)などがある。(155)のような「NというN」については、「Nの名の付く物は一つ残らず」(国広 1997: 282)、「Nと呼ばれるものは全部」、「すべてのN」(森田・松木 1989: 63)、「同一の名詞を使って、「全部のN」という意味を表す。すべてであることを強調するのに用いる」(グループ・ジャマシイ編著 1998: 296)、「名詞トイウ名詞で、全ての～という意味を表す表現がある」(多門 2004: 45)と記述されている[37]。

また、(156)のような「今日という今日」という場合の「NというN」について、森田・松木(1989: 63)は「Nこそは」と記述し、多門(2004: 45)は、「「すべての今日」とするのは変で、「まさに今日」という意味である」と述べ

37　多門(2004: 45)は、「名詞トイウ名詞」で、「全ての～」という意味をあらわす表現があると述べ、(a)のような「AというB」の場合と比較することによって、「NというN」が「全ての～」の意味になることを説明している。多門(2004)の説明を要約すると、(b)において、最初の「ポジション」は「キャッチャー」をはじめとするメンバーを代行しており、ここに9つのメンバーを入れると、カテゴリーを飽和させることになり、9分の9、すなわち、「すべて」の意味になるということである。

(a)　キャッチャーというポジションを一年生が奪った。

(b)　ポジションというポジションを一年生が奪った。

ている。

いずれの意味においても、類義表現との相違については明らかにされていない。例えば、(155)の「公園という公園」を「すべての公園」に代えても全く同じ意味をあらわすのか、「今日という今日」と「今日こそ」はどのように異なるのかという問題については触れられていない。また、同一名詞の反復という形式が、なぜそのような意味をあらわすのかについて言及しているものは、多門(2004)以外には見当たらない。

3.5.2 「という」の用法

ここでは、「N という N」との比較のために、「という」の前後の名詞が異なる場合について確認する。「A という B」という場合、表現全体の意味は構成要素の意味の総和から予測できるものである。

以下の例を見てみよう。

(157) 今尾高須の二藩を慴服させた赤報隊は、意気揚々として、桑名藩へ殺到しようとして、桑名城の南、安永村に進んで、青雲寺という寺に本営を敷いた。 (菊池寛『乱世』、青空文庫)

(158) 初夏の夕暮であった。四明岳から根本中堂まで、鮎太は、ケーブルの中で一緒になった若い僧侶と話をしながら歩いた。採燈護摩という祈祷が如何なるものか、鮎太は全くそれに就いての知識の持ち合せがなかったので、僧侶にその事を訊きながら歩いた。
(井上靖『あすなろ物語』、新潮 100)

この場合、「A という B」という表現は、B というカテゴリーに属する個体(または下位カテゴリー)の名称 A を導入するために用いられている。したがって、話者は、A という名称が聞き手にとって未知であると想定している。

「A という B」には、もう 1 つ別の用法もある。

(159) 楽団員や、美術や効果や演出をも含めて、日本という市場は、何と人間を安く使うところだろうという気がしてならない。

（五木寛之『風に吹かれて』、新潮 100）

(160)　こんな所が、<u>金沢という古い町</u>の面白さだと言えるかも知れない

（五木寛之『風に吹かれて』、新潮 100）

この場合、A という名称は未知のものではない。話し手も聞き手も、A のことを当然知っていると考えられる。丹羽 (1993: 28) は、このような場合の「A という B」について、「対象と名前が同定済みであるのに改めて同定し直すというのは、その対象のことを改めて捉え直そうとしているのではないかと考えられる」と述べている。つまり、N という対象についていろいろな捉え方がある中で、当該文脈においては B という観点で捉えることを表現している、言い換えれば、いろいろなカテゴリーの成員となりうる A を、今回は B カテゴリーの成員として捉えることをあらわしているということである。例えば、(159) において、「日本」には、「国」、「先進国」などの捉え方があるが、ここでは商品を売買する「市場」という観点で捉えていることをあらわしており、(160) では、「金沢」を「古い町」という観点から捉えていることをあらわしている [38]。

このように、「A という B」には、A が聞き手にとって未知であると話し手が想定しているため A が属する B カテゴリー (既知) によって導入するという用法と、既知の A を、いろいろな捉え方がある中で B という観点から捉えることを表明するという用法の 2 つがあるが、両者に共通するのは、A と B が包含関係を成すということである。すなわち、「A という B」は、B カテゴリーの成員のうち A であらわされるものを指す [39]。この場合、動詞「言う」の意味が、本来の発話という意味からは抽象化されているが残っており [40]、「A

38　したがって、「日本という国」、「日本という先進国」、「金沢という地方都市」、「金沢という城下町」などの表現も可能である。

39　丹羽 (1993) は、「A という B」について、①未知の A を導入する、② A を捉え直す、③ A と B の上下、具体抽象関係を示す、という 3 つの意味があるとしているが、A と B に上下関係 (カテゴリーの包含関係) があるのは、①②に共通することであるため、③は「A という B」のスキーマ的意味だと考えられる。

40　森田 (1989: 106) は、「言う」について、「ある事柄を音声や言語の形で表すことである」と述べている。「A という B」の場合の「いう」は、音声として発するということではないが、言語の形であらわすという点では発話行為をあらわす「言う」と共通している。

という B」全体の意味は構成要素の意味の総和からほぼ予測できるものである。したがって、「A という B」は、構文としての度合いは低いといえる。

3.5.3 「N という N」の意味的特徴

前述したように、「N という N」には、概略で「すべての N」をあらわす用法と、N に時間をあらわす直示表現が入り、その時間を焦点化する用法の 2 つの用法がある。以下で、その 2 つの用法について、意味的特徴を記述する。

3.5.3.1 「N という N」の第 1 の用法

ここでは、「N という N」の第 1 の用法について検討する。

(161) 近所の公園という公園には『キャッチボールなどの球技は禁止』と朱書された札が立っているし、小中学校のグラウンドは鉄門が閉ざされているし、駐車場などはネコの額、たまに見掛ける更地にはバラ線が張り巡らされている。 (＝(155))

「公園という公園」を構成部分の意味から合成的に解釈しても、「公園カテゴリーの成員のうち、公園と呼ばれるもの」という意味にしかならないが、実際には概略で「すべての公園」という意味になる。また、話者が「N という N」を用いるとき、動詞「言う」の意味が喚起されることはほとんどないであろう[41]。したがって、「N という N」は、形式と意味が慣習的に結びついた構文であるといえる。

次に、「N という N」を類義表現「すべての N」と比較してみよう。

(162) 男は入口の鍵をしっかりと二重にかけてから{窓という窓／すべて

また、籾山 (1997: 34–35) は、「言う」を 7 つの意味を持つ多義語であると考えて分析を行っており、以下の例のような「言う」の意味を、＜ある事物・概念が＞(＜ある言語で＞)＜ある音形に＞＜対応する＞と記述し、＜人間が＞＜言葉を＞＜発する＞という意味からメトニミーにより成り立つと述べている。

(a) この花は (日本語で) サクラという。

41 このことは、「N という N」の「いう」を「言う」と書くことは少ないという表記面にも反映している。

の窓}を入念に閉めて歩いた。

（藤原正彦『若き数学者のアメリカ』、新潮 100）

（163）　あくる朝はうららかな上天気で、雑木林の{枝という枝／すべての枝}が雪を戴いてきらきらと太陽に光った。

（福永武彦『草の花』、新潮 100）

「窓という窓」、「枝という枝」の場合には、１つ１つの「窓」や「枝」を捉えているのに対し、「すべての窓」、「すべての枝」の場合は、そこにある「窓」や「枝」をまとまりとして認識していると感じられる。

（164）　そこにいた{男という男／?すべての男}が彼女に目を奪われたが、彼だけは平然としていた。

「男という男」の場合は、１人１人の男に焦点を当てているため必ずしも男全員を網羅するわけではない。一方、「すべての男」の場合は、そこにいる男全員をまとまりとして捉えるため、その集合に含まれない成員が存在するような文が続くと容認度が下がる。

（165）　男の子だったら、子供のころそこらへんにある機械という機械をドライバーで分解しまくった経験があると思うが、そういう「科学、そして機械というかっちょいいもの」へのストレートな憧れがこの作品には詰まっている。　（http://picnic.to/~ohp/review/1998_05/omap.htm）

この場合も、「機械という機械」によって、１つ１つの機械を捉えていることをあらわしているが、必ずしも「すべての機械」を「分解しまくった」わけではないだろう。

このような「Ｎという N」と「すべての N」の違いの説明に、山梨（1995）の「統合的スキーマ」と「離散的スキーマ」という概念が参考になる（図７参照）。

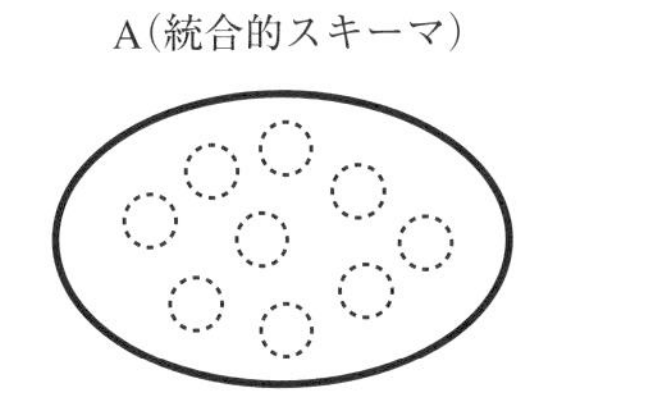

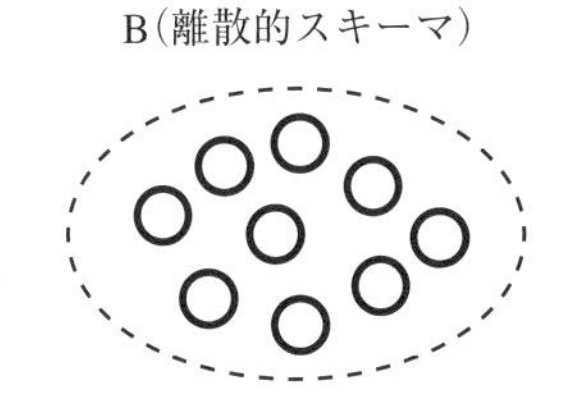

図7 「統合的スキーマ」と「離散的スキーマ」(山梨 1995: 127)

いずれも外部世界の成員とその集合の認知に関わるイメージ・スキーマであるが、「統合的スキーマ」は、われわれの認知のフォーカスが集合体に置かれる場合を示すものであり、「離散的スキーマ」は、認知のフォーカスが集合のメンバーに置かれる場合を示すものである。

この考え方を適用すると、「すべてのN」という場合には「統合的スキーマ」に基づく認知作用が働き、「NというN」の場合には「離散的スキーマ」に基づく認知作用が働いていると考えられる[42]。

なぜ「NというN」が離散的スキーマと結びつくのかという問いに対しては、類像性(iconicity)の観点から説明が可能である。複数の成員からなる集合を1つのまとまりとして捉える場合には、Nという言語形式が1つである「すべてのN」が用いられるのに対し、多数の成員の1つ1つに焦点を当てる場合には、言語表現にも反映し、同じ言語形式Nが繰り返される「NというN」が用いられるということである。

複数の成員を統合体として捉えるときには、個々の成員の差異には注意が払われないが、成員の1つ1つにフォーカスが当たる場合には、成員間に見られる差異が浮き彫りになる。したがって、「NというN」という表現は、個々の成員の典型性が均質ではないことを際立たせる働きがある。例えば、

42 「すべてのN」が「統合的スキーマ」で、「NというN」が「離散的スキーマ」というのは相対的なものであり、飛田・浅田(1994: 210–211)が指摘するように、「すべて」は「全部」に比べると、構成要素を1つ1つ吟味するというニュアンスがある。本書では、類似した意味をあらわすのに、Nという言語形式が繰り返される場合と1つしかない場合があることを問題とし、後者の代表として「すべてのN」を比較対象としているため、他の類義表現である「全部」、「あらゆる」などとの違いについては扱わない。

(162)の「窓という窓」には、典型的な窓から洗面所等の小さな窓までさまざまな種類の窓が含まれていると感じられ、(165)の「機械という機械」からは、単純なものから、比較的複雑なものまでを含むという印象を受ける。

また、次の(166)のように、「すべての」の後に続く名詞が、集合体をあらわす名詞(常に複数をあらわす名詞)の場合に、「NというN」で置き換えると不自然になる。これは、集合体をあらわす名詞が、「離散的スキーマ」よりも「統合的スキーマ」と結びつきやすいからだと考えると説明がつく[43]。

(166)　おそろしい化学力をもつその兵器の効果は、{すべての人類／?人類という人類}をたちまち醜い不具にして、死滅させる威力をそなえているものであると説明されている。

(宮本百合子『権力の悲劇』、青空文庫)

やや冗長的な表現ではあるが、次の(167)のように、「統合的スキーマ」と「離散的スキーマ」の両方が働く場合もある。一見、2つのスキーマが相反するように感じられるが、「あらゆる親類」で成員をまとまりとして捉えた後、「親類という親類」で典型性の異なる1人1人に焦点を当てていると考えられる。

(167)　何しろ智子が、あらゆる親類という親類に電話をかけまくったのである。北は北海道から、南は沖縄まで、文字通りTV並みの全国ネットワークだった。　(赤川次郎『女社長に乾杯！』、新潮100)

さらに、「NというN」という表現には、Nに含まれる成員の数も問題となる。例えば、部屋に3人の子供がいる場合に、「すべての子供」とはいえても「子供という子供」は不自然であろう。

(168)　{すべてのジャンプ／?ジャンプというジャンプ}は後ろ向きに右足

43　籾山(2006: 163)は、「人々」と「群衆」の違いについて、後者は個別性を捨象して全体に注目した表現であると述べている。「群衆」も「離散的スキーマ」より「統合的スキーマ」と結びつきやすいが、「群衆という群衆」という表現が可能であるとすれば、「1つの群衆」に含まれる1人1人を捉えるのではなく、群衆単位で述べる場合であろう。

で着氷するため、アクセルは他のジャンプより半回転多く回る。
（http://www.mainichi-msn.co.jp/sports/feature/figure/news/20060116ddm012050125000c.html）

これは、フィギュアスケートのジャンプについて述べた文であるが、「ジャンプというジャンプ」が不自然であるのは、成員の典型性に差異がないということよりも、ジャンプの種類がそれほど多くないということも関係するのではないだろうか。「N という N」という表現を用いるためには、相当数の成員が含まれていることが必要となると考えられる。

以上の考察の結果、「N という N」の第 1 の用法に、次のような意味的特徴があることがわかった。

① N カテゴリーに分類することができる、相当数の成員 1 つ 1 つに焦点を当てる表現である。
② 必ずしもすべての成員を網羅しない。
③ 個々の成員のカテゴリーへの帰属度が均質ではない（典型的な成員から周辺的な成員まで存在する）ことを際立たせる。

このような特徴を踏まえて、「N という N」の第 1 の用法の構文としての意味を以下のように記述する。

「N という N」①（名詞句：N は具体的事物）：
＜N カテゴリーに分類することができる、典型的なものから周辺的なものまでを含む、相当数の成員 1 つ 1 つ＞

3.5.3.2 「N という N」の第 2 の用法

次に、「N という N」に具体的事物ではなく、「今日」、「今夜」、「今度」のような時間に関する直示表現が用いられる場合について検討する[44]。

---

44 収集した実例の中では、その他、「今という今」、「昨日という昨日」、「明日という明日」などが見られたが、これらの表現は、容認度に個人差があることが予想される。

(169) 一九七九年の晩夏、天山山脈の清冽な湖水のほとりで、私はその澄み切った大気に打たれ、二〇年越しの懸案に、今日という今日は何としても決着をつけるぞ、と自分に言い聞かせていた。
(http://www.yorozubp.com/shoichiban/column/1993nihon2.htm)

(170) 話すほどに、私は今夜という今夜、自分の決心がこういう優しさに触れて鈍ることを警戒した。 (三島由紀夫『金閣寺』、新潮100)

(171) 「いや、それはごめんだ。途中でほうり出すのは無責任だから、今学期中は我慢するが、それ以上は、もうどんなことがあってもいやだ。ぼくも今度という今度は、決心したんだからね。」
(山本有三『路傍の石』、新潮100)

「今日」、「今夜」、「今度」などの直示表現は、特定の日時を示す表現と異なり、過去に「今日」と呼んだ日が複数存在する。しかし、「今日という今日」は、第1の用法とは考えられない。なぜなら、それらの日を同時に「今日」と呼ぶことはできないからである。つまり、過去に「今日」と呼んだ日は複数存在しても、発話時に「今日」と呼ぶことができるのは1日だけである[45]。「今日という今日」は、過去に「今日」と呼んだ他の日から区別して、発話時点である「今日」という日を焦点化する表現であると考えられる[46]。

森田・松木(1989)が指摘するように、「今日という今日」は、「今日こそは」と言い換えることができる。どちらも、事態が実現するのが、「今日」であることを取り立てる表現である。それでは、「NというN」と「Nこそは」はどのように異なるであろうか。先に挙げた(169)から(171)までの例で確認してみよう。

45 「NというN」に用いられる直示表現は時間に関するものだけであり、「ここ」のような空間的直示表現は用いられない。確かに、同様の経験をした場所は複数存在しても、発話時に「ここ」と呼ぶことができるのは、その場所だけである。しかし、空間的直示表現の場合、複数の「ここ」は、場所だけでなく時間も異なるため、場所だけに焦点を当ててカテゴリー化することは想定しにくい。

46 別の言い方をすると、「$今日_1$という$今日_2$」で、複数の「$今日_2$」の中から、「$今日_1$」を選び出し焦点化するということである。さらに、その複数の「$今日_2$」は、過去に同様の行為を行いそうになったことが複数回あることを踏まえていると考えられる。

(169) は、過去に決着をつけることができなかったことが何回もあり、今日こそ決着をつけるぞという話者の決意をあらわしている。(170) が意味するのは、今までにも自分の決心が鈍りそうになったことがあり、今夜は今まで以上に決心が鈍りそうなので警戒した、ということである。(171) も、今までに何度も決心しようとしたことを踏まえて、今度は本当に決心したということをあらわしている。したがって、いずれの場合も、過去に同様の行為を行いそうになったことを前提とする表現であり、逆にいえば、初めてそのような行為が実現しそうになった場合には使えないということである。(172) の場合も、今までに何度も頭にきていたが、「本当に頭にきた」のは「今日」であることをあらわしている。

(172) 今日という今日は本当に頭にきた。息子が肺炎で入院して 4 日目。面会時間に夫と姑(しゅうとめ)と私で病院に行った。小児病棟の面会時間は厳しく午後 3 時から 4 時の 1 時間だけ。おまけに火、木、土、日曜日のみ。したがってたいへん貴重な 1 時間となる。親の顔をみて泣きだした息子がやっとおちついたころ、姑の宗教団体の人が見舞いにやってきた。息子が入院してから毎日のようにやってきて、私と話がしたいという。私は勤めているので、疲れているという理由で断り続けてきた。こんなところにまで来るなんて……。他人がくれば、こちらとしても気を使わねばならず、こんなところにまで押しかけてきてという怒りで、せっかくの貴重な時間が終わってしまった。(朝日新聞、1989 年 10 月 24 日)

「今日という今日」を図示すると図 8 のようになる。過去にも同様の事態が実現しそうになった複数の「今日$_2$」のうち、発話時を含む「今日$_1$」がプロファイルされ、「今日$_2$」全体はベースとして捉えられている。この点で、「N という N」の第 1 の用法が、カテゴリーのすべての成員をプロファイルしているのと異なっている。

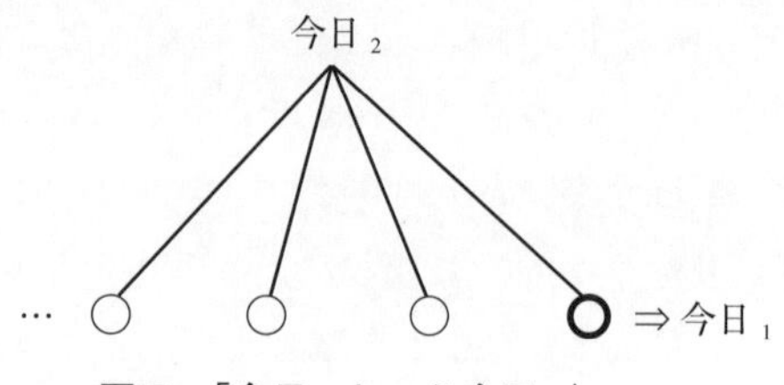

図8 「今日 $_1$ という今日 $_2$」

「こそ」について、中西（1995a: 303）は、「「他を排して抽出する」だけで、同等の他者が存在する時は使用できない」と述べ、庵他（2001: 346）は、「他のものはともかくある事物だけを際立たせたい場合に用いられるとりたて助詞」であると述べている。

また、澤田（2007: 150）は、独話や書き言葉で用いられる「こそ」について、「ある主題について述べてきて、最も話し手自身が主張したい結論の部分、つまりある問題に対しての話し手自身が出した解答の焦点の要素に付加される」とし、「今日」などの相対的な時をあらわす語句の場合は、発話時点以前の時が対立していると述べている。

（173）「今日こそはしかってちょうだい」

（灰谷健次郎「ろくべえまってろよ」）（同書 : 151）

この場合、「しかってほしいのは「今日」である」という結論部分に焦点を当てている。発話時点以前の日については、「他のものはともかく」（庵他 2001: 346）と排するのみであり、中西（1995a）が「同等の他者が存在する時は使用できない」と指摘するように、「今日」と同等の日であるというニュアンスは生まれない。

（174）同じ雨の朝を、登校する小学生のすべてが、同じ感情で眺めるであろうか？ ゆとりのある家の子供である一郎は、雨がふっているのを見てひどく勇み立った。何故ならば、一郎はこの間誕生日の祝いにいいゴム長を一足買って貰った。雨がふったから今日こそあれをはいてこう！ そう思って一郎には雨がうれしいのであるが、一郎の家の崖下の三吉のところでは、全然ちがった光景が展開されている。
（宮本百合子『自然描写における社会性について』、青空文庫）

この場合、「今日」のことについて、「雨がふったから」、「あれをはいてこう！」と際立たせている。過去のことについては、おそらく雨が降らなかったためゴム長をはくことはなかったのであろうが、ゴム長をはくという行為が実現しそうになったのかどうかについては不明である。それに対して、(174)の「今日こそ」を「今日という今日」に置き換えると、今までに何度かゴム長をはいていきそうになったことがあることを踏まえて、今日は行為が実現することを強調する文となる。

もう1つ例を見てみよう[47]。

(175) a. 今日こそは告白するぞ。
b. 今日という今日は告白するぞ。

今まで告白する気持を固めてきて、今日必ず告白するという決意をあらわす場合には(175a)が、今までに何度も告白しようとしたことを踏まえ、今日は必ずという場合には(175b)が適しているであろう。

「Nという N」と「Nこそは」のもう1つの相違点として、「Nという N」の空所Nに入れることができる時間表現はかなり限定されるということがある。「今週こそは」、「今月こそは」、「今年こそは」に対して、「今週という今週」、「今月という今月」、「今年という今年」の容認度は著しく下がる。「Nという N」は、「今日」、「今度」、「今夜」のように比較的短い時間単位の語と結びつきやすい。これは、「Nという N」に続く事態がNという時間のうちに必ず実現するという一種の切迫感が、「今年」のような相対的に長い時間単位とは結びつきが悪いからであろう。

以上の考察を踏まえて、時間に関する直示表現とともに用いられた「Nという N」の意味を以下のように記述する。

47　澤田淳氏の指摘による。

「N という N」②（副詞句：N は時間に関する直示表現）：
<過去に同様の事態が実現しそうになったことが複数回あったことを前提として、N があらわす時間のうちに必ず（事態が実現する）>

3.5.3.3 「N という N」の 2 つの用法の関係

以上で考察した「N という N」の２つの用法は、「N らしい N」や「NN している」の場合と異なり、一方から他方が拡張されたものとは考えられない。

第１の用法は、N カテゴリーの成員１つ１つをプロファイルするのに対し、第２の用法は、プロファイルされる成員は１つだけであるという違いがある。また、第１の用法は名詞句として機能するのに対し、第２の用法は副詞句として用いられるという違いがある。

さらに、両者は空所 N に入る名詞の種類によって明確に区分されるため、中間的な事例の存在は考えられない。２つの用法は、図９に示すように個々の事例からスキーマ化のプロセスによって形成したものと考えられ、一方から他方が拡張したのではないと考えたほうが妥当である。

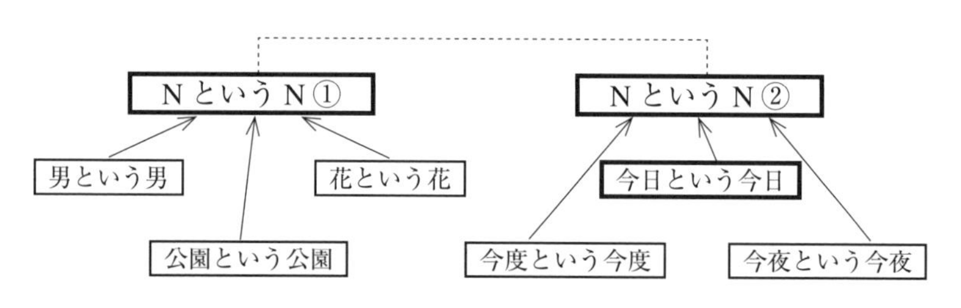

図９　「N という N」におけるスキーマの形成[48]

ただし、２つの構文が統語的な関連性を持つ場合、それは両者の意味的な関連性に動機づけられているという「動機づけ最大化の原則」に立てば、「N という N」という同じ形式をとる以上、意味的にも関連していなければならない。前述したように、「N という N」の２つの用法のどちらも、N カテゴ

48　太線の枠は、定着した表現であることを示す。「今日という今日」は「N という N」②と同様（あるいはそれ以上に）定着した表現であると考えられる。

リーのすべての成員をベースにしている点では共通している。ただし、プロファイルする部分が異なり、第 1 の用法では、すべての成員をプロファイルするのに対し、第 2 の用法では、発話時点を含む成員 1 つだけをプロファイルするという違いがある。

3.5.4 「N という N」の形式的特徴

ここでは、「N という N」が、「A という B」の場合とは異なる形式的特徴を持つことについて述べる。

まず、以下の (176) と (177) が示すように、「N_1 という N_2」の順序を入れ替えて、「(その)N_2 を N_1 という」という形にできないという特徴が挙げられる。それに対して、(178) と (179) からわかるように、「A という B」は、「(その)B を A という」という形にすることができる[49]。

(176) 公園 $_1$ という公園 $_2$ → * (その) 公園 $_2$ を公園 $_1$ という
(177) 今日 $_1$ という今日 $_2$ → * (その) 今日 $_2$ を今日 $_1$ という
(178) 青雲寺という寺 → (その) 寺を青雲寺という
(179) 採燈護摩という祈祷 → (その) 祈祷を採燈護摩という

もう 1 つの特徴は、「N_1 という」と N_2 の間に他の語句を挿入できないというものである ((180) および (181) 参照)。それに対して、「A という B」の場合、(182) や (183) のように、「A という」と B の間に他の語句を挿入することができる。

(180) * 公園というほとんどの公園
(181) * 今日というまさに今日
(182) 青雲寺という有名な寺
(183) 採燈護摩という珍しい祈祷

これらの事実から、「N という N」は、「A という B」の場合とは異なる形

49 丹羽 (1993: 26) は、「X トイウ Y」は名前を同定する「Y ヲ X トイウ」が連体関係で用いられたものであると述べている。

式的特徴を持っているということができる。つまり、意味的特徴だけでなく、形式面においても、構成要素から予測できない特徴を持っているということである。

3.6 「N また N」「N につぐ N」

本節では、次の例の下線部のような「N また N」、「N につぐ N」という表現について考察する。どちらも、同じ名詞を繰り返して用いることにより、物や事態が連続して存在することをあらわす表現である。

(184) 葉子は散歩客には構わずに甲板を横ぎって船べりの手欄によりかかりながら、波また波と果てしもなく連なる水の堆積をはるばるとながめやった。 (有島武郎『或る女(前編)』、青空文庫)

(185) 休養日も満足にとらず練習また練習の毎日では、精神がリフレッシュできず、ストレスは貯まる一方です。
(http://www5a.biglobe.ne.jp/~rojiura/menue/pr_inf/opinion/12.htm)

(186) 合併につぐ合併の連続の中で、「エリート職場以外はほとんどやった。ゼロからのシステムづくりに立ち会う機会が多かった」と笑う利根さんに、IT(情報技術)時代も味方した。
(http://www.mainichi-msn.co.jp/chihou/saitama/innovation)

(187) 校長は何も言わずに笑っていた。教育予算は削減につぐ削減で、それが遂に人員整理まで来ているのだ。
(石川達三『人間の壁』、新潮絶版)

3.6.1 先行研究とその問題点

「N また N」については、国広(1985a, 1997)、飛田・浅田(1994)、グループ・ジャマシイ編著(1998)などが意味を記述している。いずれの記述も、同じ名詞を繰り返すことによって、N が物の場合には連なっている様子を、N が出来事の場合には連続して起こる様子をあらわすとしている。物が並んでいる様子であっても「NまたN」であらわすことができない場合もあるが[50]、そのような制約について述べられているものはない。

「NにつぐN」について直接考察した研究は、管見の限り見当たらないが、国語辞典の中には、動詞「つぐ」の記述の中で「NにつぐN」の例を挙げているものがある[51]。いずれも、動詞「つぐ」の意味を、時間的連続、序列における連続の2つに分け、前者の例として、「NにつぐN」の例を挙げているのみである。

また、これらの先行研究は、「NまたN」、「NにつぐN」を個別に取り上げるものであり、両者の共通点や相違点については明らかにされていない。

3.6.2 「NまたN」「NにつぐN」の意味的特徴

森田(1989: 1067)によると、「また」の用法は「ある事物・事柄・状況・行為・作用などがあるうえに、さらにもう1つ別のことを言い添える場合に用いる」ことである。したがって、「NまたN」を構成要素の意味から合成的に解釈すれば、Nであらわされる物や事態に、もう1つNであらわされる物や事態を付け加えるということである。

しかし、次の(188)で、岡山から米子までの山の数が2つだけとは考えがたいし、(189)では「残業また残業」で残業時間が二百時間を突破したというのであるから、残業の回数が2回だけであるはずがない。したがって、「NまたN」という表現は、Nで示される物や事態の数が相当数であることを示しているといえる。

(188)　その頃東京から岡山辺までは汽車がありましたが、それからさきは米子まで山また山で、泊る宿屋も実にあわれなものです。

(小泉節子『思い出の記』、青空文庫)

50　例えば、玄関に並んでいる多数の靴や本棚に並んでいる多数の本を「靴また靴」や「本また本」とは、普通いわないであろう。

51　例として、『大辞泉』(第一版)の記述を以下に挙げる。

(a) すぐそのあとに続く。引き続いて起こる。「不幸につぐ不幸に見舞われる」「梅についで桜が咲きはじめた」

(b) すぐその下に位する。「東京につぐ大都会」「知事につぐ地位」

（189）　約二カ月ほど前に私の事務所に、地元の中小企業であるくろがね運輸機工という会社の労組役員が、このままでは殺される、助けてくれと駆け込んできました。聞いてみると、月間百時間の残業協定を結んでいるのに、それを無視して残業また残業、何と二百時間を突破する人も出てきたというのであります。
（http://kokkai.ndl.go.jp/SENTAKU/syugiin/123/0380/12303070380014c.html）

一方、以下の例における「また」の用法の場合、「びっくりしたような声を出した」回数や「動かなくなった」回数は2回だけという解釈も可能であることから、回数が多数であるという特徴は、「また」がもたらすものではなく、「NまたN」の持つ特徴であるといえる。

（190）　目玉焼きにはしをつけようとして、荒井はまたびっくりしたような声を出した。　（赤川次郎『女社長に乾杯！』、新潮100）
（191）　百メートルほど走って、ビーチハウスのほうへ上りかけた所で、また動かなくなった。　（五木寛之『風に吹かれて』、新潮100）

「NにつぐN」についても同様に、構成要素の意味から合成的に解釈すれば、「事態Nのすぐ後に続いて起こる事態N」となり、生じる事態の回数は2回ということになるが、以下の例において「残業」、「下克上」、「涙」の回数が2回だけとは考えにくい[52]。

（192）　工場でも事務所でも特売開始以来仕事が殺到したので連日残業につぐ残業がつづいた。
（開高健「巨人と玩具」、『パニック・裸の王様』所収、新潮100）
（193）　なぜならば、備前は、足利幕府によって封ぜられた守護大名がすでに衰え、下剋上につぐ下剋上で、つぎつぎと新興勢力があたまをもたげ、国中がたぎっている。（司馬遼太郎『国盗り物語』、新潮100）

52　(194)の「涙に次ぐ涙」の場合、「涙」という物で「泣く」という行為をあらわすメトニミーが働いていると考えることができる。

（194） 「戦争の悲劇」を強調した、涙に次ぐ涙の「反戦映画」に固執するのではなく、もっと冷静に「大和」を、「戦争」を見つめる視点が欲しい。（http://www.yomiuri.co.jp/entertainment/cinema/review/20051219et02.htm）

一方、次の(195)においては、「小児難病相談センター」の設置が和歌山県に次いで2回目という解釈も可能であることから、「につぐ」の前後の名詞が異なる場合は、事態の回数が2回の可能性もある。

（195） 小児難病相談センターは、和歌山県に次ぐ設置で、看護師一人を配置する。 （http://www.chugoku-np.co.jp/kikaku/child/news/050215.html）

したがって、「NにつぐN」においても、「NまたN」と同様、Nがあらわす事態の回数は相当数であるが、この特徴は構成要素「につぐ」から予測できない性質であり、「NにつぐN」の持つ特徴であるといえる。

3.4.2.1で述べたように、玉村(1985: 40)は、「人びと」、「家々」のように名詞の複数をあらわす畳語形式は、単なる2以上を示すのではなく、かなりの多数をあらわすとしているが、「NまたN」や「NにつぐN」についても同じ原理が働いていると考えられる。すなわち「NまたN」や「NにつぐN」における、同じ名詞の繰り返しという形式が、2回だけではなく、多くの回数という意味をあらわしているということである。

しかし、以下の例のように、同じ名詞の繰り返しを含む表現であっても、それぞれの名詞が1回の事態と結びつき、全体で2回の事態しかあらわさない場合もある。したがって、回数の多さという意味的特徴は、構文全体と結びついたものであるといえる。

（196） 東京で予定していた会議の後の会議がなくなったので、前の方の会議に顔をだすのもとりやめた。 （http://catlover.xrea.jp/d/?date=200808）

（197） この『コンサートの後のコンサート』という変わった名前の付いたアルバムは、仲睦まじかった頃の二人による気の利いたアンコール小品集で、知名度こそ低いものの とても面白い作品が数多く収められているのが特徴。

(http://store.shopping.yahoo.co.jp/hmv/1783459.html)

「NまたN」と「NにつぐN」を比較すると、「NまたN」があらわすのは、厳密には同じ物や事態の繰り返しであり、「NにつぐN」は事態の連続であると考えられる[53]。次の(198)では、同じ「練習」という事態が何度も繰り返されることがあらわされているのに対し、(199)の場合は、同じ事態の繰り返しというよりも、「削減」のうえにさらに「削減」という事態の連続性に焦点が当てられている。

(198)　休養日も満足にとらず練習また練習の毎日では、精神がリフレッシュできず、ストレスは貯まる一方です。　(＝(185))

(199)　校長は何も言わずに笑っていた。教育予算は削減につぐ削減で、それが遂に人員整理まで来ているのだ。　(＝(187))

以下の例では、「残業また残業」と「残業につぐ残業」を入れ替えても不自然ではないが、(201)のように残業が「毎日のように続く」場合には、「残業につぐ残業」によって連続性が強調される。

(200)　昭和45年頃から63年頃までは、働け、働けで、残業また残業の時代であった。(www.pref.kagoshima.jp/__filemst__/32712/sazanka84.pdf)

(201)　その当時、仕事がとても忙しく、残業につぐ残業で、夜中の25時に帰るのが毎日のように続く日々でした。

(http://www.bjzxzx.com/soudan-history14/)

以下で、「NまたN」、「NにつぐN」について、順に意味的特徴を考察し、構文的意味を記述する。

---

53 「NにつぐN」が連続をあらわし、「NまたN」が繰り返しをあらわすのは、次のように、反復表現以外の「つぐ」や「また」の意味にも共通している。(a)の場合、旗手のすぐ後に続いて入場することをあらわしているが、(b)の「また」は、以前にも同様の事態が発生したことを前提としているが、必ずしも連続している必要はない。

(a)　旗手についで入場する。　(『広辞苑』(第六版))

(b)　また、飛行機が落ちたらしい。　(グループ・ジャマシイ編著 1998: 540)

3.6.2.1 「NまたN」の意味的特徴

「NまたN」のNの位置には、事態をあらわす名詞が入る場合と物をあらわす名詞が入る場合があるが、どちらの場合も時間の経過を伴う表現であると考えられる。

まず、事態をあらわす名詞が入る場合を検討する。(202)があらわすのは図10のように複数回の「雨」が繰り返し発生する状況であり、この場合の「雨」の繰り返しは、話者が自分の経験として捉えた事態である。

(202) 今回の視察は、雨また雨の連続で、豪雨の合間に2、3分の晴れ間が覗くという中での視察だった。
(http://www.mofa.go.jp/Mofaj/gaiko/oda/shimin/monitor/15m_hokoku/vietnam/iken.html)

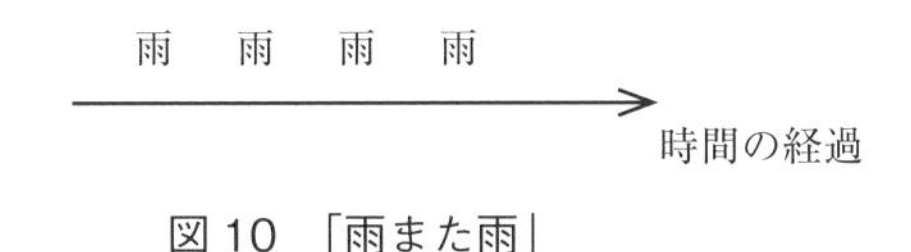

図10 「雨また雨」

次の(203)では、話者はビルマの戦線で英軍の捕虜になった日本軍兵士の1人であり、戦争を体験した人物である。したがって、この場合の「NまたN」も話者が経験した事態の反復をあらわす表現であるといえる。

(203) そんな幸福や進歩がどんなものだか、それがしまいにはどんなことになるのか、もう何千年も前にお釈迦様がちゃんと見ぬいたのだ。それでうまく行っているうちはいいが、一つふみはずすと戦争また戦争とあれくるって、ついには一瞬のうちに何十万という人間が焼け死ぬようなことになりはしないか、とご心配なさったのだ。
(竹山道雄『ビルマの竪琴』、新潮100)

「NまたN」が、事態の反復を話者の経験として捉える表現であることは、以下の例が不自然であることからも確認できる。(204)は未来の事態を予測して述べているのであり、当然のことながら自分の経験として捉えてはいない[54]。また、(205)は(203)と同様、過去の事態をあらわしているが、「人類の歴史」を概観して客観的に捉えているのであり、自分が経験したものとして述べているのではない。

(204)　?来週は雨また雨でしょう。
(205)　?人類の歴史は戦争また戦争だ。

次に、Nが事態ではなく物をあらわす名詞の場合を検討する。

(206)　こんな有様で、幾月も心やすまる日はありませんでした。しかし、原住民の中で日本兵に好意を示してくれる種族もあるので、それをたよりに、山また山を一つずつ越えてゆきました。
(竹山道雄『ビルマの竪琴』、新潮 100)
(207)　桜の頃と紅葉の頃ならこの辺りは人また人で歩くのもままならない道ですが、夏のこの時期は人も疎らで、蝉時雨だけが降り注ぎます。
(http://med.honnet.co.jp/metro/rekisi/rekisi01.htm)

(206)の「山また山」は、「山」が連なっている様子をまとまりとして表現しているのではなく、「一つずつ越えてゆきました」とあるように、話者が移動することによって「山」を繰り返し経験したことをあらわす表現である(図11参照)。(207)の場合も、「歩くのもままならない」とあることから、話者の移動によって順次的に「人」を経験したことをあらわしている。そして、話者の移動は、必然的に時間の経過を伴うことから、話者にとっての「山」や「人」の経験は時間軸上で繰り返されるものである。

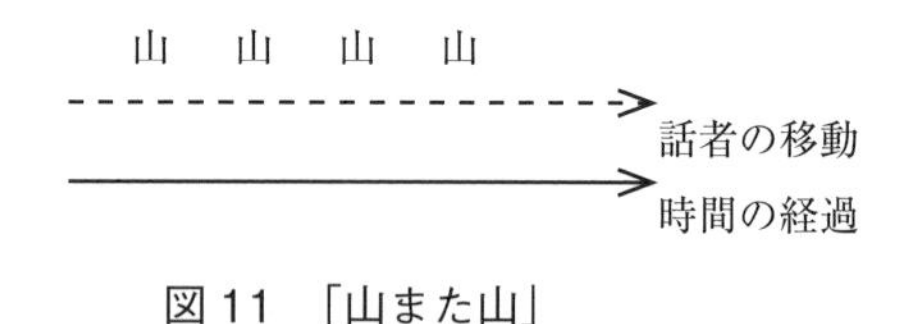

図11　「山また山」

54　検索エンジンGoogleおよびgooで、「雨また雨」を検索してみても、未来の予測をあらわすのに用いられている例を見つけることはできなかった。

実際の移動ではなく、視線を移動させることによって、多数の物や人を順次的に経験する場合もある。

(208) 雪また雪の見渡すかぎり純白の世界のなか、愛らしい珍客が私たちを喜ばせてくれました。
(http://www.ktr.mlit.go.jp/tonedamu/mel_mag/nl/vol56.pdf)

本多(2005: 119–120)は、次の(209)が(210)のように2通りの解釈を持つあいまい文であることを、身体の移動の有無の観点から説明している。

(209) 静岡から東京まで雨だった。

(210)a. (テレビの気象情報を見ていて)雨が降っているのは静岡から東京までの地域だ。

b. (新幹線に乗っていて)静岡以降、東京に着くまで雨がずっと降っていた。

本多によると、(210a)の解釈は、地図上を静岡から東京まで走査する視線の移動によって探索が行われる場合であり、(210b)は実際に静岡から東京までの身体の移動による探索がある場合である。前に挙げた(208)の例は、(210a)の解釈と同様に考えることができる。「見渡すかぎり」とあるように、話者が実際に移動しているのではなく、視線を移動させることによって、周りに広がる雪を探索している。

「NまたN」に主体的な探索活動が伴うことは、以下の例からも確認できる。

(211)a. ?窓から外を見ると、雪また雪だった。

b. どちらを見ても、雪また雪だった。

(211a)のように、「雪また雪」を単に雪の広がりが視界に入ってきたような場合に用いると不自然であり、(211b)のように主体的に視線を移動させ、周りの雪を探索することが必要となる。視線の移動は、実際の移動と比べてごく短い時間ではあるものの、時間の経過を伴うものであるため、時間軸上における話者の経験の反復をあらわす表現であるといえる。

したがって、玄関に並んだ靴や、本棚に並んだ本を「?靴また靴」、「?本また本」というのが不自然なのは、視線の移動による探索活動が生じず時間の経過を伴わないからである。この場合も、図書館のような場所に並んだ本であれば、一度に視野に収めることができず、視線の移動による探索活動を伴うと考え、「本また本」と表現しても不自然さは少ない。

(212)　ピアノ室のコレクションは主に19世紀の英国の小説である。ヴィクトリア朝期には、小説は大概次の3つのどれかの形で世に出た。1つ目は、雑誌への連載。2つ目は、複数巻から成る豪華な全集もの。3つ目は、一般庶民にも手が出せる安い単行本。私の書棚にはこれら3種類の本がそろっている。こんな具合に、仕事でも趣味でも、本また本に囲まれている私である[55]。

(http://www.waseda.jp/student/weekly/contents/2003a/2003a2.html)

次に、「NまたN」においては、物や事態の繰り返しに対して評価的態度が付与されることについて検証する。

(213)　「ビジテリアン大祭」——難しい語も構わず使って大人たちが長大な議論また議論をくりひろげる、「童話」とよぶにはあまりに破天荒な作品と見えようが、それは通念や「常識」にてらしてのことで、本篇の興趣はまさしく童話のそれであり、賢治童話の精髄である。

(宮沢賢治『銀河鉄道の夜』(解説)、新潮100)

(214)　今回の視察は、雨また雨の連続で、豪雨の合間に2、3分の晴れ間が覗くという中での視察だった。　(=(202))

これらの例においては、「NまたN」という表現を使わなくても、真理条件的には同じ意味をあらわすことができる。すなわち、以下のように名詞を1つだけにしてもあらわされるのは同じ事態である。

55　この例の場合、周囲を囲む多数の本を探索活動により捉えているという解釈の他に、「本」がメトニミーにより「読書」をあらわすと考え、時間軸上における「読書」という行為の反復をあらわすという解釈も可能である。

(215)　「ビジテリアン大祭」——難しい語も構わず使って大人たちが長大な議論をくりひろげる、(以下省略)。

(216)　今回の視察は、雨の連続で、豪雨の合間に2、3分の晴れ間が覗くという中での視察だった。

しかし、(213)(214)と(215)(216)とでは、物や事態の繰り返しに対する話者の捉え方が異なる。すなわち、物や事態の繰り返しをまとまりとして捉えるか、1つ1つの事物や事態に焦点を当てるかという違いである[56]。

さらに、(213)と(214)には、繰り返される「議論」や連続する「雨」にうんざりしているという話者の心的態度を読み取ることができる。つまり、単に物や事態の繰り返しを述べるのであれば、「Nの反復」などと表現すればいいところを、同じ名詞を繰り返して「NまたN」ということによって、物や事態の繰り返しに対する不快感があらわされている。これは、同じ物や事態の繰り返しを経験すると、多くの場合、単調さに退屈しうんざりするというわれわれの日常的経験に基づいているといえる。

ただし、「NまたN」の実例の中には、次の(217)のように否定的なニュアンスが感じられない場合もある。

(217)　そこから先は行けども行けどもカタクリの花また花。なんともぜいたくな道であった。

(http://www.niigata-nippo.co.jp/syo/00syo/syo0409.html)

同じ物や事態の繰り返しは、多くの場合、単調さを生むが、繰り返されるのが話者にとって好ましい物や事態の場合、何度も繰り返すことは喜ばしいことである。したがって、「NまたN」は、物や事態の繰り返しを事実として述べるのではなく、よい意味にしろ悪い意味にしろ、何らかの評価的態度を付与する表現であるということができる。

以上の考察により、「NまたN」には、次のような意味的特徴があることが

56　この2つの捉え方の違いには、3.5.3.1で述べた「NというN」と「すべてのN」の違いと同様、山梨(1995)の「統合的スキーマ」と「離散的スキーマ」が働いているということもできる。

わかった。

① Ｎがあらわす物や事態の数は、単なる２ではなく相当数である。
② 物や事態の反復を、話者が自分の経験として捉えている。
③ 物や事態の反復に対して、何らかの評価的態度（よい意味の場合もあれば悪い意味の場合もある）を付与する。

これらの特徴を踏まえて、「ＮまたＮ」の構文としての意味を以下のように記述する。

「ＮまたＮ」：
＜話者が繰り返し経験し、何らかの評価的態度を付与する、相当数の物や事態＞

3.6.2.2 「ＮにつぐＮ」の意味的特徴

「ＮにつぐＮ」の空所Ｎに入るのは、「ＮまたＮ」の場合と異なり、基本的には事態をあらわす名詞である。

（218） 織田家にきてわずか数年にしかならぬのに、抜擢につぐ抜擢をうけて、往年の牢人の境涯からみれば夢のような立身をとげている。
（司馬遼太郎『国盗り物語』、新潮 100）

（219） 大企業の法人税は減税に次ぐ減税で、一時 20 兆円だったのが、今は 10 兆円しか払っていない。
（http://www2.asahi.com/senkyo2005/special/TKY200509100084.html）

したがって、次の（220）のようにＮの位置に事態をあらわす名詞が入る場合の「ＮまたＮ」は「ＮにつぐＮ」に言い換えられるのに対し、（221）や（222）のように、物をあらわす名詞が入る場合の「ＮまたＮ」を「ＮにつぐＮ」に置き換えると容認度が下がる。

（220） そんな幸福や進歩がどんなものだか、それがしまいにはどんなことになるのか、もう何千年も前にお釈迦様がちゃんと見ぬいたのだ。それでうまく行っているうちはいいが、一つふみはずすと{戦争また戦争／戦争につぐ戦争}とあれくるって、ついには一瞬のうちに何十万という人間が焼け死ぬようなことになりはしないか、とご心配なさったのだ。 (＝(203))

(221) こんな有様で、幾月も心やすまる日はありませんでした。しかし、原住民の中で日本兵に好意を示してくれる種族もあるので、それをたよりに、{山また山／?山につぐ山}を一つずつ越えてゆきました。 (＝(206))

(222) {雪また雪／?雪につぐ雪}の見渡すかぎり純白の世界のなか、愛らしい珍客が私たちを喜ばせてくれました[57]。 (＝(208))

以下の例のように物をあらわす名詞が用いられる場合もあるが、この場合、単に「トンネル」や「階段」が連続していることを述べるのではなく、「トンネル」を抜ける行為、「階段」を上る行為が連続することをあらわす。したがって、このような場合も含めて、「NにつぐN」は事態の連続をあらわすと言って差し支えないと考えられる。

(223) そこに待っていたのはトンネルに次ぐトンネルの連続で、何と6km超のトンネルまであるじゃあないですか。
(http://yda.fc2web.com/tabicol002.html)

(224) 入ってすぐ、炭焼き窯がある「ジャライバ」から「健脚コース」というのが真っ直ぐに登っているが、これは階段に次ぐ階段で、子供よりオトナがぜいぜい喘いでしまいます。
(http://www.geocities.jp/itami_jueki/07-tochihara.htm)

事態をあらわす名詞であっても、「NにつぐN」にすると不自然になる場合もある。例えば、高校野球やプロ野球の試合が連日行われることを表現する

57 ここでの「雪」は降雪という事態ではなく、降り積もった雪という物をあらわすため、「雪につぐ雪」とすると容認度が下がる。

場合、次の例を比較してみると、(225a)に比べて、(225b)の容認度は下がる。

(225) a.　連日、熱戦につぐ熱戦が繰り広げられている。
　　b. ?連日、試合につぐ試合が繰り広げられている。

　また、「大雨につぐ大雨」と「雨につぐ雨」の場合も同様に、後者の容認度が下がることから、事態の連続が日常ありふれた出来事である場合は、「NにつぐN」は用いにくいと考えられる。逆にいえば、「NにつぐN」があらわす事態の連続は通常の出来事ではないということである。
　次の例の場合、事態そのものはありふれたものであっても、その事態が何度も繰り返されることが、通常ではないと捉えられていると考えられる[58]。

(226)　説明に次ぐ説明、せりふの洪水といっていいほどめまぐるしく字幕が変わり、うかうかしていると置いてきぼりを食う。
(http://www.yomiuri.co.jp/entertainment/cinema/review/20060529et06.htm)

(227)　大手企業のワークフローシステムを統合するそのプロジェクトは、システム化にあたっての影響範囲は全社レベルに渡るため、各業務の担当者を集めて調整を行うのが大変で、会議につぐ会議の連続でした。
(http://www.job.mycom.co.jp/07/pc/visitor/search/corp72875/premium.html)

　次に、「NにつぐN」の動詞「つぐ」に着目する。以下の例が示すように、名詞修飾節で用いられる「つぐ」には、テイル形やタ形をとらず、常に基本形をとるという特徴がある[59]。

58　「Nの連続」という場合と比較することによって、「NにつぐN」の意味がより明らかになる。(227)において単に「会議の連続でした」としても真理条件的意味は変わらないが、「NにつぐN」の場合、事態の繰り返しを通常のことではないと考える話者の判断がうかがえるのに対し、「Nの連続」という場合はそのような判断を伴わない。
59　名詞修飾節以外では、テイル形やタ形にすることができる。
　(a) 専ら誤使用や不注意な使い方によると考えられる事故は、燃焼器具が最も多く(25

(228) 大阪は、東京に{つぐ／*ついでいる}大都市だ。
(229) 北陸地方は、昨年に{つぐ／*ついだ}寒波に見舞われた。

寺村(1984: 199–200)は、「含む、占める、位置する、位する、属する」などの動詞について、「主節が過去の事態を表わす場合でも、連体修飾で基本形をとる」という特徴を持つとし、これらの動詞が名詞修飾節で用いられた場合の基本形について、「テンスもアスペクトも捨象した、純粋な関係概念を表わしている」と述べている。

「NにつぐN」の「Nにつぐ」も名詞修飾節であり、テイル形やタ形にすることはできず、基本形で用いられるため、この場合も「純粋な関係概念を表す」表現といえる。事態同士の連続関係を純粋にあらわすということは、話者との関わりや話者の捉え方は反映されないということであり、多数の事態の連続を事態の外側から捉える表現であると考えられる。

(230) 専制政治と、敗戦につぐ敗戦とは、ロシヤの内地に、数えきれないほどのストライキをひき起こした。(山本有三『路傍の石』、新潮100)

この点で、「NにつぐN」は、3.6.2.1で検討した「NまたN」と対照的である。「NまたN」は、話者が経験した物や事態の反復を動的に捉えることをあらわす表現であった。よって、以下の例のように、話者の経験とは関係のない事態の連続をあらわすには、「NにつぐN」のほうがふさわしい。

(231) その後の一世紀の、ビザンチン帝国の後退につぐ後退は、いかに盛者必衰は歴史の理とはいえ印象的である。
(塩野七生『コンスタンティノープルの陥落』、新潮100)
(232) この三百年のマイナスは、いうまでもなく、呂宋助左衛門頃(一六〇〇年)世界のどこにも、オランダにもイギリスにも負けない

件)、家庭用電気製品(8件)がそれに次いでいる。
(http://www.jiko.nite.go.jp/news/016news.htm)
(b) アジアで日本に次いだのは言うまでもなく、1988年にソウル五輪を開催した韓国。
(http://www.nikkei.co.jp/neteye5/goto/20040905n7795000_05.html)

態勢にあった国が、ピタリとその発展を三百年の弾圧につぐ弾圧で、冷凍して、封建の大ピラミッドをエジプトの巨大さよりも、はるかに大きく高くきずいていったのである。

（中井正一『大衆の知恵』、青空文庫）

(233)　もちろん現在に至るまでは幾多の増築や改築があった。院長は閑さえあれば新しい図面を引き新しい考案を加えたからである。左手の、階下は「奥」、階上の珊瑚の間を含む一郭は明治の末に建てまされたものであったし、裏手につづく病棟に至っては増築につぐ増築を加えられていた。そして全体を知っている者に明らかに感じとれることは、楡病院は正面こそ、人目につく表のほうこそたしかに類のない偉容を誇っていたが、裏手のほうはかなり安っぽく粗末になっていることであった。　（北杜夫『楡家の人びと』、新潮 100）

(231) と (232) は歴史上の出来事について述べている場合であり、(233) においても、話者は既に「増築」が加えられた状態を見てこの文を述べていると考えられるため、「増築」という事態の連続を、話者が直接経験したわけではない。

以上の考察により、「N につぐ N」は以下の意味的特徴があることがわかった。

①　N があらわす事態の数は、単なる 2 ではなく、相当数である。
②　事態の連続を事態の外側から捉える表現である。
③　事態の連続が通常の出来事ではないことをあらわす。

これらの特徴を踏まえ、「N につぐ N」の構文としての意味を次のように記述する。

「N につぐ N」:
<通常ではありえないほど連続して生じた、相当数の事態>

3.6.3 「N また N」「N につぐ N」の形式的特徴

ここでは、「N また N」および「N につぐ N」の形式的特徴が、通常の「また」「につぐ」の用法から予測可能かどうかを検討する。

まず、「N また N」について見ると、「また」が名詞と名詞を直接つなぐのは「N また N」の場合だけであり、(234) のように、前後の異なる名詞を直接結ぶことはできない[60]。その場合、(235)のように節と節を結ぶ形式で表現される。したがって、「N また N」の形式的特徴は、「また」が用いられる他の表現からは予測できないものである。

(234) * 彼は政治家また文学者である。
(235)　彼は政治家であり、また文学者である。

それに対して、「につぐ」の前後は、同じ名詞の繰り返しだけでなく、異なる名詞を用いることもできる。

(236)　大阪は、東京につぐ大都市だ。　　(＝(228))
(237)　北陸地方は、昨年につぐ寒波に見舞われた。　　(＝(229))

また、前述したように、動詞「つぐ」は、名詞修飾節で用いられた場合、テイル形やタ形をとらず、常に基本形をとるという特徴があり、「N につぐ N」の場合も同様に、動詞「つぐ」をテイル形やタ形にすることはできない。したがって、「N につぐ N」は、構成要素である動詞「つぐ」の形式的特徴を継承しているといえる。

しかし、「N につぐ N」の形式的特徴がすべて予測可能というわけではない。以下に示すように、「N につぐ」と 2 番目の N の間に他の語句を挿入することができない。それに対して、「につぐ」の前後が異なる名詞の場合は、

60　森田 (1989: 1067) も、「また」について、「文や句を結ぶ場合のほか、「山また山の連続」のような語を繰り返し重ねるときにも使用される」と述べている。一方、「銀行または郵便局でお支払いください」のように、「または」の前後には異なる名詞を直接置くことができる。

他の語句の挿入が可能である。

(238) * 戦争につぐ悲惨な戦争
(239) * 残業につぐ深夜までの残業
(240)　昨年につぐ厳しい寒波

この点は、「NまたN」も同様であり、「Nまた」と２番目のNの間に他の語句の挿入を許さない。

(241) * 山また大きな山
(242) * 練習また厳しい練習

このように、「NまたN」の形式的特徴は、構成要素「また」から予測することができないのに対し、「NにつぐN」の形式的特徴の一部は、構成要素「につぐ」から予測可能である。したがって、形式面においては、「NまたN」のほうがより構文らしい表現であるといえる。

3.7　第３章のまとめ

本節では、第３章で考察した同一名詞の反復構文についてのまとめを行うとともに、これらの表現の中から２つのグループを見出すことができること、および、これらの表現の構文らしさには段階性があることを指摘する。

3.2では、「NらしいN」という表現について考察し、この表現が以下の２つの用法を持ち、どちらもカテゴリー全体の中から、話者の思い描く下位カテゴリーに適合するものを抜き出す表現であることを示した。また、第２の用法は、第１の用法から類似性に基づき拡張した表現であること、および、第２の用法は、用いられる環境やNに入る名詞の種類等の制約が大きいことを指摘した。

「Nらしい N」①：
＜Nカテゴリーに属する成員の中で、理想例・ステレオタイプ・典型例に当てはまると、話者が認めるもの＞
「NらしいN」②(否定表現または否定を前提とする表現の中で用いられる)：
＜Nカテゴリーに属する成員の中で、話者がNの成員に期待する基準を満たすもの＞

さらに、「NらしいN」の「らしい」を否定形にした「NらしくないN」と「NらしからぬN」、さらに「(Sは)N以上にNらしい」という表現について考察し、それぞれの構文としての意味を以下のように記述した。

「NらしくないN」：
＜Nカテゴリーに属する成員の中で、理想例・ステレオタイプ・典型例としての度合いが低いと、話者が認めるもの＞
「NらしからぬN」：
＜Nカテゴリーに属する成員の中で、理想例・ステレオタイプとしての度合いが低いと、話者が認めるもの＞
「(Sは)N以上にNらしい」：
＜(Sは)Nカテゴリーには属さないが、Nカテゴリーの理想例としての度合いが高いと、話者が認めている＞

3.3では、「Nの中のN」という表現について、顕著な属性と希少性を持つNカテゴリーの代表例をあらわす表現であることを指摘し、構文としての意味を以下のように記述するとともに、基本レベルカテゴリーの名詞と結びつきやすいこと等を指摘した。

「Nの中のN」：
＜顕著な属性を持っているため他の成員から際立っており、Nカテゴリーの代表例であると、話者が認めるもの＞

3.4では、名詞の重複形式にサ変動詞「している」が接続した「NNしている」という表現について考察し、以下の２つの用法があることを示した。いずれも、主体Sに多くの特徴が際立っていることをあらわすが、第１の用法が、人間の身体経験に基づく基本的用法であり、物理的存在から抽象的存在への拡張によって第２の用法が動機づけられていることを示した。

「(Sは)NNしている」①：
＜(Sは)Nを多く含み、その特徴が際立っていて容易に知覚される状態である＞
「(Sは)NNしている」②：
＜(Sは)Nのステレオタイプであると判断されるほど、特徴を相当数または繰り返し、示している＞

3.5では、「NというN」という表現の２つの用法について、以下のとおり意味を記述した。第１の用法は、「すべてのN」と類義関係にあるが、「NというN」の場合は、個々の成員に焦点が置かれるため、成員間の差異が浮き彫りになることがわかった。

また、「NというN」が「今日」、「今度」などの時間をあらわす直示表現とともに用いられる場合（第２の用法）は、過去に同様の事態が実現しそうになったことが複数回あることを踏まえて、今回は本当にその事態が実現することを強調する表現であることを示した。

「NというN」①(名詞句：Nは具体的事物)：
＜Nカテゴリーに分類することができる、典型的なものから周辺的なものまでを含む、相当数の成員１つ１つ＞
「NというN」②(副詞句：Nは時間に関する直示表現)：
＜過去に同様の事態が実現しそうになったことが複数回あったことを前提として、Nがあらわす時間のうちに必ず(事態が実現する)＞

3.6では、「NまたN」と「NにつぐN」という類義関係にある２つの表現について考察し、いずれの表現においてもNが示す物や事態は多数存在するが、「NまたN」は話者が物や事態の反復を直接経験したことを動的に捉える表現であるのに対し、「NにつぐN」は、事態の連続を事態の外側から捉える表現であることを示した。

「N また N」：
＜話者が繰り返し経験し、何らかの評価的態度を付与する、相当数の物や事態＞
「N につぐ N」：
＜通常ではありえないほど連続して生じた、相当数の事態＞

以上、簡単にまとめたように、本章ではさまざまな名詞反復構文について構文としての意味を記述したが、共通点によって２つのグループを見出すことができる。１つは、カテゴリーへの帰属度をあらわす表現であり、もう１つは、物や事態が多数存在することをあらわす表現である。

１つ目のカテゴリーへの帰属度をあらわす表現は、さらに次の３つに分けることができる。

A　カテゴリーの一部の成員を抜き出す表現[61]
　「N らしい N」①、「N の中の N」、「NN している」②
B　カテゴリーの周辺的成員を抜き出す表現
　「N らしくない N」、「N らしからぬ N」
C　カテゴリーの大部分の成員を抜き出す表現
　「N らしい N」②

これを図に示すと図 12 のようになる。外側の円はＮカテゴリー全体をあらわし、中央の小さい円は、理想例・ステレオタイプ・典型例あるいは代表例という一部の下位カテゴリーをあらわす。また、網掛けで示した円は、話者が期待する基準を満たす成員が作り、Ｎカテゴリーの大部分の成員が属する下位カテゴリーをあらわす。

61　「(S は)N 以上に N らしい」は、N がカテゴリーの一部をあらわすという点では、このグループの構文と共通するが、主体 S が N カテゴリーの成員ではなく、厳密には「カテゴリーへの帰属度をあらわす表現」とは言いがたいため、ここには含めていない。

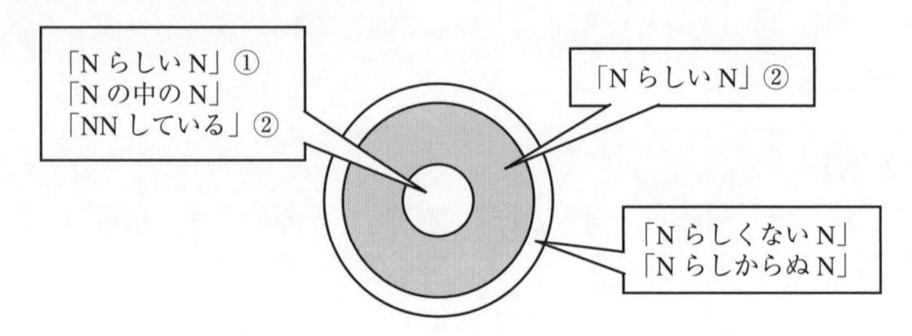

図12　カテゴリーへの帰属度をあらわす名詞反復構文

このような表現を可能にするのは、成員間の帰属度の違いによるカテゴリー分割、すなわち下位カテゴリー化である。同じNカテゴリーの成員であっても帰属度は均一ではなく、一部の成員だけを抜き出したり、周辺的な成員だけを抜き出したりすることによって、下位カテゴリーを作ることができる。したがって、カテゴリーへの帰属度をあらわす反復構文は、成員の帰属度に程度差があるという、カテゴリーの性質に動機づけられているということができる。

2つ目のグループは、物や事態が多数存在することをあらわす表現であり、該当する表現として、「NNしている」①、「NというN」①②、「NまたN」、「NにつぐN」がある[62]。これらの表現はいずれも、1つ1つの物や事態に焦点を当てる表現であり、「すべてのN」や「Nの連続」のような類義表現が複数の物や事態をまとまりとして捉えるのと対照的である。

この2つのグループはいずれも、言語表現における類像性（iconicity）と大きな関わりがある。つまり、言語形式と意味内容との間に何らかの類似関係が存在するということである。わかりやすい2番目のグループから確認すると、「すべてのN」のように言語形式Nが1つの場合はまとまりとして捉えられているのに対し、「NというN」などの場合は、同じ言語形式Nを2つ重ねることによって、多数の存在の1つ1つに焦点が当てられている、すなわち、言語形式が意味内容を反映しているということができる。

62 「NNしている」②は、主体にNのステレオタイプの特徴が多数含まれている、または話者が繰り返し認知しているという点では、このグループに入れることもできる。

一方、第1のグループは、佐藤（1986）や森（2007）における「拡縮反復」が関係していると考えられる。佐藤（1986: 293）によると、「拡縮反復」とは「意味の微弱な拡大＝縮小をともなう語の反復形式」のことであるが、「Nらしい N」、「Nらしくない N」（「Nらしからぬ N」）、「Nの中の N」は、いずれも2つのNの間に意味の拡縮関係が認められる。まず、「Nらしい N」と「Nらしくない N」（「Nらしからぬ N」）においては、後のNがカテゴリー全体を示すのに対し、前のNは理想例・ステレオタイプ・典型例という下位カテゴリーを示す。また、「Nの中の N」においては、前のNがカテゴリー全体を示すのに対し、後のNはカテゴリー内の際立った存在である下位カテゴリーを示す。このように、同じ言語形式Nが2つのカテゴリーに対応しており、言語形式の数がカテゴリーの数を反映していると考えることができる。

「NNしている」②の場合は、2つのNが直接異なるカテゴリーに対応するわけではないが、Nを2つ重ねることによって、カテゴリー全体からステレオタイプ的成員が作る下位カテゴリーへの縮小をあらわしている。聞き手の立場からは、カテゴリー全体をあらわすなら1つのNでよいところを、Nを2つ重ねるということはNの中の特殊な存在であろうとの推論が働くと考えられる。「NNしている」②において、名詞Nを重ねることによる類像性の現れを、図13に示す。

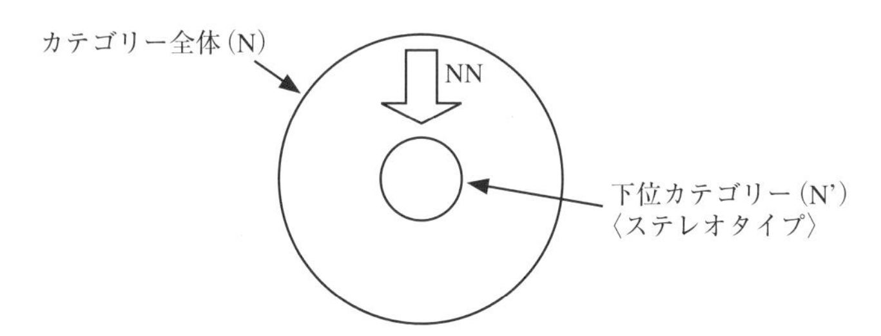

図13　「NNしている」②における類像性の現れ

最後に、本章で考察した名詞反復構文の、構文らしさ、すなわち、構成要素や統語規則からの予測不能性の程度についてまとめると表1のようになる[63]。

表1　名詞反復構文の構文らしさ

		NらしいN①	NらしいN②	Nの中のN	NNしている①	NNしている②	NというN①	NというN②	NまたN	NにつぐN
形式的特徴	①他の語句が挿入できない	×	○	○	△	○	○	○	○	○
	②語順の入れ替えができない	×	○	○	−	−	○	○	−	○
	③構成要素（固定部分）が、他の表現で用いられる場合と異なる統語的ふるまいをする（①②以外）	×	×	×	○	○	×	×	○	×
	④音韻的特徴が見られる	×	×	×	○	○	×	×	×	×
意味的特徴	⑤構成要素（固定部分）の意味がほとんど喚起されない	×	○	×	○	○	○	○	×	×
	⑥構成要素から予測できない意味的特徴がある	△	○	○	△	○	○	○	○	○
	⑦構成要素（固定部分）を類似の表現に代えては構文の意味にならない	△	△	○	○	○	○	○	○	○
	⑧話者の心的態度をあらわす	×	×	△	×	×	×	○	○	×

本文中で記述した内容について、以下で補足しておく。

まず、形式的特徴について述べる。「①他の語句が挿入できない」については、ほとんどの構文が該当する。例外として、「NらしいN」①は語句の挿入が可能であり、「NNしている」①は、やや不自然ではあるものの、以下のように、名詞重複と「している」の間に格助詞が挿入する例が見られるため「△」とした。

(243)　園はもう桜が散って、浜茄子の木が青々と元気な葉っぱを茂らせ、茎はとげとげとして花が咲くのが間近だと感じさせてくれました。

(http://www2.nkansai.ne.jp/hotel/genroku/essei/0905index.htm)

63　表1の目的は、名詞反復構文の構文らしさに段階性があることを示すことであるため、3.2の「接尾辞「らしい」を含む名詞反復構文」からは「NらしいN」のみを取り上げることとする。

「②語順の入れ替えができない」についても、入れ替えが想定できないもの(「NNしている」「NまたN」)を除くと、「NらしいN」①以外の構文が該当する。「③構成要素(固定部分)が、通常の場合と異なる統語的ふるまいをする」については、「NNしている」と「NまたN」が該当する。「NNしている」は、「オノマトペ+する」の場合と異なり、サ変動詞の部分を基本形やタ形にできない。「NまたN」は、「また」が直接名詞と名詞をつなぐのは同じ名詞の場合だけであるという点で、「また」の他の用法とは異なる特徴を持っている。「④音韻的特徴が見られる」に該当するのは「NNしている」であり、1拍の名詞は反復されないという、畳語名詞とは異なる特徴がある。

次に、意味的特徴について述べる。「⑤構成要素(固定部分)の意味がほとんど喚起されない」に該当するのは、「NらしいN」②、「NNしている」、「NというN」である。「Nの中のN」については、容器のイメージ・スキーマが適用されることにより、「の中の」の意味が抽象的ではあるが喚起される。「NまたN」と「NにつぐN」においては、反復や継続という意味は、構成要素「また」、「つぐ」からもたらされたものであると考えられる。

「⑥構成要素から予測できない意味的特徴がある」については、ほとんどの構文が該当するが、「NらしいN」①は「Nらしい」の意味を継承しているため、「NらしいN」②と比較すると予測できない意味的特徴は少ない。また、「NNしている」①においては、名詞重複部分が物理的存在をあらわしているのに対し、「NNしている」②の場合、名詞重複部分があらわすのは、その名詞が示す存在そのものではないという点で、後者のほうが予測不能性が高いと考えられる。

「⑦構成要素(固定部分)を類似の表現に代えては構文の意味にならない」についても、ほとんどの構文が該当する。例えば、「Nの中のN」を「NのうちのN」とすることや、「NというN」を「NってN」とすることはできない[64]。ただし、「NらしいN」①については、やや新奇な表現ではあるが、「男っぽい男」、「子供っぽい子供」のような表現、「NらしいN」②について

64 「AというB」の場合、「田中という人」を「田中っていう人」あるいは「田中って人」のようにいうことができる。

は、「友達といえる友達(がいない)」のような表現があるため「△」とした。「⑧話者の心的態度をあらわす」については、話者の決意等をあらわす「Nという N」②、繰り返しに対して評価的態度を付与する「N また N」が該当すると考え、「Nの中のN」については、対象を賞讃する意味を持つ場合があることから「△」とした。

　このように表にまとめることによって、本章で取り上げた名詞反復構文の構文らしさには程度差のあることが明らかとなる。もちろん、それぞれの評価は必ずしも絶対的な基準に基づくものではないし、各項目が同等の重要性を持つわけでもないため、単に「○」の数が多いからといって、構文らしい構文であると単純に結論づけることはできない。しかし、「NらしいN」①が構文らしさの低い表現であるのに対し、「NN している」②や「N という N」②が、相対的に構文らしさの高い表現であるということはできるだろう。

第4章

動詞反復構文の考察

4.1　第4章の目的

本章では、前章と同様のアプローチにより、7つの動詞反復構文について、構成要素との関連性や類義表現との相違点、生起可能な動詞についての考察を行いながら、構文としての意味を記述する。また、形態的、統語的、および、音韻的特徴といった形式面での独自性についても言及し、本章で取り上げる動詞反復構文を、形式と意味との慣習的結びつきとして認めることが妥当であると主張する。

4.2　動詞連用形重複構文

本節では、以下の例のように、同一動詞の連用形を繰り返し主節に接続する表現について考察する。この表現を「動詞連用形重複構文」と名づけ[1]、生起可能な動詞についての考察や類義表現「ながら」との比較を行うとともに、構文としての意味を記述する。

(1)　猛暑が続く中、発掘に参加した調査協力員の皆さんは、汗を拭き拭き土にまみれて作業に熱中していました。

1　「動詞連用形反復構文」ではなく「動詞連用形重複構文」としたのは、他の語句を挟むことなく直接連用形を繰り返すことを「重複」とし、他の語句が介在するものを「反復」として区別するためである。

(http://www.city.asaka.saitama.jp/media/shogai/pdf02_09/020915p01.pdf)

（2）「これは、こちらの勝手な憶測だが、西ノ丸のお方さまは、故太閤さまが足軽のときからの連れ合いじゃ。何もないところから、はげましはげまし、ついに夫を天下人に押し上げたという感慨はござるだろうて」 （藤沢周平『密謀（下）』、p.33、新潮文庫）

4.2.1 先行研究とその問題点

現代日本語の動詞連用形重複構文について考察している先行研究には、玉村（1985）、蜂矢（1998）、益岡（2000）、張（2003）、日本語記述文法研究会編（2008）、青木（2009）などがある。

玉村（1985: 41）が、「動作の継続・反復を表しながら、その動作が後続の動詞によって示される動作と同時的・並行的に行われることを示す」と述べているのを始めとして、先行研究の多くが動詞連用形重複構文の意味を「継続・反復」であるとしている。しかし、「継続」と「反復」という2つの別個の意味をあらわすのか、「継続・反復」という渾然一体とした意味と結びついているのか、先行研究によって見解が異なる。

また、連用形重複の部分を「連用形＋ながら」で言い換えられる場合が多く、両者は類義表現であると考えられるが、相違点について先行研究では明らかにされていない。

さらに、玉村（1985: 42）は、動詞連用形重複構文には、拍数や意味に基づくわずかな制約が存在するとし、通例2･3拍の動詞に限られるという拍数の制約と、反復の許されない「死ぬ」という動詞が用いられないという意味上の制約をあげている。しかし、後述するように、それ以外にも用いられない動詞は多数存在するが、玉村（1985）以外に生起可能な動詞について触れている研究は見当たらない。

4.2.2 動詞連用形重複構文の意味的特徴

前述したように、先行研究の多くは、動詞連用形重複構文の意味を「継続・

反復」であるとしている。このうち、益岡(2000: 212)は、「動作の継続を表す場合と反復性を表す場合がある」としている。また、張(2003)は、「継続」を「動作や変化が開始した後で、終了・完成するまでの間持続すること」、「反復」を「動作や変化が(終了・完了しつつ)多回的・断続的に行われる」(同書 : 98)と定義したうえで、「限界性」を基準とする動詞分類との関連から、「限界動詞は重複した後「反復」の意味となり、非限界動詞は重複した後「継続」という意味になる」(同書 : 100)と述べている。次の(3)(4)は張(2003)の例文であり、(3)は継続、(4)は反復をあらわすとされている。

(3) うろ覚えの観音経を口の中に念じ念じ、例の赤鼻を鞍の前輪にこすりつけるようにして、覚束ない馬の歩みを、不相変とぼとぼと進めていった。 (芥川龍之介『羅生門・鼻』)(同書 : 99)

(4) 落ちてきた大岩は、周辺の木々を倒し倒し、ついに村里まで転げ落ちていった。 (同書 : 100)

金水(2000)によると、限界動詞とは、終了限界が動詞の意味に含まれている動詞のことである。つまり、「木を倒す」といえば、木が倒れた状態になって動作が完了したことをあらわすのであり、それを繰り返すことが、張(2003)の定義における「継続」ではなく「反復」をあらわすのは当然のことである。益岡(2000)や張(2003)は、連用形重複の意味を「継続」と「反復」に分けて考察しているが、持続的な動作(継続)であるか断続的な動作(反復)であるかは、当該動詞のあらわす動作が、限界的なものか非限界的なものかによって決まるため、構文が2つの意味を持つというよりも、生起する動詞の違いによるものであると考えるほうが妥当である。

一方、蜂矢(1998: 33)は、「反復」と「継続」とは、一つの動作とそれに続く動作とをそれぞれ個別的なものと見るか、連続的なものと見るかの違いであり、「反復」の連続は「継続」にほかならないと述べているほか、青木(2009: 9)も両者の境界は微妙であり、「動作のくり返し」が基本的意味であると述べ、「反復」、「継続」の違いは動詞の違いによるとしている。

本書では、「継続」と「反復」の違いを話者の捉え方の違いによるものと考え、「継続」とは、事態が絶え間なく進行するという、文字どおり連続している場合（図 14a）だけでなく、繰り返される複数の事態を連続的なものとして捉えている場合（図 14b）も含むのに対し、「反復」とは、繰り返される複数の事態の個々に焦点が当てられている場合（図 14d）および連続する事態の局面局面に焦点を当てる場合（図 14c）を指すと定義する。

なお、図 14a（継続）と図 14c（反復）および図 14b（継続）と図 14d（反復）は、それぞれ真理条件的意味としては等しい。すなわち、現実世界においては同じ事態をあらわしているが、話者の捉え方の違いが言語表現の違いに反映しているということである。このような捉え方の違いは、われわれの日常的経験に基づくものである。すなわち、同じ大きさの物体が等間隔で一直線に並んでいるのを見るとき、近くで見る場合は、１つ１つの物体に注意が払われるのに対して、離れたところから見る場合、個々の物体よりも全体に視線が向けられるため直線のように見えることがある。

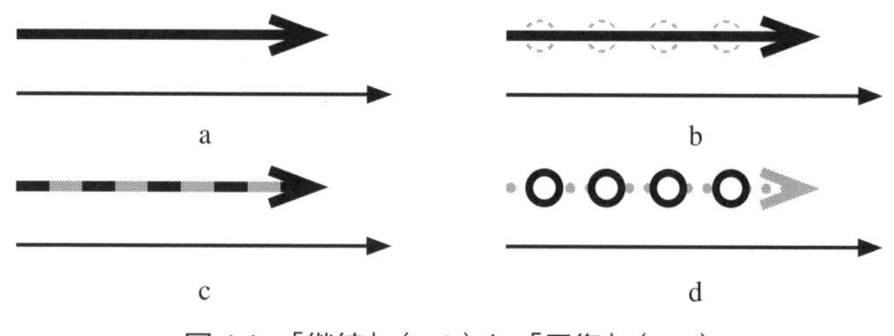

図 14　「継続」（a, b）と「反復」（c, d）

以下の（５）（６）のように、連用形重複の部分を「連用形＋ながら」に置き換えても、不自然ではない場合が多く、両者は類義表現であるといえる。結論を先に述べると、動詞連用形重複構文は「反復」をあらわし、「動詞＋ながら」は「継続」をあらわすと考えられる。（５）において、「念じながら」の場合、図 14a のように動作が絶え間なく進行することをあらわすのに対し、「念じ念じ」とすると、一連の動作を構成する部分に焦点が当たり、図 14c のように捉えられていることをあらわす[2]。また、（６）の場合、「摘み摘み」と

2　（５）の場合、「うろ覚えの」とあることから、「念じる」動作が絶え間なく進行するとい

すると、図 14d のように「摘む」という個々の動作に焦点が当てられるのに対し、「摘みながら」では、断続的に反復する動作が、図 14b のように連続的に捉えられていると考えられる。

（5）　うろ覚えの観音経を口の中に{念じ念じ／念じながら}、例の赤鼻を鞍の前輪にこすりつけるようにして、覚束ない馬の歩みを、不相変とぼとぼと進めていった。　（＝（3））

（6）　野花を{摘み摘み／摘みながら}プロヴァンスの唄を唄った。
（林芙美子『放浪記』、青空文庫）

益岡 (2000: 213) は、「動詞＋ながら」構文について、主節の動作と同時に進行する動作（（7）の場合）や反復される動作（（8）の場合）をあらわすとしている[3]。

（7）　大きな土瓶に湯を注ぎながら、固く体をこわばらせたまま、返事をしようとしない。　（安部公房「燃えつきた地図」）(同書 : 202)

（8）　闇の中で光乃はいく度も寝返りを打ちながら、いまの雪雄の言葉を考えつづけた。　（宮尾登美子「きのね」）(同書 : 203)

このうち、（7）については、図 14a に該当すると考えられるのに対し、（8）は図 14d ではなく、図 14b に該当すると考えられる。このことに関して、三宅 (1995: 445) は、「〜ながら」が付帯状況をあらわす副詞節であるとし、「ナガラ節は過程的な持続性を持つ場合に付帯状況として成立する」と述べている。

（9）　ガードレールに接触しながら、こわごわ車を運転した。

うより、図 14d のように現実世界においても断続的に行われているとも解釈できる。

3　益岡 (2000) は、「ながら」には、次の例のように変化の結果の継続の意味をあらわす場合があると述べている。

(a)　試験の時、京王線に乗りながら、まだ覚えていない箇所を暗記しようとするが、どうしても覚えられない。　（小澤征爾「ボクの音楽武者修行」）(同書 : 204)

益岡 (2000) はまた、動詞連用形重複構文では、変化の結果の継続をあらわすことができないことを指摘している。以下の例は、結果の継続の意味では許容できない。

(b) *千重子が来て、母の方に手を掛け掛け、電話を聞いた。　（同書 : 213）

(10) 後ろを振り返りながら、歩いた。 (以上2例 同書: 444)

三宅(1995)は、(9)や(10)の例について、繰り返されることによってある程度の過程性を持つことができるとしている[4]。つまり、何度も繰り返される動作の1つ1つに焦点を当てるのではなく、全体を連続体として捉えているということであるため、これらの例も図14bに該当すると考えられる。

「連用形+ながら」を連用形重複で言い換えることができるかに関しては容認度に程度差が見られる。次は、連用形重複で言い換えると容認度が下がる例である。

(11) 浜名湖産のウナギが備長炭で焼かれるのを{待ちながら/?待ち待ち}、店主の小川雅也さん(53)と優美子さん(47)夫妻に先代の思い出を聞いてみた。

(http://mytown.asahi.com/tama/news.php?k_id=14000210812080001)

ここでの「待つ」という行為は、事態が実現するのを期待して時を過ごすということであり、一度開始した後は継続するものである。連用形重複で言い換えると容認度が下がるのは、継続する「待つ」行為を断続的なものとして捉えることが考えにくいからである。

次に、動詞連用形重複構文の実例を見てみよう。次の例では、連用形重複の部分を「動詞+ながら」に置き換えても不自然ではない。

(12) 駄菓子屋で買ったイモ飴やニッキ玉を{食べ食べ/食べながら}、森の中や河川敷をブラリンブラリン、何時間もかけて帰って、家に着くと、口のまわりの着色料を親にさとられないよう、うつむき加減で駆け込んだ。 (朝日新聞、2007年10月4日)

次の例も、「動詞+ながら」で言い換えることができるが、何度も反復したという点を強調したい場合は、動詞連用形重複構文のほうが適当であろう。

4 ただし、「何度も」、「しょっちゅう」などの副詞がないと座りが悪いと感じられる。一方、(10)において「後ろを振り返ったまま、歩いた」というような結果維持の解釈なら、副詞がなくても問題はない。

（13）　都営浅草線押上（おしあげ）駅で下車し、下町の雰囲気が漂う古い商店街を通り、道を｛聞き聞き／聞きながら｝約15分ほど歩いてやっと住宅街に文花中学校が見えました。

（http://www.mamoru.cc/modules/weblog/index.php?user_id=2）

（14）　さらに、夏は秋の陣に備えて4週間にわたる合宿、長野、新潟の涼しい高原の中で睡眠と食欲を十分確保しながら月に1000km（東京－新大阪を往復）に達する距離を｛走り走り／走りながら｝鍛え上げていきます。（http://www.hoseikeiyukai.jp/lecture/2004_1.html）

次は、動詞連用形重複構文は使えるが、「ながら」を使うと容認度が下がる例である。

（15）　富士山に｛休み休み／？休みながら｝登った。

「休む」は過程性を持つ動詞であるため、「休みながら」は付帯状況、すなわち、後件の動作と同時に行われることをあらわす。しかし、「休む」行為と「登る」行為は通常同時に行うことはできないため、（15）で「休みながら」を用いると不自然になる。それに対して、「休み休み」とすると、図14dのように、断続的な反復という解釈がされるため、容認可能な表現となる。

さらに、次の例を比較してみよう。

（16）　今朝は田舎から出てきたであろう、こんなおじさんがブランケットを｛売り売り／売りながら｝歩いていました。

（http://www.asajikan.jp/wmphoto/reporter24/archives/73）

「売り売り」の場合、ブランケットを売る行為を何度も繰り返した点に焦点が当てられているのに対して、「売りながら」の場合、「売る」という行為が全体的なものとして捉えられていると考えられる。しかし、この2つの文の違いは、必ずしも現実世界における事態の実現のしかたの違いではない。ブランケットを実際に何度も売っている場合、どちらの文を用いても不自然ではない[5]。話者が事態をどのように捉えているかが異なるのである。断続的に行われる行為の1回1回に焦点を当てる場合は、「売り売り」が用いられ、繰り返される行為を1つのまとまりとして把握する場合には、「売りながら」が用いられていると考えられる。動詞が1つの場合、行為の反復を1つのまとまりとして捉え、動詞が2つの場合、1回1回の行為を焦点化しているということは、言語形式と意味内容との間に類似性があるということになり、類像性(iconicity)を反映した表現といえる。

ここで注意しなければならないのは、類像性とは言語形式と意味内容との間に何らかの類似性が存在することであって、両者が完全に一致する必要はないということである。言語形式上では連用形が2つ現れているが、意味において反復する事態が2回だけということは考えにくく、相当回数の反復をあらわしている。したがって、動詞連用形重複構文は、それぞれの連用形が1つの動作をあらわすのではなく、形式全体に相当回数反復される動作という意味が結びついているといえる。

このような動詞連用形重複構文と「連用形+ながら」の違いは、用いられる環境にも関係し、動詞連用形重複構文を用いると容認度が下がる場合もある。次の例で比較してみよう。

(17) 物を{食べながら/?食べ食べ}歩いてはいけない。

収集した実例を見る限り、動詞連用形重複構文は、過去の出来事をあらわす文脈で用いられる例が多い[6]。前述したように、この構文は同じ動詞連用形の繰り返しという形式が、断続的に反復する動作の1回1回に焦点が当てられているという意味内容を反映している。その際、未確定の動作よりも、既

---

5 それに対して、販売活動をしているものの実際には売れていない場合、筆者の直感では、「売りながら」を用いるほうが自然である。

6 必ずしも文末がタ形になるわけではなく、以下のようにル形で終わる場合もあるが、その場合、習慣的行為や一般的性質をあらわすものが多い。

(a) わたくしは緑茶をずいぶん飲みます。御飯をたべるにも緑茶を飲み飲みたべるのです。 (宮本百合子『身辺打明けの記』、青空文庫)

(b) 浪は螺状をなして巻き巻き進むのだよ。 (幸田露伴『ねじくり博士』、青空文庫)

に生じた動作、さらに、自ら体験した動作のほうが、話者が1回1回の動作に焦点を当てやすい。そのことが、この構文が過去をあらわす文脈で用いられやすい理由として考えられる。

次に、後件の動作との同時性という意味が、連用形重複という形式と慣習的に結びついた意味であることを示すために、単独の連用形が後件に接続する場合と比較する。寺村(1991)は、連用形による接続の場合、並んだ順にそのことが生起する(した)意味が伴うのが普通であると述べている。つまり、言語表現の順序が出来事の生起する順序を反映しているということである。

(18) a.　母は佐渡で生まれ、新潟で育った。　(寺村 1991: 218)
　　b.　?母は新潟で育ち、佐渡で生まれた。

次の例を比較してみよう。

(19) a.　流れる汗を拭き、一休みした。
　　b.　流れる汗を拭き拭き、一休みした。

単独の連用形接続の(19a)の場合、上述したように言語表現の順序のとおりに当該動作が行われるため、汗を拭いた後で一休みしたことをあらわす。仮に、連用形重複の(19b)の場合にも、言語表現の順序が出来事の生起の順序を反映するのであれば、汗を拭くという動作を反復した後、一休みしたという意味をあらわすことになる。しかし、実際には、汗を拭くという動作の反復と、一休みするという行為が同時に行われていることをあらわしている。

したがって、動詞連用形重複構文があらわす同時性という意味は、言語形式の順序という、いわば統語的な結びつきから導き出すことはできないため、「連用形重複 + 後件」という形式全体と慣習的に結びついた意味として記述する必要がある。

最後に、動詞連用形重複構文に生起可能な動詞について考察する。

まず、以下の例から、主体の意志が事態の実現をコントロールしない動詞は用いにくいことがわかり、動詞連用形重複構文には意志的行為をあらわす動詞が生起しやすいといえる[7]。

(20)　鉄路が悪かったのか車台の安定が悪かったのか、車は前後におじぎをするように{揺れながら／?揺れ揺れ}進行する。
(寺田寅彦『銀座アルプス』、青空文庫)

(21)　児童らは綱の大きさに{驚きながら／?驚き驚き}、上に登るなどしてはしゃいでいた。
(http://ryukyushimpo.jp/news/storyid-27326-storytopic-7.html)

次に、前述した行為の反復という意味と矛盾するため、「ある」、「いる」などの状態動詞は用いられないし、「通う」、「住む」、「暮らす」、「勤める」のような長期的な行為をあらわす動詞も用いられない。

(22) *山田君は会社に勤め勤め、大学に通っている。

次に、工藤(1995)による動詞分類を基にして、どのような動詞が用いられやすいかについて検討する[8]。動詞連用形重複構文に最も用いられやすいのは、次の例のような主体動作動詞である。

(23)　バタとジャガいもを籠に入れ、籠は腕にひっかけ、外套のかくしから向日葵の種を出して食べ食べナースチャが戻って来ると、石油販売所の人だかりは一そうひどくなっていた。
(宮本百合子『赤い貨車』、青空文庫)

主体動作・客体変化動詞の場合、以下のように容認度が下がるものがある。

7　次の例では無生物が主語であるが、擬人法が用いられていると考えれば、「倒す」は意志動詞とみなすことができる。

(a) 落ちてきた大岩は、周辺の木々を倒し倒し、ついに村里まで転げ落ちていった。
(=(4))

張(2003: 103)も、「川は流れ流れ街を下っていく」のような例について、「あたかも川が意志を持って流れ続けているように表現されている」と述べている。

8　工藤(1995)は、動的な出来事をあらわす動詞を、奥田(1978)による「動作動詞」、「変化動詞」という分類を踏まえて、「主体動作・客体変化動詞」、「主体変化動詞」、「主体動作動詞」の3つに分類している。

（24）?窓を開け開け話しかけた。（窓が1つしかない場合）
（25）?お湯を沸かし沸かしテレビを見る。

主体動作・客体変化動詞は、主体の動作が客体の変化をもたらす動詞である。1つしかない窓を開けたりお湯を沸かしたりする動作は、終了限界を超えた時点で終了するため、通常、相当回数反復することは想定されない。主体動作・客体変化動詞が、動詞連用形重複構文に用いられるのは、次の(26)(27)のように変化の対象となるモノが相当数存在する場合である。

（26）　今朝は田舎から出てきたであろう、こんなおじさんがブランケットを売り売り歩いていました。（＝(16)）
（27）　青侍は、思い出したように、頤(あご)のひげを抜き抜き、こう云った。（芥川龍之介『運』、青空文庫）

次の(28)の場合、変化の対象となるモノは相当数存在するが、1回の「建てる」という行為が長期にわたるものであり話者が行為の反復を捉えているわけではない。したがって、話者が行為の反復の1回1回に焦点を当てるという意味と相容れないため非文となる。

（28）　古くから宮大工は、クギを使わずに木組みで日本の寺社を建ててきた。宮大工・川瀬建二(大阪市在住・58歳)は、これまで200以上の寺社を{建てながら／*建て建て}多くの文化財の復興に携わり、96年に「現代の名工」に選ばれた。（http://event.telescoweb.com/node/1597）

次に、「座る」、「立つ」、「並ぶ」などの主体変化動詞は、主体が変化した結果に焦点を当てるものである。一度座れば次に立ち上がるまでは座り続けるものであり、断続的に「座る」という行為を反復することは想定されないため、動詞連用形重複構文で用いられると不自然な表現となる。一方、同じ主体変化動詞でも「しゃがむ」、「つかまる」などは、動作の過程に焦点を当てることもできるため、行為の反復という解釈が可能になり容認度が上がる[9]

9 「座る」は動作の結果に焦点が当たるのに対して、「しゃがむ」は動作の過程にも焦点が

(図 15 参照)。

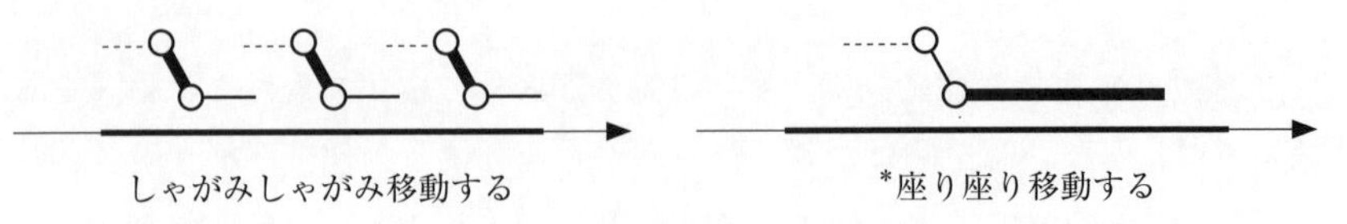

図 15 「しゃがみしゃがみ移動する」と「*座り座り移動する」

(29) ?会社に行く途中気分も悪くなり、座り座り移動した。

(30) 会社に行く途中気分も悪くなり、しゃがみしゃがみ移動した。

(http://www.pwblog.com/user/annnya/annnya/19680.html)

以上の考察により、動詞連用形重複構文が以下のような意味的特徴を持つことが明らかになった。

① 動詞連用形の重複が、行為が相当回数反復されることをあらわす。

② 反復される行為と後件があらわす行為が同時に行われることをあらわす。

これらの特徴を踏まえ、動詞連用形重複構文の構文的意味を以下のように記述する。

「動詞 (V) 連用形の重複＋後件」：
＜行為 (V) を相当回数反復すると同時に、後件の行為を行う＞

当たることを示す例を以下に挙げる。(a) の「少し」は座る時間の長さを述べるのに対し、(b) の「少し」はしゃがむ時間の長さをあらわすという解釈のほか、しゃがむ程度を問題にするという解釈が可能である。

(a) 少し座ってください。

(b) 少ししゃがんでください。

また、「座る」、「立つ」、「並ぶ」と「しゃがむ」、「つかまる」の違いとして、変化の結果継続に要するエネルギーの違いを挙げることができる。前者に比べて後者は、結果状態を維持するために相当のエネルギーをかける必要がある。

4.2.3　動詞連用形重複構文の形式的特徴

玉村（1985: 42）は、連用形重複に生じる動詞は、通例2拍・3拍の動詞に限られるが、時に、1拍の動詞（しかし、長音化して2拍になる）や4拍以上の動詞の例が見られるとしている。

連用形が1拍である動詞が1拍のままで重複することはできないため、「する」、「見る」のような動詞が重複する場合は、「しいしい」、「見い見い」と長音化して2拍になるという事実を音韻的制約とすることができる[10]。

（31）知識を押しつけたり、手とり足とり教えていると、人の顔色を見い見い打つようになり、そのうち嫌になって離れていってしまいます。
（http://www.nihonkiin.or.jp/juniorclub/hogosya/index.htm）

（32）そして私が痩せ我慢をしいしい歩いているのを、妻は側で心配そうに見ていた。（堀辰雄『晩夏』、青空文庫）

一方、4拍以上の動詞については、以下で示すように用いられる例も多く、例外であるとはいえない。

（33）私はおどろいて、一体どうして暮して行くのだろうかと考え考え、小っぽけな砂糖袋をもって、お七で有名な吉祥寺の前の春の通りを歩いて行ったことを覚えている。（宮本百合子『打あけ話』、青空文庫）

（34）こうして三人は追いつ逐われつ、だんだん人里遠く走って来たが、美留女姫はもう苦しくて苦しくて堪らないような声を出して――「白髪小僧さん……白髪小僧さん……」と呼びながらふり返りふり返り走って行く。（夢野久作『白髪小僧』、青空文庫）

そのほか、動詞連用形重複構文の音韻的特徴として、アクセントに関するものが挙げられる。動詞連用形が重複する場合、それぞれの動詞にアクセン

10　1拍の語が重複しないのは、第3章で考察した「NNしている」の場合と同様である（3.4.3参照）。「NNしている」の場合、「*酢酢している」を「お酢お酢している」のように、1拍の語を2拍にすることによって容認度が上がったのと、共通性が感じられる。

トが置かれるのではなく、全体で1つのアクセント句を形成する。例えば、(35)の場合、それぞれの「食べ」にアクセントが置かれるのではなく、「食べ食べ」全体でアクセント句を形成する。このような特徴は、(36)のような複合動詞の場合も同様であることから、連用形重複が複合動詞と同様、2つの動詞ではなく1つの統合体として機能していることを音韻面から示す根拠となる[11]。

(35) アイスクリームを食べ食べ、散歩をした。

(36) 東京や札幌、旭川など、ラーメン雑誌に出ている店を食べ歩き、研究した。 (朝日新聞、2009年5月20日)

影山(1980: 142–143)が指摘するように、連用形重複においては、動詞連用形全体が繰り返されるのが特徴であり、(37)のように複合動詞が重複する場合であっても、動詞の一部ではなく全体が繰り返される[12]。

(37) a. うさぎは、飛びはね飛びはね、帰っていった。
b. *うさぎは、飛びはねはね、帰っていった。
c. *うさぎは、飛び飛びはね、帰っていった。 (同書 : 143)

しかし、繰り返されるのは動詞のみであり、動詞に先行する補語や修飾語句を含めて重複することはない[13]。つまり、2つの連用形の間に他の要素が挿入されることはないということである。

(38) *汗を拭き汗を拭き、パソコンに向かっていた。

---

11 それに対して、次のように動詞テ形を繰り返す場合、アクセントはそれぞれのテ形に置かれる。
(a) 食べて食べて食べまくった。

12 例外としてサ変動詞の場合は、動詞全体ではなく「する」のみが重複する。
(a) 母は、内職しいしい、私を大学に入れてくれた。
(b)*母は、内職し内職し、私を大学に入れてくれた。 (影山 1980: 142)

13 動詞に使役の接尾辞が接続する場合、2つの連用形それぞれにつく。この場合、動詞があらわす行為の反復ではなく、使役形があらわす行為の反復をあらわしている。
(a) もともとミルクの飲みは少ない方でなんとか{飲ませ飲ませ／*飲み飲ませ}過ごしてきています。 (http://baby.yahoo.co.jp/chiebukuro/detail/1412205764/)

(39) *何度も休み何度も休み、頂上を目指した。

以下のように異なる動詞の連用形を重ねる場合は、連用形の前後に補語や修飾語句を置くことができるため、動詞連用形重複構文は構成要素から予測できない統語的特徴を持っているといえる。

(40) 顔を洗い、歯を磨き、うがいをした。
(41) よく食べよく遊ぶ。

4.3 「V に V」

本節では、以下の例の下線部のように、「に」の前後に同じ動詞を繰り返す「V に V」という表現について考察する。

(42) 母親は代わってあげられればと泣きに泣いた。
(山本文緒『プラナリア』、p.29、文春文庫)
(43) 私もついフラフラと――イヤ、フラフラどころか実にもう夜の目も寝ないで考えに考えたんだが、そのあげくにとうとう腹をきめて、本日のこのていたらくと相なった次第なんだよ。
(坂口安吾『裏切り』、青空文庫)
(44) 私は、さっきから待ちに待っていたこの機会をすばやく捕えるが早いか、私の用件を切り出したのである。 (堀辰雄『窓』、青空文庫)

例えば(42)において、「泣きに泣いた」を単に「泣いた」とするのと比べると、泣いた時間も長く、程度もより甚だしいことをあらわしている。すなわち、同じ動詞の繰り返しが、事態の継続や程度の激しさに対応しており、「V に V」全体の意味は、構成要素である動詞の繰り返しによって動機づけられているといえる。

しかし、単なる程度の激しさではなく、これ以上のものがないほどの極端さをあらわすといった、構成要素からは厳密に予測できない意味的特徴を持っており、また、形式的にも構成要素から予測できない特徴を示すため、

「VにV」を構文として認める必要がある。

4.3.1 先行研究とその問題点

「VにV」という表現を取り上げた先行研究には、国広(1997)、グループ・ジャマシイ編著(1998)、Okamoto(1990, 1994)などがある。

国広(1997: 281)は「動詞の強調形。長時間続いたり烈しい動きであることを表す」、グループ・ジャマシイ編著(1998: 423)は、「同じ動詞を繰り返し、そこで述べられる動作や作用の程度が非常に激しいことを強調する」と記述している。

Okamoto(1990, 1994)は、「VにV」について、統語論から意味論・語用論を切り離すモジュール文法によっては説明できないとする一方で、生産的に使用されるため純粋なイディオムとして扱うことはできないとし、構文文法によって最も適切に説明できると述べている。「VにV」の形態統語的特徴については、副詞句や名詞句の挿入を許さないこと((45)参照)や、使役の接辞「(さ)せる」やテンスの接辞が、「VにV」全体に適用され、それぞれの動詞につくと容認度が下がること((46)参照)を根拠に、2つの独立した句から構成されるのではなく、複合動詞のような1つの統合体であると述べている。

(45) a. 昨日は山田と明け方まで<u>飲みに飲んだ</u>。
b. *昨日は山田と<u>飲みに</u>明け方まで<u>飲んだ</u>。 (同書 : 249)

(46) a. コーチは太郎を<u>走りに走らせた</u>。
b. ??コーチは太郎を<u>走らせに走らせた</u>。 (同書 : 250)

Okamoto(1990, 1994)はまた、「VにV」の意味について「極端にVする」と記述し、動作や変化をあらわすとともに、動作や変化の極端さを強調する表現であるとしている。追加の意味をあらわす助詞「に」や、概念的増加を類像的にあらわす動詞の反復が、「VにV」の意味に貢献していると述べる一方で、「極端さ」という意味は、構成要素である動詞の反復と助詞「に」の意味からは完全には予測できないものであり、「VにV」というパターン全体と慣習的に結びついたものとして見なすべきであると述べている。

(47) 日本語はとにかくここ十年ほどで乱れに乱れてきたけれど、…
(48) 貧しかった頃はスカート一枚買うのにも、考えに考えた末にやっと店に向かった。 (以上2例 Okamoto 1994: 384)

「VにV」を構文文法のアプローチから考察している点や、動詞の反復という形式が動作や変化の増加を類像的にあらわすとしている点については、本書も同じ立場である。しかし、Okamoto(1990, 1994)における「極端にVする」、「可能な限りV」という意味記述では不十分であることや、また、変化の程度が増加的であるとはいえない場合もあることから、本節では、Okamoto(1990, 1994)で述べられなかった、「VにV」の意味的特徴や現象について、さらに詳しく考察する。

4.3.2 「VにV」の意味的特徴

「VにV」の「に」について、Okamoto(1994: 385)は、以下のような、「～に加えて」を意味する助詞「に」と関係があると述べている。

(49) 優しいご主人に立派なお子さんたち、言うことないですね。
(同書: 385)

庵他(2001: 59)も、次の(50)や(51)のように、先に挙げたものに付け加えて後の要素を挙げたり、特定の取り合わせとして要素を挙げる並列助詞「に」の用法の1つとして、(52)のような「VにV」が用いられることがあると述べている。

(50) 大根ににんじんに、えーと、それからトマトをもらおうかしら。
(51) 「月に雁」とはよく言ったものだ。
(52) 自分で考えに考えて出した結論を先生は尊重してくれなかった。
(以上3例 同書: 59)

本書も、「VにV」の「に」は追加、添加の意味をあらわすと考えるが、2つの動詞と助詞「に」を合成的に解釈しても全体の意味にはならない。例えば、次の(53)は、「調べる」に「調べる」を付け加えるということになるが、「調べた」回数が２回だけであるとは考えにくく、相当回数あるいは相当時間にわたって調べたという解釈が適当であるからである。

(53) もし、今回のことが有罪となるのであれば、著作物のいかなるところも同じところがあってはならないわけで、後進の作者は作品を作る際に調べに調べなければ、何も作ることができません。

(http://detail.chiebukuro.yahoo.co.jp/qa/question_detail/q1411150919)

次の例で、部屋の中にいた人が窓から外を見たときに雨が激しく降っていることに気づいた場合、(54a)のようにいうのは不自然であることからも、「VにV」は、当該事態（正確には事態把握）が相当時間にわたって継続することをあらわすことがわかる。

(54) a. ?(窓から外を見たら)雨が降りに降っていた。
b. (窓から外を見たら)雨が激しく降っていた。

しかし、長時間にわたって事態が継続していても、程度の激しさを伴わなければ、「VにV」を用いることはできない。そのため、(55a)のように、「小雨」が「降りに降る」とはいわないし、(56)は雷が激しく鳴り続け雨が激しく降り続いたと解釈されるであろう。

(55) a. *この一週間、小雨が降りに降っている。
b. この一週間、雨が降りに降っている。

(56) 熾烈な日光が更に其大玻璃器の破れ目に煌くかと想う白熱の電光が止まず閃いて、雷は鳴りに鳴って雨は降りに降った。

(長塚節『太十と其犬』、青空文庫)

次の(57a)でも、「息せき切って」とあることから、単に長時間歩いただけでなく、程度の甚だしさを伴っていることがわかる。一方、(57b)が非文なのは、「だらだらと」という副詞と程度の甚だしさが相容れないからである。

(57) a.　ただわけもなくがむしゃらに歩いて行くのが、その子供を救い出すただ一つの手だてであるかのような気持ちがして、彼は息せき切って歩きに歩いた。　　　（有島武郎『卑怯者』、青空文庫）
b. *彼はだらだらと歩きに歩いた。

しかし、「VにV」は単に程度が激しいことを強調するのではなく、それ以上のものがないほど極端な状態をあらわす表現である。そのため、(58a) と比べると (58b) が不自然に感じられる。

(58) a.　時々休みながらも、一生懸命働いた。
b. ?時々休みながらも、働きに働いた。

次の２つの文も同様に、強調の副詞を用いた (59a) の場合、それを上回る事物が存在するという文脈が後続しうるのに対し、(59b) の場合には不自然になる。

(59) a.　田中さんはすごく太っていたが、鈴木さんはもっと太っていた。
b. ?田中さんは太りに太っていたが、鈴木さんはもっと太っていた。

次に、「VにV」が用いられる環境について検討する。グループ・ジャマシイ編著 (1998: 423) が「過去の文脈で用いられることが多い」と指摘するように、「VにV」で未来の事態をあらわすことはできない。

(60) a. *これから雨が降りに降るでしょう。
b.　これから雨が激しく降るでしょう。

タ形だけでなくテイル形で用いられることもあるが、その場合、過去のある時点からの程度の激しさが継続していることをあらわすのであり、(61b) のように現在をあらわす語句と共起すると不自然となる。

(61) a.　この一週間、雨が降りに降っている。
b. ?今、雨が降りに降っている。

ここで、「VにV」が過去のある時点からの継続をあらわす理由を考えてみる。「VにV」と、動詞が1つの場合との違いは、前節で取り上げた動詞連用形重複構文の場合と同様、言語形式と意味内容との間に類似性を認める類像性（iconicity）の観点から説明可能である。動詞が1つの場合には、長時間継続した事態であっても1つのまとまりとして捉えるのに対し、「VにV」では、継続する事態を構成する1つ1つの事態に焦点が当てられていると感じられる。そして、既に生じた事態、すなわち、話者が体験した事態のほうが、話者が、1つ1つの事態に焦点を当てやすいため、未来や、現在の事態のみを述べる文で用いると不自然になると考えられる。

以上のことをまとめると、「VにV」は、事態に伴う程度の極端なまでの激しさと、その事態が過去のある時点から継続していることをあらわす表現であるといえる。

次の（62）では、事態の継続だけが問題になっているように感じられるかもしれないが、この場合も、単に「待つ」時間の長さだけでなく、「待つ」ことに伴う期待感という程度の甚だしさをあらわしている。一方、（63a）が非文なのは、「あてもなく」という副詞により、そのような期待感の高まりが感じられないからである。

（62）　観客が待ちに待って、待ちくたぶれそうになった時分に、しずしずと乗り出して、舞台の空気を思うさま動かさねばならぬのだ。

（有島武郎『或る女（前編）』、青空文庫）

（63）a.　*あてもなく待ちに待った。

b.　あてもなく待ち続けた。

「VにV」の実例の中には、次の例のように、性質をあらわすのに用いられており、事態の継続を話者が捉えているわけではない場合もある。

（64）　主人公の曲がりに曲がった性格がとても面白かったです。

（http://www.amazon.co.jp/review/R3F90LRBTT92TA）

話者は、主人公の性格が曲がっていく変化の過程を長時間にわたって観察したわけではないであろう。主人公の性格を描写するのに、単に「曲がった性格」というのでは足りずに、「曲がりに曲がった」ということによって、これ以上のものがないほど極端に曲がった性格であることをあらわしている。

(65) 当時の平林さんは五十四歳くらいだったが、肥りに肥っていて、宿の浴衣の前が合わない姿で、正座は出来ないとかであぐらを組んでいた。
(瀬戸内寂聴『奇縁まんだら』、p. 244、日本経済新聞社)

この場合も、話者は平林さん(平林たい子)を見て、単に「肥っていて」というのを通り過ぎて、これ以上ないほど肥っていることを「肥りに肥っていて」と表現している。これらの例の場合、主体化(subjectification)という概念(Langacker 1990, 1998, 1999等)が関わっていると考えられる[14](2.3.7参照)。このことを確認するために以下の例を見てみよう。

(66) a. Vanessa walked across the road.
b. Vanessa is sitting across the table from John.

(66a)では、Vanessaが通りの反対側へ実際に移動するのを、話者が観察しているのに対し、(66b)ではVanessaが実際に移動したわけではなく、話者が頭の中でJohnの位置からVanessaの位置までの経路をスキャニングしている。

次に、空間的経路ではなく、時間的経路における主体化の例を挙げる。

(67) a. She is going to close the door.
b. An earthquake is going to destroy that town.

(67a)は、彼女が空間的経路を移動するという解釈のほかに、未来の事態をあらわす場合もあるが、後者の場合、空間領域から時間領域への写像と考えることにより、彼女が時間的経路を移動すると考えることができる。それに対して、(67b)では地震の発生は未来のある時点で起こる事態であることから、話者が頭の中で時間的経路をたどるだけであるという点で、(66b)の

14 あるいは、現在の状態を「肥る」という事態が連続して生じた痕跡として捉える「痕跡的認知」(国広 1985b)という認知的推論が関わっていると考えることもできる。

例と同様であるといえる。

以上のことを、「VにV」の場合に適用して考えてみる。「VにV」が時間的継続をあらわす場合を図示すると図16aのようになる。初めから程度や量の甚だしい状態が長時間にわたって継続する場合もあれば、時間の経過とともに程度や量が増す場合もあるが、いずれの場合も対象が時間的経路をたどるのを話者が観察している[15]。それに対して、(64)や(65)の場合、話者が頭の中で、対象が「曲がりに曲がった」状態や「肥りに肥って」いる状態に達する時間的経路をスキャニングしているのであり、図16bのように示すことができる。

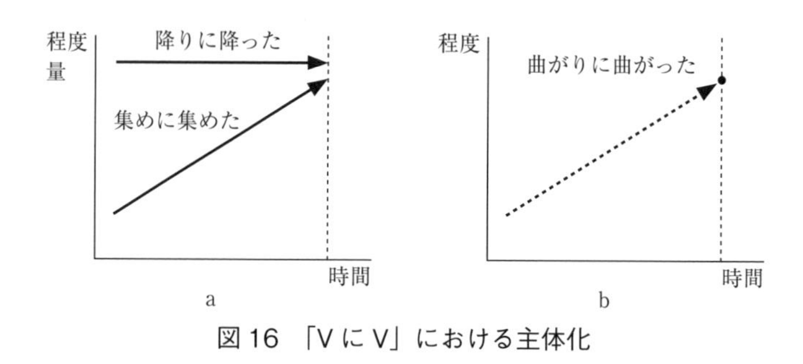

図16　「VにV」における主体化

以上の考察により、「VにV」が持つ、以下のような意味的特徴が明らかとなった。

①　事態が、長時間・期間にわたって、継続したことをあらわす。
②　事態の継続に伴う程度や量が、極端なほど甚だしいことをあらわす。

これらの特徴を踏まえ、「VにV」の構文としての意味を、次のように記述

15　以下の(a)の「鳴りに鳴って」「降りに降った」は初めから激しい雷や雨が続いたと解釈されるのに対し、(b)の「集めに集めた」は時間の経過とともに集めた量が増すことをあらわしている。

(a)　熾烈な日光が更に其大玻璃器の破れ目に煌くかと想う白熱の電光が止まず閃いて、雷は鳴りに鳴って雨は降りに降った。　(＝(56))

(b)　英語で使われる固有名詞の発音だけを集めに集めた辞典です。
(http://k-tan.staba.jp/home/dic/misc.htm)

する。

「VにV」：
＜長時間・期間にわたって事態(V)が継続した結果、程度・量が極端である＞

最後に、「VにV」に生起可能な動詞について検討する。

「VにV」が事態の継続というアスペクト的意味をあらわすことから、工藤(1995)のアスペクト的意味に基づく動詞分類に従い検討することとする。

まず、主体動作動詞と主体動作・客体変化動詞は、以下の例が示すように、「VにV」において使用可能である((68)および(69)は主体動作動詞、(70)は主体動作・客体変化動詞の例である)。

(68) ただわけもなくがむしゃらに歩いて行くのが、その子供を救い出すただ一つの手だてであるかのような気持ちがして、彼は息せき切って歩きに歩いた。 (＝(57a))

(69) 熾烈な日光が更に其大玻璃器の破れ目に煌くかと想う白熱の電光が止まず閃いて、雷は鳴りに鳴って雨は降りに降った。 (＝(56))

(70) 画家・安野光雅が作りに作った珍問奇問110。
(http://www.haroldoo.com/product/582)

ただし、主体動作・客体変化動詞の場合、変化の対象となる客体が相当数存在することが必要である。

(71) a. (1つの)窓を思いっきり開けた。
b. ?(1つの)窓を開けに開けた。

(72) これを使わない手はないと考え、作りに作った手作りソフトの山、自分の技量では出来ないものもあるのでとうとう情報処理技術者(当時は第1種という資格)も採用して作ってもらいました。
(http://www.keikakuhiroba.net/column/sawaguchi/01.html)

(71)において、1つの窓を開ける程度が甚だしいことをあらわすために「VにV」を使うと容認度が下がる。また、(72)では、動作が向けられて変化した対象の量、すなわち作ったソフトの数が極端であることをあらわしている。

次に、主体変化動詞の場合、意志動詞か無意志動詞かに関わらず、以下の例のように、「VにV」で用いられない動詞が多い[16]。

(73) *とても疲れていたので、座りに座った。
(74) *長い間取り組んできた仕事が、とうとう終わりに終わった。
(75) *僕たちは頂上に着きに着いた。　（以上３例　Okamoto 1994: 256）

しかし、次の例のように主体変化動詞であっても、「VにV」で用いられる場合もある。

(76)　昨日の台風で、公園の木々が倒れに倒れていた。
(77)　園内でいろんな花が咲きに咲いています！
（http://www.biopark.co.jp/staff/2008/04/post_201.html）

この場合、「倒れる」、「咲く」事態の主体は多数のモノであり、次々と変化するという解釈が可能であるため、「VにV」で用いることができる。事態の継続に伴う量が極端であること、すなわち極めて多数のモノに変化が生じたことをあらわしている。

また、以下の例から、状態動詞も「VにV」で用いることはできないといえる。

(78) a. *時間と金がありにある。
　　b.　時間と金がありあまっている。
(79) *高層マンションがそびえにそびえている。

さらに、意味的な理由ではなく主に形態的な理由によるものであるが、Okamoto(1990)が指摘するように、サ変動詞も「VにV」で用いることができない。

16　Okamoto(1990)は、「VにV」で用いることができない動詞として、サ変動詞および瞬間動詞を挙げているが、瞬間動詞は、主体変化動詞にほぼ相当すると考えられる。

(80) *昨日は買い物しに買い物した。　　　　　　　　(同書 : 256)

「VにV」にサ変動詞が用いられない事実については、庵他(2001)も言及している。サ変動詞の場合、以下の例のように、名詞の部分を重ねる反復表現が存在するため、サ変動詞全体を反復する表現を用いる必要がないと考えられる。

(81) a. *大学院時代は、研究しに研究した。　　　　　　　　(同書 : 59)
　　b. 大学院時代は、研究に研究を重ねた。
(82) a. *なんだかんだと買い物しに買い物して、気がつくと夜9時を過ぎていた。
　　b. なんだかんだと買い物に買い物を重ね、気がつくと夜9時を過ぎていた。

4.3.3 「VにV」の形式的特徴

前述したように、Okamoto(1990, 1994)は、「VにV」の統語的特徴について詳細に記述している。ここでは、「VにV」の統語的特徴が、構成要素から予測できないものであることを確認する。

「VにV」の統語的特徴が、「Vに」とVという2つの要素から予測可能であるなら、間に他の要素を挿入することができると仮定される。なぜなら、以下の例が示すように、「Vに」と後のVが異なる場合、ある程度自由に他の要素が挿入可能であるからである。

(83) 鰻を食べに行く → 鰻を食べに浜松へ行く
(84) 家賃を集めに回る → 家賃を集めに一軒一軒回る

しかし、「VにV」の場合は、「Vに」と後のVの間に他の要素を挿入することができない。

(85) *昨日は山田と飲みに明け方まで飲んだ。　　　　　　　　(=(45b))
(86) 息せき切って歩きに歩いた。→ *歩きに息せき切って歩いた。

また、「に」の前後が異なる動詞の場合、話し言葉では、(87) のように倒置が可能であるが、「V に V」の場合は不可能である。

(87)　浜松へ行った、鰻を食べに。
(88) *昨夜は心ゆくまで飲んだ、飲みに。

また、「V に V」の統語的特徴は、助詞「に」の特徴とも異なるものである。前述したように、本書では、助詞「に」を追加の意味をあらわす助詞であると考えている。名詞に名詞を加える場合は、(89) のように異なる名詞でも、(90) のように同じ名詞でもよいが、動詞に動詞を加える場合は、同一動詞が繰り返される場合に限られ、(91) のように、異なる動詞を「に」の前後に置くことはできない。

(89)　大根ににんじんに、えーと、それからトマトをもらおうかしら。
(＝(50))
(90)　努力に努力を重ねた。
(91) *昨夜は大いに食べに飲んだ。

このように、「V に V」は、2つの部分から合成される表現ではなく、また、構成要素「に」が他の表現で用いられる場合とは異なる統語的ふるまいをする。したがって、構成要素や他の表現から予測できない形式的特徴を示す表現であるといえる。

4.4 「V だけ V」

本節では、以下の例のように、「だけ」の前後に同じ動詞を繰り返す「V だけ V」という表現について考察する。

(92)　所長がシャープの元社員だったので、「その二人に電話して、私に会うべきだと言って下さい」と頼み込みました。所長は「面白そうな機械だ。会うだけ会ってみては」と電話してくれました。

（朝日新聞、1996年1月6日）

(93) 父の話方は無論滑稽を主にして、大事の真面目な方を背景に引き込ましてしまうので、聞いている客を始め我々三人もただ笑うだけ笑えばそれで後には何も残らないような気がした。

（夏目漱石『行人』、青空文庫）

詳しくは後述するが、「VだけV」の場合、「だけ」の用法・意味がかなりの程度貢献している。その一方で、他の反復構文と同様、構成要素から合成的に解釈しても全体の意味を完全には導き出すことはできないため、構文として認める必要があることを示す。

4.4.1 先行研究とその問題点

「VだけV」という表現を取り上げた先行研究としては、森田(1989)、グループ・ジャマシイ編著(1998)、泉原(2007)などがある。

森田(1989: 636)は、「「だけ」のあとに、もう一度動詞を繰り返す言い方があり、"可能なかぎり……する"の意味を表わす」と述べているのに対し、グループ・ジャマシイ編著(1998: 191)は、「そのこと以外の、他のするべきことをしない」、泉原(2007: 683)は、「ほかのことではなくVの動作に限定する」と述べている。このように、森田(1989)の意味記述とグループ・ジャマシイ編著(1998)および泉原(2007)の意味記述には大きな違いが見られる。

(94) 彼女は文句を言うだけ言ってなにも手伝ってくれない。

(95) 彼は飲むだけ飲んで会費を払わずに帰ってしまった。

(96) いまどうしているか様子が分からないから、手紙を出すだけ出して返事を待とう。　　（以上3例　グループ・ジャマシイ編著 1998: 191）

(94)と(95)では、当該行為が繰り返されているという解釈ができるため、森田(1989)の記述でも説明可能であるのに対し、(96)では、「手紙を出す」のは1回だけと解釈されるため、森田(1989)の記述では説明できない。また、以下の(97)では、森田(1989)の「可能なかぎり……する」という点に焦点が置かれており、グループ・ジャマシイ編著(1998)の「そのこと以外の、他のするべきことをしない」という意味はそれほど感じられない。

(97) 酒が飲めぬ分だけ、しばしば酔っ払いの介抱をさせられる私の経験からすると、吐くだけ吐いてしまえば案外カラリと正気に戻る人間は多い。 (浅田次郎「零下の災厄」、『姫椿』所収、p.249、文春文庫)

したがって、「VだけV」には2つの用法を認めることが妥当である。以下でその2つの用法について、同一動詞の繰り返しという形式や構成要素「だけ」との関係について考察しながら、構文的意味を記述するとともに、形式的特徴についても検討する。

4.4.2 「VだけV」の意味的特徴

次の2つの文の「VだけV」を比較してみよう。

(98) お腹を壊した時は「出ないよりまし」と、特に気にしない。充分な水分の補給と、常にトイレの位置の確認だけを怠らないようにし、出すだけ出した後、薬を飲むようにしている。

(http://www.isl.or.jp/publish/DSL/62_07.html)

(99) 一応リストアップだけはしましたが、きちんと精査していないもので、全部もう一度精査して次回出そうかと思いましたが、出すだけ出させていただきます。

(http://www.city.seto.aichi.jp/dbps_data/_material_/seto/4010/shomu/tiiki/6simin.pdf)

(98)では、可能なかぎり「出す」行為を続けるという意味であるのに対し、(99)では、リストアップしたものを「出す」のはおそらく1回のみである。

「だけ」について、森田(1972: 25)は、「「だけ」の中心意義は〈限定〉である。それが前後の意味関係によっては〈限定〉となり〈程度〉となる」、「'限定されたある範囲に相当する度合い'という意味で〈程度〉もまた〈限定〉の一部と言わなければならない」と述べている。また、沼田(2000)は、次の(100)

のように程度・量をあらわす「だけ」から、程度・量を限定し、さらに限定の対象が程度・量から個別の事物になることで、(101) のような取り立て助詞「だけ」へ連続すると述べている。両者は、意味変化の方向が反対であるものの、「限定」と「程度」の用法を連続的なものとして捉えている点では共通している。

(100) 空き瓶ならたくさんあるから、ほしいだけ持っていっていいよ。

(同書 : 203)

(101) 禁煙はやり始めるだけでなく、やり続けることが大切だ。

(同書 : 165)

一方、益岡・田窪 (1992)、中西 (1995b)、日本語記述文法研究会編 (2009) などは、限定をあらわす「だけ」を取り立て助詞とし、程度や限度をあらわす「だけ」と区別し、両者の関連性については触れていない。例えば、日本語記述文法研究会編 (2009: 46–53) は、(102) のように限定をあらわす取り立て助詞「だけ」と、(103) のように程度や限度をあらわす接尾辞「だけ」とは異なると述べるにとどまる。

(102) この粉末にお湯を注いでかき混ぜるだけで、スープができる。

(同書 : 50)

(103) 車に荷物を積めるだけ積んで出発した。 (同書 : 53)

このように「だけ」に関する先行研究には、異なる用法間に認める関連性の程度に違いはあるが、「限定」と「程度」という 2 つの用法を認めている点では共通している。

(98) や (99) における「V だけ V」の「だけ」に注目すると、「出す」行為が繰り返される (98) では、行為が行われる程度や限度をあらわすと考えられるのに対し、(99) の場合、きちんと精査しないで「出す」という文脈から、「出す」という行為に限定するという意味が含まれる。したがって、「V だけ V」は、異なる「だけ」の用法が反映した 2 つの用法があると考えられる。(98) のように程度・限度をあらわすものを第 1 の用法、(99) のように当該行為に限定するものを第2の用法とし、以下で順に考察する。

4.4.2.1 「VだけV」の第1の用法

まず、「VだけV」の第1の用法について述べる。(104)～(106)のように意志的行為をあらわす動詞が用いられることが多いが、(107)のように無意志的な事態をあらわす動詞が用いられることもある。

(104) 塾についた長男は1人だけの部屋で泣くだけ泣き、その後、翌日に受験する第2志望校の過去の試験問題を夕方までひたすら解くよう指導されたという。 (読売新聞、2007年12月19日)

(105) 練習休みの日なぞ、家に帰って、食べるだけ食べると、あとは、丸一日、眠ったものです。それ程、心身共に、疲れ果てていたのでしょう。 (田中英光『オリンポスの果実』、青空文庫)

(106) かつてはおしゃれだったはずだが、古いくたびれた服を着るのに頓着しなかった。どこかで、自分はどんなものを着ていても格好いいのだと思っていたのだろうか。あるいは、以前おしゃれは楽しむだけ楽しんだ、だから、もう充分というのだったろうか。

(沢木耕太郎『無名』、p.86、幻冬舎文庫)

(107) 長おもてのやせこけた顔で、頭は五分刈りがそのまま伸びるだけ伸びて、ももくちゃになって少しのつやもなく、灰色がかっている。

(国木田独歩『窮死』、青空文庫)

この場合、森田(1989)の「可能なかぎり……する」という記述で概ね説明が可能である。「泣く」、「食べる」、「楽しむ」という意志的行為の場合も、「伸びる」のように無意志的な事態の場合も、相当時間(期間)にわたって当該事態が継続したと解釈される。前節で考察した「VにV」構文の場合と同様に、同じ動詞を繰り返すことによって、動詞のあらわす事態が相当時間(期間)にわたって継続することがあらわされている。

前述したように、この場合の「だけ」は程度・限度をあらわす用法であると考えられる。すなわち、話者がその事態の実現可能な限度を想定し、その限度まで事態が継続するという意味をあらわしている。日本語記述文法研究会編(2008: 247)は、程度・限度をあらわす「だけ」について、「従属節には可能性・能力をあらわす状態性述語が現れることが多く、その可能性の程度・限度を限定する」と述べている[17]。

次の例を比較してみよう。

(108) 食べられるだけ食べた。
(109) 1回で食べられるだけ作る。 (以上2例 同書: 247)
(110) リスは、かき集めた木の実を、食べるだけ食べると、食べ残した実を地面に埋める。(http://festival-tokyo.jp/09sp/press/TransferStudent.pdf)

(108)と(109)の場合、全体の意味を、かなりの程度、構成要素の意味から合成的に解釈することが可能である。すなわち、「食べられるだけ」によって食べることができる限度を示し、その限度まで「食べた」、「作る」ということをあらわしている。それに対して、(110)のような「VだけV」の場合、可能性・能力をあらわす表現は使われていないが、主体にとって「食べる」という事態(行為)に継続可能な限度が想定されている。そして、そのような意味は、程度・限度をあらわす「だけ」と、同一動詞の反復から厳密には予測できないため、「VだけV」という形式と結びついていると考える必要がある。

また、「VだけV」は「VにV」と異なり、以下の例のように、過去の文脈以外でも用いられる[18]。

---

17 以下の例のように願望をあらわす状態性述語が用いられる場合もある。
(a) イヤなものをイヤといい、バカにむかっては躊躇なくバカ呼ばわりをし、退屈すれば大アクビをし、腹が立てば怒鳴り、返事をしたくないときは返事をせず、自分がおかしかったら勝手に笑い、相手のつまらぬ冗談などは笑わず、人の思惑を考えずに威張りたいだけ威張り、人にきらわれてもかまわず自慢したいだけ自慢し、相手の関心など斟酌なく自分の好きな話題だけえらび、……そういうことのミゴトに出来る人を大人物といいます。(三島由紀夫『不道徳教育講座』、p.245、角川文庫)

18 過去をあらわす文脈では、以下のように「VだけV」を「VにV」と置き換えられる場合が多い。
(a) あるいは、以前おしゃれは楽しみに楽しんだ、だから、もう充分というのだったろうか。(((106)の下線部を変更)
(b) 長おもてのやせこけた顔で、頭は五分刈りがそのまま伸びに伸びて、ももくちゃに

（111）　時間制限があると{食べるだけ食べよう／*食べに食べよう}と頑張って食べますが食べられないほど皿にとり残してしまうのはマナー違反です。　（http://dessertkingdom.web.fc2.com/）

前節で述べたように、「VにV」の場合、話者が継続する事態の1つ1つに焦点を当てていることを動詞の繰り返しが類像的にあらわすため、話者が事態の継続を直接捉えたことを示す過去の文脈で用いられることが多い。一方、「VだけV」の場合、Vの示す事態が継続可能な限度を、話者が想定し、その限度までVし続けることをあらわす表現であり、話者が事態の継続を直接経験によって捉えていない場合でも使用可能である。

以上の考察により、「VだけV」の第1の用法が持つ以下のような意味的特徴が明らかになった。

①　話者が、当該事態の継続可能な限度を想定している。
②　その限度まで、当該事態が継続することをあらわす。

これらの特徴を踏まえ、「VだけV」の第1の用法の構文としての意味を、以下のように記述する。

「VだけV」①：
＜継続することが可能と思われる限度まで、事態（V）が継続する＞

4.4.2.2 「VだけV」の第2の用法

次に、「VだけV」の第2の用法について述べる。

（112）　国は声を聞いているのか。全国大会で本人部会で決議をあげている。自分たちに関することを自分たちぬきできめないでとあった。聞くだけ聞くが全く反映されてない状況を感じる。
（http://www.kaigoseido.net/topics/05docu/kokkai2005-10-25.htm）

なって少しのつやもなく、灰色がかっている。　（(107)の下線部を変更）

(113) そこにどうやら彼の女がいて、淀橋は俺にボトルを入れさせるだけ入れさせて、その女と車でどこかに去って行った。
(山本文緒『プラナリア』、p.245、文春文庫)

この場合、同一動詞の反復は、動詞連用形重複構文や「V に V」と異なり、事態の反復や継続をあらわしているのではない。(112) は、全国大会で決議した内容を、国が一応「聞く」ということであり、何度も聞いたということではない。(113) も、ボトルを何度も入れさせたわけではないであろう。

(112) の場合、単に「聞く」だけでなく、「意見を取り入れる」や「参考にする」という行為を伴うことが期待されている。また、(113) においても、「ボトルを入れさせる」だけでなく、普通は、一緒に酒を飲むことが期待されるのではないだろうか。

一般的に、動詞が、その動詞があらわす事態に加え、その事態に伴うことが期待される他の事態までを言外の意味としてあらわすことがある。(114a) の「ご飯を食べた」は、文字どおり「食事をする」行為のみをあらわすのに対し、(114b) の「ご飯を食べた」は、食事という行為に加え、「友達と話す」などの行為が含まれるであろう。この場合、そのような意味を喚起するのは、友達と食事をするときには楽しく話をするという百科事典的知識である。

(114) a. 昨日は 1 人でご飯を食べた。
b. 昨日は友達とご飯を食べた。

「V だけ V」の第 2 の用法の場合、同一動詞を繰り返すことによって、期待される事態を伴う場合と、V という事態のみをあらわす場合があることがあらわされている。例えば、(112) において、「聞く」という行為のみをあらわす場合と、意見を取り入れたり参考にしたりという事態を伴う場合があることが想起される。次の (115) では、「会う」行為のみの場合と、商談や取引を伴う場合があることが想起される。

(115) 所長がシャープの元社員だったので、「その二人に電話して、私に会うべきだと言って下さい」と頼み込みました。所長は「面白そうな

機械だ。会うだけ会ってみては」と電話してくれました。(=(92))

ただし、2つのVがそれぞれ、Vがあらわす事態のみの場合と、期待される事態を伴う場合に対応しているわけではなく、そのような意味は「VだけV」全体に結びついていると考えるべきである。

前述したように、この第2の用法における「だけ」は限定の用法であると考えられる。動詞があらわす事態に限定し、文脈において期待される事態を伴わないことが含意される。そのため、第2の用法の「VだけV」の後には、文脈において期待される事態が実現しないことを述べる文脈が続くことが多い[19]。

(116)　聞くだけ聞くが全く反映されてない状況を感じる。　((112)の一部)

(117)　そこにどうやら彼の女がいて、淀橋は俺にボトルを入れさせるだけ入れさせて、その女と車でどこかに去って行った。　(=(113))

また、第2の用法の場合、第1の用法と異なり、用いられる動詞は意志的な行為をあらわす動詞に限られるようであり、(118)のように無意志動詞とともに用いられると容認度が下がる。付随する事態を伴わずに動詞があらわす行為のみを行うためには、意志性が必要となるからであろう。

(118)　?初雪が降るだけ降ったが、すぐに溶けた。

以上の考察の結果、「VだけV」の第2の用法には、次のような意味的特徴があることがわかった。

①　同一動詞の繰り返しにより、Vという行為のみをあらわす場合と、通常期待される他の事態を伴う場合があることが想起される。

②　限定をあらわす「だけ」により、期待される事態を伴わず、Vという行為のみを行うことをあらわす。

19　(113)を以下のように、「VだけV」で言い切る表現にすると、第1の用法としての解釈が勝るように感じられる。

(a)　そこにどうやら彼の女がいて、淀橋は俺にボトルを入れさせるだけ入れさせた。

これらの特徴を踏まえ、「V だけ V」の第 2 の用法の構文としての意味を、以下のように記述する。

「V だけ V」②：
＜文脈において期待される他の事態を伴わないで、行為（V）のみを行う＞

4.4.2.3 「V だけ V」の 2 つの用法の関係

以上で考察したように、「V だけ V」は、構成要素「だけ」の「限定」・「程度」という用法に対応した 2 つの用法を持つ。

しかし、この 2 つの用法は、明確な境界線で分類することはできない。具体的事例においては、以下の例のように、両者は連続的であり重なり合っていると見られるものが多い。

（119） フランスへ行く前に、番組が作れそうもなければ作らなくていいという言質は取っていたが、私にはある種の律儀さ、言い換えれば気弱なところがあり、楽しむだけ楽しんだあとで、作れそうもありませんと知らんぷりをするなどということはできなかった。
（沢木耕太郎『無名』、p.25、幻冬舎文庫）

（120） いまや憧れの対象が違っていて、今の若い人はもう髪を伸ばすだけ伸ばして汚い格好で野宿するなんてことには憧れない。
（http://gaku2003.hp.infoseek.co.jp/AOZORA/MATSUDAIRA.html）

（119）は、話者が可能な限りフランスで楽しんだことを述べているが、期待されていた番組作りを行っていないことが含意されており、（120）も、単に髪を限度まで伸ばすということだけでなく、きちんと整えることをしないで伸ばすということが含意されている。

「V だけ V」の 2 つの用法を図示すると図 17 のようになる。楕円が重ならない部分は、それぞれの用法だけが現れることを示すのに対し、重なり合う部分は、（119）や（120）のように 1 つの事例の中で、2 つの用法の意味が現れることを示す。

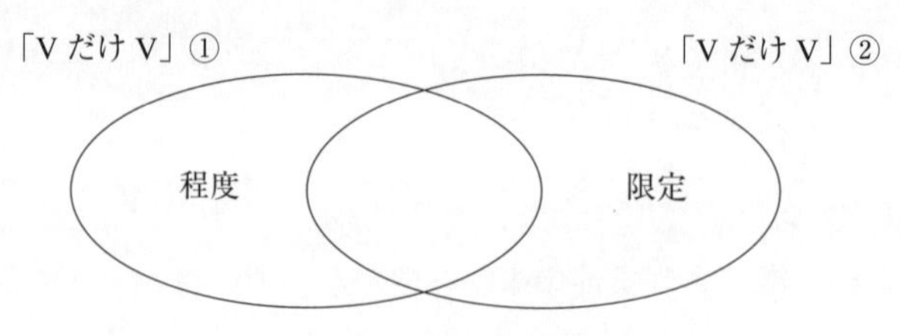

図17 「VだけV」構文の2用法の現れ方

ただし、用いられる動詞によっては、どちらか一方の意味しか現れない場合もある。前述したように第2の用法は意志動詞に限られるため、次の例のように無意志動詞の場合には、第1の用法のみが現れる。

(121) しかし、このサルの子供たちは、雨具もなく服もなく、ただ濡れるだけ濡れているはずなのに、普段と同じか、あるいはそれ以上に風に揺れる枝の動きを楽しんで遊んでいる。

(http://www.asahi-net.or.jp/~vb7y-td/k8/180104.htm)

また、以下のように主体変化動詞が用いられる場合、第2の用法のみが現れるものがある。これは、動作の過程ではなく結果状態をあらわす主体変化動詞が、事態が限度まで継続するという第1の用法の意味と相容れないからであると考えられる。

(122) 消費者Bは、「見に行くだけ行って買わなければ二度と電話もかからないだろう。」と思い、承諾の返事をした。

(http://www.no-trouble.jp/page?id=1237346359631)

4.4.3 「VだけV」の形式的特徴

ここでは、「VだけV」が、「だけ」が用いられる他の表現から予測できない統語的特徴を持つことを示す。

「だけ」の前後が異なる動詞の場合(「だけ」の後の動詞の可能形や希望形が「だけ」の前にくる場合も含む)、以下に示すように、「だけ」の後に副詞や助詞を挿入することが可能である。

(123) 悪い事に犬は野生時代の本能で、食事はありつける時にまとめ食いするので、脳の満腹中枢の機能が弱く、{あるだけ食べて／あるだけ全部食べて}しまう犬が多くいます。
(http://www.amy.hi-ho.ne.jp/s-kuwabara/112.htm)

(124) 払えるだけとりあえず払って、後で残りでもたぶん大丈夫だと思います。
(http://detail.chiebukuro.yahoo.co.jp/qa/question_detail.php?qid=1411841979)

(125) 食欲がなくなってくることも多いのですが、無理しない程度に少量ずつ数回に分けて、食べられるだけを食べましょう。
(杉本充弘・木戸道子『最新版はじめての妊娠・出産安心百科』、p. 46、主婦と生活社)

それに対して、「VだけV」は、どちらの用法の場合も、「だけ」の後に副詞を挿入することができない。

(126) そんな暇のないうちに、勝さんは{さっさとしゃべるだけしゃべって／*しゃべるだけさっさとしゃべって}、洗う方を切り上げてしまった。　(夏目漱石『明暗』、青空文庫)

(127) もう終わったのかと思い、そのまま帰ろうかとも思ったのですが、{一応聞くだけ聞こう／*聞くだけ一応聞こう}と思って聞いたら「すみません」と言ってくれました。
(http://happyv6-web.hp.infoseek.co.jp/traingoods.htm)

次に、助詞の挿入について確認する。どちらの用法も格助詞の挿入はできないが、対比をあらわす取り立て助詞「は」については、以下のように挿入の可否に関して揺れが見られる。第2の用法、すなわち、Vという行為に限定する場合、対比の「は」によって他の事態が実現しないことが強調されるため、自然な表現となる。

(128)　お腹を壊した時は「出ないよりまし」と、特に気にしない。充分な水分の補給と、常にトイレの位置の確認だけを怠らないようにし、{出すだけ出した／*出すだけは出した}後、薬を飲むようにしている。
(＝(98))

(129)　一応リストアップだけはしましたが、きちんと精査していないもので、全部もう一度精査して次回出そうかと思いましたが、{出すだけ出させて／出すだけは出させて}いただきます。　(＝(99))

「だけ」の前後が異なる動詞の場合と「VだけV」では、統語構造が異なると考えられる。その違いを見るために、前の動詞だけに修飾語句がつくことが可能かどうかを確認する。

(130)　本当は持ち込み禁止ですが、食べたい一心で部屋に持ち帰り、冷蔵庫で冷たく冷やして美味しく頂こうとしたのですが、冷蔵庫のドアはきっちり閉めたはずなのに部屋中がドリアンの匂いになってしまい、{一度に食べられるだけ食べた／?一度に食べるだけ食べた}後は、泣く泣く廃棄処分にせざるをえませんでした。
(http://www.edu.kobe-u.ac.jp/gsics-project/laos/Lao-M006.html)

上の例で、「一度に食べられるだけ食べた」は、「一度に食べることのできる量を」、「食べた」という意味になるため、「一度に」が「食べられる」を修飾すると考えられ、[一度に食べられるだけ][食べた]という構造であると考えられる。しかし、この「食べられるだけ食べた」を「食べるだけ食べた」に置き換えると「一度に食べるだけ」の量を「食べた」とは解釈できない、すなわち「一度に」が前の「食べる」だけを修飾することはできず、[一度に][食べるだけ食べた]としか解釈できないため、「食べるだけ食べた」は全体で1つの動詞のようなふるまいをすると考えられる。

上の例は第1の用法の場合であるが、第2の用法の場合も同様に、「VだけV」で1つの動詞のようなふるまいをする。次の例で、「今」が前の「出す」だけを修飾すると解釈することはできず、「今」は「出すだけ出す」全体を修飾するからである。

(131) ?一応リストアップだけはしましたが、きちんと精査していないもので、全部もう一度精査して次回出そうかと思いましたが、今出すだけ出させていただきます。 ((99) を一部改変)

こうした事実から、「V だけ V」は、「だけ」が用いられる他の表現とは異なる統語的特徴を持っていることが確認できる。特に、第1の用法のほうが、他の語句の挿入を全く許さない分、通常の「だけ」の用法から予測できない、特異な表現であるといえる。

4.5 「V ば V ほど」

本節では、以下の例のように、同一動詞を繰り返す「V ば V ほど」の形式で、ある事態の進行とともに、別の事態も進行することをあらわす表現について考察する。なお、「〜ば〜ほど」で形容詞が繰り返される表現については、第5章で考察する。

(132) 労働者は働けば働くほど、自分を搾る資本に、それだけ多くの余剰労働は搾取され、資本を増大せしめるのだ。
(葉山嘉樹『海に生くる人々』、青空文庫)

(133) ところが、歴史に親しむ歳月が重なれば重なるほど、改革というものは結局、悪によってしかなしとげられなかったという歴史上の現実をつきつけられて、ほんとうのところは頭をかかえる毎日を過ごしている。 (塩野七生『再び男たちへ』、p.265、文春文庫)

4.5.1 先行研究とその問題点

「V ば V ほど」という表現を取り上げた先行研究には、Okamoto (1994)、グループ・ジャマシイ編著 (1998)、庵他 (2001)、泉原 (2007)、岡本・氏原

(2008) などがある[20]。

グループ・ジャマシイ編著 (1998: 531–532) は、「同じ語をくり返して使い、ひとつのことがらの進行に伴って他のことがらも進行することを表す。「…ば」であらわされることに比例してもうひとつのことがらも同じように変化するという意味だが、(中略) 一般に予想されるのとは反対の変化を表す場合にも使われる」と記述している。

庵他 (2001: 447) は、「PばPほどQ」で、出来事Pの進展に相関して出来事Qも進展するという関係をあらわすとし、PとQはいずれも程度や量が漸次的に変化していくような出来事に限られると述べている。

泉原 (2007: 618) は、「AばA-る＋ほど＋B」で、Aが時間の経過や事態の進行を示し、それにつれてBが変化したり進展したりしていくことをあらわしているが、Bは、Aの推移からして「当然の成り行き／予測可能な事態」であっても、逆に、意外さを伴う「予測不能な事態」であっても、使うことができると述べている。

これらの記述はいずれも妥当なものであるが、同一動詞の反復という形式との関係について考察しているものはない。

Okamoto (1994) は、「VばVほど」について、構文文法の立場から、構成要素や動詞の繰り返しとの関係を考察し詳細に記述している。「VばVほど」の意味について、動作や変化、状態の程度が変化することをあらわすとともに、従属節によって指定される条件の変化に比例して、主節が述べる状況も変化することをあらわすとし、また、条件の程度における増加の重要性に焦点を当てるために用いられると述べている。例えば、次の (134) の話者は、体の大きさが食べる程度と相関することを主張するとともに、体を大きくするには食べる量を増やすことが重要であることを強調すると述べている。

(134) 食べれば食べるほど大きくなれるのよ。 (同書 : 386)

20 その他、フィルモア (1989) は、英語の“the 比較級…, the 比較級…”構文と比較し、日本語と英語では、統語構造や文法的性質が異なることを指摘しているが、意味的特徴については述べられていない。

また、全体の意味は、条件節を導く「ば」や、相関関係をあらわす「ほど」、動詞の反復という構成要素からの動機づけはあるものの、完全に分析可能ではないことを以下のように説明している。

まず、「VばVほどX」(Xは主節)は、「VばX」と「VほどX」から合成されないことを指摘している。例えば、以下の(135a)の場合、値段が高くなることを強調するが、(135b)や(135c)は単なる条件や相関関係をあらわすのみで、値段が高いことを強調するニュアンスは失われる。また、(136a)も(136b)と(136c)の合成からは解釈できないとし、その根拠として、(136c)が非文であることを挙げている。「Vほど」は程度をあらわす語がないと用いることができないが[21]、「VばVほど」はそのような語がないにも関わらず、程度が高いことをあらわしている。

(135) a. 値段が高くなればなるほど品質がよくなる。 (同書 : 388)
b. 値段が高くなれば品質が良くなる。
c. 値段が高くなるほど品質が良くなる。 (以上2例 同書 : 387)

(136) a. 食べれば食べるほど大きくなれるのよ。 (=(134))
b. 食べれば大きくなれるのよ。 (同書 : 387)
c. *食べるほど大きくなれるのよ。 (同書 : 388)

また、「VばVほど」における動詞の繰り返しが、「VにV」の場合と同様に概念的増加を類像的にあらわすと述べ、「VばVほど」が程度をあらわす語を必要としないのは、動詞の反復自体が、行為や過程の変化・増加する程度を生み出すからであるとしている。一方、「VばVほど」は、条件における増加の重要性を強調するが、動詞の反復があらわす概念的増加からは、そのような強調の意味は得られないと述べている。例えば、前述したように、(136a)は、大きくなるにはたくさん食べることが重要であることを強調する働きをするが、動詞「食べる」の反復が意味するのは、単に行為が反復・継続することだけであり、そのような強調の意味はもたらさないと述べている。

21 Okamoto(1994)は、(136b)については非文とはしていないが、筆者の判断では、「たくさん食べれば」のように修飾成分がある場合と比較すると、容認度が下がる。

以上でまとめたように、Okamoto(1994)は、「VばVほど」について、全体の意味が構成要素の総和から導き出すことができないものであることを、詳細に記述している。本節では、Okamoto(1994)の記述に次の2点を補足したい。

1点目として、Okamoto(1994)では、「VばVほど」のVは動詞も形容詞も可能であるとし、両者を区別せずに記述しているが、以下のように類似した内容をあらわすのに動詞・形容詞の両方が用いられる場合、どのような違いがあるのかについて明らかにされていない。

(137)　期待が{高まれば高まるほど／高ければ高いほど}、失敗したときの失望が大きい。

(138)　駒大は伝統的に距離が{長くなれば長くなるほど／長ければ長いほど}強いチームなんですよ。
(http://sportsnavi.yahoo.co.jp/other/athletic/ekiden/hakone/84th/topics/200712/at00015731.html)

2点目の問題について、以下の例を比較してみよう。

(139)　山岳に登ったことのない人は、山の頂点に行けば行くほど、寒いから雪が多量に積むものと考えているらしいが、事実はそうでない。
(小島烏水『高山の雪』、青空文庫)

(140)　興味があって出掛けていくのだけど、行けば行くほど、ストレスが増すばかり。(http://www.arts-calendar.co.jp/WADA/02/TNM0203.html)

(139)では「行く」という行為が継続した結果生じた距離が問題となっているのに対し、(140)で問題となっているのは距離ではなく、「行く」ことが繰り返される回数である。この場合、距離の増加と回数の増加のどちらが問題となっているのかについては、「行けば行くほど」だけからはわからない。すなわち、変化をあらわす語が必ずしも言語化されていないため、その場合には文脈的情報から判断して解釈する必要がある[22]。

第1点について、庵他(2001)や岡本・氏原(2008)は、動詞反復の場合と、形容詞反復の場合に分けて意味を記述しているが[23]、(137)や(138)のような例についての区別は明らかになっていない。また、岡本・氏原(2008: 291)は、動詞反復の場合の「AばAほどB」の意味を「Aが回数を重ねたり(反復)、程度・段階が進むのに比例して、Bの程度もますます変化していく」として、第2点の問題の所在についても示唆しているが、表面的な記述にとどまる。

4.5.2 「VばVほど」の意味的特徴

まず、先行研究において説明が不十分である1つ目の問題、つまり、以下の例のように、「VばVほど」と「形容詞+ば+形容詞+ほど」(以下、「AばAほど」と表記する)との違いについて考察する。

(141) a. 赤道に近づけば近づくほど、気温が高くなる。　(庵他 2001: 447)
　b. 赤道に近ければ近いほど、気温は高い。
(142) a. 俺に対する世間の疑惑が高まれば高まるほど熱心に俺の世話をしているだろう。　(夢野久作『超人鬚野博士』、青空文庫)
　b. ?俺に対する世間の疑惑が高ければ高いほど熱心に俺の世話をしているだろう。

(141a)は、話者が実際に移動する場合もあれば、地図上で仮想の経路上を移動する場合もあるが、いずれにしても、話者の移動に伴って気温が高くなることを述べている。したがって、「近づけば近づくほど」は、時間軸上における「近づく」という事態の継続をあらわしている。それに対して、地図上の異なる複数の地点を比較して赤道からの距離と気温との相関関係を述べる

22　それに対して、英語の"the 比較級…, the 比較級…"構文の場合には、変化をあらわす語が比較級の部分に明示される。
　(a) The more beer you drink, the fatter you get.　(フィルモア 1989: 21)
23　庵他(2001: 448)は、形容詞が用いられる場合の「PばPほどQ」について、Qの程度がPの程度に相関して変わることをあらわすと述べている。

場合には、(141b)が用いられるだろう。この場合には(141a)と異なり、話者の移動を伴っていない。また、(142)の場合、aは世間の疑惑が「高まる」という事態が時間軸に沿って継続することをあらわすのに対し、bが不自然なのは、複数の世間の疑惑を比較するという文脈が想定しにくいからである。

このように、「VばVほど」の場合、同一動詞の繰り返しが、時間の経過に伴う事態の継続や反復をあらわすため、当該事態の主体は同一の人または物である。例えば、(141a)で、「赤道に近づく」という事態の主体は同一の人であり、(142a)で、「高まる」という事態の主体である「世間の疑惑」は1つである。それに対して、「AばAほど」の場合、複数の主体の程度差、または同一主体の異なる時点における程度差を比較するという違いがある。例えば、(141b)において、「近い」の主体である場所は複数存在し、それらの近さの程度を比較している。また、次の(143)において、「苦しい」の主体である弟は1人であるが、時間の経過に伴って苦しくなるのではなく、異なる時点の苦しさを比較している。

(143)　「弟は苦しければ苦しいほど力を発揮するタイプ。必ず立ち直ってくれるはず」　（朝日新聞、2007年3月24日）

次に、2つ目の問題について検討する。前述したように、庵他(2001)は「程度や量が漸次的に変化していくような出来事」をあらわすと述べている。しかし、Okamoto(1994)が指摘するように、「VばVほど」は必ずしも程度をあらわす語を必要としない。

以下の例を見てみよう。

(144)　選手とブル、それぞれ50点満点で、合算した点数で優劣を競う。選手は姿勢やバランスなどが採点され、ブルは派手に暴れまくると高得点が出る。つまり選手がうまく8秒乗り切っても、ブルが暴れてくれないと高得点がとれない。騎乗するブルは抽選で振り分けられる。暴れれば暴れるほどいいブルとされ、競走馬と同様に血統が重視される。　（日本経済新聞、2009年8月3日）

（145）　水を飲めば飲むほど、腹の底から不快な気分が込み上げてくる。
（原田宗典『どこにもない短編集』、p.114、角川文庫）

（146）　ことわざというのは、使えば使うほど味が出てくる。
（外山滋比古『ことわざの論理』、p.200、ちくま学芸文庫）

（144）と（145）の場合、「暴れる」、「飲む」自体は程度や量の変化をあらわさないが、動詞を繰り返すことによって、事態の継続だけでなく、程度や量が増すことをあらわしている。一方、（146）の場合は、程度や量の増加というより、事態が繰り返される回数の増加を問題にしている。

次の例では、2通りの解釈が可能である。

（147）　この本は読めば読むほど面白くなる。

1つ目の解釈は、読んだ量の増加を問題とした読みで、読み進むにつれて面白くなるというものである。もう1つの解釈は、読んだ回数の増加を問題とした読みで、初めて読んだときより、2回目、3回目に読んだときのほうが面白く感じるというものである。

フィルモア（1989）は、「VばVほど」を英語の“the 比較級…, the 比較級…”構文と比較し、日本語と英語では文法構造などにかなりの違いが見られるとしている。例えば、英語では、左右の項に多少の違いはあってもほぼ同じ構造が見られるのに対し、日本語の場合、左の項は形式名詞「ほど」と名詞修飾節からなり、名詞修飾節の内部に動詞の繰り返しが見られるというように、左右の項の構造が大きく異なるとしている。

（148）a.　速く走れば走るほど、早く家に着く。
　　　b.　***The faster*** we run, ***the sooner*** we'll get home.

（149）a.　おまえは、酒を飲めば飲むほど、嫌らしくなるなあ。
　　　b.　***The more*** liquor you drink, ***the more disgusting*** you get.
（以上4例　同書：22）

日本語の「VばVほど」と英語の“the 比較級…, the 比較級…”構文のもう1つの違いとして、上の例のように、英語では2つの“the 比較級”の部分が程度の変化をあらわすのに対し、日本語では動詞を繰り返すことによって変化をあらわすという点が挙げられる。特に(149)においては、程度をあらわす語が言語化されていないため、酒を繰り返し飲むことによって、飲む量が増えるという知識が前提となっている。

前述した(147)の場合、読むことの繰り返しが、読む行為の継続をあらわすのか、時間をおいて反復することをあらわすのかによって解釈が変わってくる。次の(150)も、一度の機会に話し続ける場合と、別個の話す機会が複数回存在する場合が考えられる。

(150) それでもぼくが真也の家に通っていたのは、彼が見かけほど悪い人間ではなく、それどころか、お互いに飯島直子のファンであり、話せば話すほど、気の合う奴だということが分かったからだった。

(吉田修一『パレード』、p.32、幻冬舎文庫)

Lee(2001)は、(151)のような変化をあらわす文について、2通りの読みが可能なあいまい文であると述べている。

(151) Sue's house keeps getting bigger.(スーの家は大きくなり続けている)

(同書 : 106)

1つの読みは、Sueの家のサイズが大きくなり続けているというもので、もう1つの読みは、スーが新しい家に引っ越すたびに、前の家より大きくなっているというものである。(147)の場合にも同様に考えることができる。つまり、読み進むにつれて面白くなるという読み(図18参照)と、繰り返し読むごとに前回読んだときよりも面白く感じるという読み(図19参照)である。

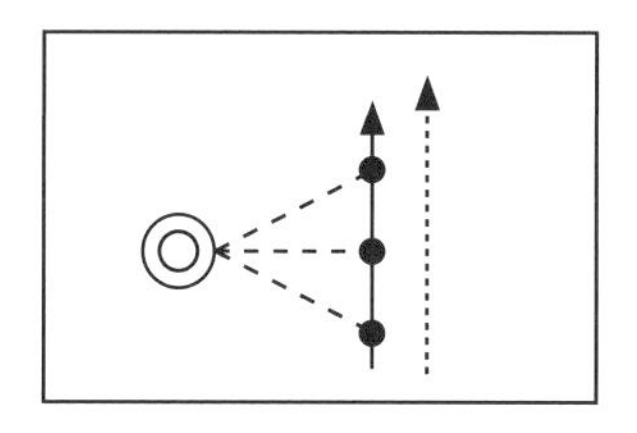

図 18 「読めば読むほど面白くなる」

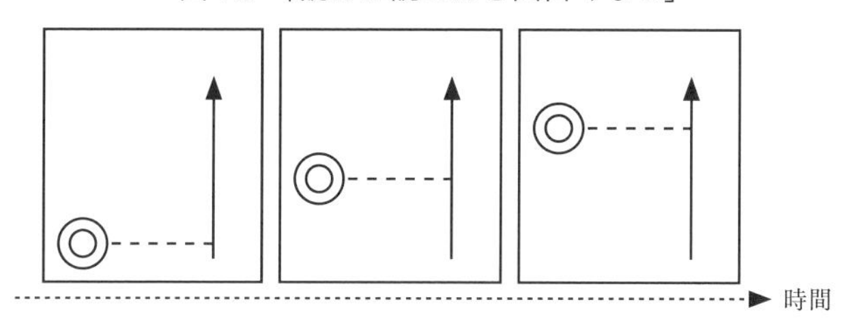

図 19 「読めば読むほど面白くなる」

(図 18、図 19 は、Lee(2001) のものに筆者が変更を加えたものである)

事態の反復をあらわし回数の増加が問題となっている場合、他の動詞反復構文と同様、繰り返される事態の回数が2回だけとは考えにくく、相当回数をあらわす。(152) において、ことわざを使う回数は2回だけではないし、(153) が行為の反復と解釈される場合、おそらく家老たちが忠直卿を説いた回数は2回だけではなく、相当回数であると考えられる。

(152) ことわざというのは、使えば使うほど味が出てくる。 (＝(146))

(153) が、忠直卿は、家老たちが口を酸っぱくして説けば説くほど、家老たちの建言を採用するのが厭になった。

(菊池寛『忠直卿行状記』、青空文庫)

最後に、「VばVほど」の後件があらわす事態について考察する。

(154) 邪魔があればあるほどわれわれの事業ができる。勇ましい生涯と事業を後世に遺すことができる。

(内村鑑三『後世への最大遺物』、青空文庫)

(155)　太い眉、尖った頬骨、殊に切れの長い目尻、――これは確かに見れば見るほど、いつか一度は会っている顔です。

（芥川龍之介『謝恩記』、青空文庫）

庵他(2001)は、後件があらわす事態についても、「程度や量が漸次的に変化していくような出来事に限られる」と述べているが、その記述は、(154)と(155)の「われわれの事業ができる」、「いつか一度は会っている顔です」には、一見当てはまらない。しかし、(154)の場合「われわれの事業が(よりよく)できる」、(155)の場合、「いつか一度は会っている顔(だと感じられる)」と考えるといずれも程度の変化をあらわすといえる。このように、前件に対応して変化する後件の程度や量は必ずしも明確に言語化されているわけではない。したがって、聞き手が「VばVほど」を解釈する際には、後件があらわす事態の中で、前件の変化に対応して変化する部分を読み取ることが必要となる。

以上の考察により、「VばVほど」の意味的特徴をまとめると以下のようになる。

①　同一主体の時間の経過に伴う変化について述べる。
②　動詞の繰り返しが、事態Vの継続・反復およびそれに伴う程度・量または回数の増加をあらわす。
③　事態Vの継続・反復と相関して、後件の事態の程度・量も同様に変化するという解釈を、聞き手に要求する。

これらの特徴を踏まえ、「VばVほど」の構文としての意味を、以下のように記述する。

「VばVほど＋後件」：
＜事態(V)が継続・反復する程度・量または回数が増加するのに比例して、後件の事態の程度・量も変化する＞

4.5.3 「VばVほど」の形式的特徴

「VばVほど」も統語的な結合力が強く、1つの統合体であると感じられる表現である。その根拠として、Okamoto(1994)は、「VばVほど」が後置詞句や副詞(句)の挿入を許さないとしている。

(156) *食べればご飯を食べるほど大きくなれるのよ。 (同書:395)

繰り返される動詞が後置詞句を補語としてとる場合、Okamoto(1994)が挙げた例のように後ろの動詞のみに補語がつく文だけでなく、両方の動詞につくこともできない。

(157) *ご飯を食べればご飯を食べるほど大きくなれるのよ。

それに対して、繰り返される動詞を副詞(句)が修飾する場合、最初の動詞にのみついて後ろの動詞にはつかないほうが自然であるものの、両方の動詞につくことも容認度はやや下がるが可能である。その場合、「副詞(句)+動詞」全体を1つの動詞のように扱っているといえるし、副詞(句)が繰り返されることによって、程度の増加を類像的にあらわしうるため容認可能となるものとも考えられる。しかし、後置詞句がつく場合と同様に、後ろの動詞のみに副詞(句)がつくのは非文となる。

(158) まったく、その子供の笑顔は、{よく見れば見るほど/?よく見ればよく見るほど/*見ればよく見るほど}、何とも知れず、イヤな薄気味悪いものが感ぜられてくる。 (太宰治『人間失格』、青空文庫)

「VばVほど」の統語的結合力の強さは、生起する動詞をテイル形にした場合の容認度にも現れる。次の例を見てみよう。

(159) a. 長く見ていればいるほどいくらでも新しい美しさを発見する事ができるはずのものである。 (寺田寅彦『田園雑感』、青空文庫)

b. 長く見ていれば見ているほど(以下省略)。

c.* 長く見ていれば見るほど(以下省略)。

d.* 長く見れば見ているほど(以下省略)。

(159a)のように「いる」だけを繰り返す場合もあれば、(159b)のように「Vている」全体を繰り返す場合もある。(159b)の場合「VばVほど」のVの位置に入るのが、「Vている」全体であると考えると、「VばVほど」の結合力の強さに対する反証とはならない。それに対して、(159c)のように前の動詞のみをテイル形にしたり、(159d)のように後の動詞のみをテイル形にすると非文となる。

次に、「VばVほど」の特徴が、構成要素「Vば」と「Vほど」とは異なるものであることを確認する。

(160) a.* 報道するほど視聴者の理解が深まる。 (Okamoto 1994: 390)

b. {詳しく/何度も}報道するほど視聴者の理解が深まる。(同書: 388)

c. ?報道すれば視聴者の理解が深まる。

d. {詳しく/何度も}報道すれば視聴者の理解が深まる。

e. 報道すればするほど視聴者の理解が深まる。 (同書: 390)

前述したようにOkamoto(1994)は、(160a)のように、単独の「Vほど」は程度をあらわす語がないと用いることができないことを指摘している。また、Okamoto(1994)は言及していないが、(160c)のように、単独の「Vば」も程度をあらわす語がないと不自然に感じられる。それに対して、(160e)のように、「VばVほど」は、そのような語を必ずしも必要としないことから、「Vば」や「Vほど」とは異なる統語的特徴を有しているということができる。

4.6 「VてもVても」

本節では、以下のような「VてもVても」という表現について考察する。前節まででで取り上げた構文と異なり、動詞だけでなく接続助詞「ても」も繰り返されるのが特徴的である。

（161） 「それなら川上を抜けばいいじゃないか」
シロウトはそう考える。しかし川上は神さまで岩下は人間なのだ。
もがいても、もがいても抜けっこないのだ。
（近藤唯之『背番号の消えた人生』、p.182、新潮文庫）

4.6.1 先行研究とその問題点

Fujii（1994）、藤井（2002）は、「V ても V ても」を反復性譲歩条件構文（Reduplicative Concessive Conditional Construction）と呼び、「何度も反復される動作やいつまでも継続する状態が、常に同一の帰結に結びつくことにより生じる非条件性」（藤井 2002: 272）をあらわすと述べる。また、通常は確定条件で用いられることや、過去の出来事や習慣的な出来事の記述に用いられることが多いことを指摘している（Fujii 1994: 201）。

（162） 電話をかけてもかけても通じません。 （同書 : 200）
（163） 待っても待っても X さんはとうとう現れなかった。 （同書 : 201）

Okamoto（1994）も同様に、「V ても V ても」は、行為やプロセスが無限に反復・継続することをあらわすとともに、主節があらわす状況は「V ても V ても」が示す条件から予想されるのとは反対のことであると述べている。また、「V ても V ても」全体の意味は、接続助詞「ても」や「V ても」の繰り返しに動機づけられているものの完全に分析可能なわけではなく、無限の反復・継続という意味と強い逆接性は、「V ても V ても」というパターン全体と慣習的に結びついたものであると述べている。

（164） 腹の底から抑えても抑えても抑えきれない怒りが込み上げてきてしまったのだ。
（165） 草を取っても取ってもまたすぐ生えてくる。（以上 2 例　同書 : 391）

さらに、森山（1995: 128）は、「同じ表現を繰り返すことによって、認知の継起を複数もって、それでもなお後件が同じということを表す」と述べている。また、グループ・ジャマシイ編著(1998: 274)は、「VてもVても」の意味を、「いくら努力しても望む結果が得られないことを強調する場合に用いる」と記述し、泉原(2007: 556)は、「Vがどのような程度でも、結果には影響を与えないことを表す「どんなに／どれほど／いくら／いかに＋Vても」の話し言葉である」と述べている。

Fujii(1994)、藤井(2002)において、同じ動詞の繰り返しが、反復や継続をあらわし、通常の「ても」の用法や、他の「ても」を含む構文とは異なる特徴を示すと述べている点や、Okamoto(1994)が、全体の意味は「ても」の意味や「Vても」の繰り返しに動機づけられているものの完全に分析可能なわけではないと述べている点については、本書も同じ立場に立つ。しかし、類義表現である「どんなに／いくら〜しても」との意味の違い、生起する動詞や後件に関する制約などについて、先行研究では十分に考察されているとはいえない。

4.6.2 「VてもVても」の意味的特徴

以下の例からわかるように、「VてもVても」は、前節で考察した「VばVほど」と対応関係にある。「VばVほど」の場合、事態Vが継続・反復するのと比例して後件の事態の程度や量が変化することをあらわすのに対し、「VてもVても」は、事態Vの継続・反復が後件に影響を与えないことをあらわす。

(166) a. 食べれば食べるほど大きくなれるのよ。 (＝(134))

b. 食べても食べても大きくなれない。

(167) a. すると読み返せば読み返すほど、だんだん懐かしさを感じだした。(芥川龍之介『青空文庫大導寺信輔の半生―或精神的風景画―』、青空文庫)

b. 読み返しても読み返しても、懐かしさを感じなかった。

前田(1993)は、以下のような例を挙げ、接続助詞「ても」の用法は大きく、条件関係の否定と条件の並列に分けられると述べている。(168)は条件関係の否定の例であり、(169) は条件の並列の例である[24]。

(168) 「このカメラ、水にぬれたら、こわれてしまいますか。」
「いいえ、防水ですから、ぬれても、こわれません。」
(169) 3を自乗すると(しても) 9になるし、−3を自乗しても9になる。
(以上2例　同書 : 154)

繰り返される「ても」の前に異なる動詞が用いられる場合(以下「V_1てもV_2ても」と表記する)や同じ動詞の肯定と否定が用いられる「VてもVなくても」の場合は、前述した「ても」の2つの用法が継承されている[25]。

(170) この問題は、先生に聞いても本を調べても{わからない／わかる}。
(171) 明日は晴れても晴れなくても、遊びに{行かない／行く}。

例えば、(170) において「わからない」と続けば、前件から期待されない結果をあらわしており条件関係の否定であるとともに、否定される2つの条件が並列されている。一方、「わかる」と続けば、条件の並列のみをあらわす表現となる[26]。また、(171) の場合、肯定・否定の2つの条件の並列であるとともに、「行かない」と続けば「晴れても」に対する、「行く」と続けば「晴れなくても」に対する、それぞれ条件関係の否定となる。

それに対して、「VてもVても」の場合は、同じ条件を繰り返しているため、条件の並列をあらわすことはなく、構成要素「ても」の意味から継承するのは、条件関係の否定のみである。したがって、「VてもVても」の後件

---

24 ただし、前田 (1993) は、2つの用法は連続的であるとし、以下の例のように、両方の含みを持つ場合もあるとしている。

(a) いいじゃないですか、シャガールは。こういうのを見ると欲しくなる。あなたが勧めなくても、こっちの方で欲しくなってくる。」 (前田 1993: 156)

25 Fujii (1994)、藤井 (2002) は、これらを選択並列性譲歩条件構文 (Alternative Concessive Conditional Construction) と呼び、「選択条件のどちらもが同一の帰結に結びつくことにより生じる非条件性」(同書 : 271) をあらわすとしている。

26 「先生に聞けばわかるし、本を調べてもわかる」というのを、条件を並列させて「先生に聞いても本を調べてもわかる」と述べた文である。この場合、「先生に聞く」、「本を調べる」と「わかる」の関係は、前田 (1993) における条件関係の否定ではない。

には常に、前件から予想される事態とは反対の事態が来る。例えば、(172)のように、「食べても食べても、おなかがいっぱいにならない」とはいえても、「食べても食べても、おなかがいっぱいになる」とはいえない[27]。

(172)　食べても食べても、おなかが{いっぱいにならない／*いっぱいになる}。

以下の例においても、後件は、「VてもVても」のVという事態から予想される事態とは反対の事態をあらわす。(173)では、投げるとなくなることが予想されるにも関わらず「なくならない」のであり、(174)の場合、女がやって来ることを期待して待ったけれど、「女はやって来ない」のである。

(173)　投げても投げてもなくならないどころか、少しずつ増えているようにも見える。　(川上弘美『蛇を踏む』、p.125、文春文庫)
(174)　待っても待っても、女はやって来ない。
(田山花袋『田舎教師』、青空文庫)

このように、「VてもVても」は、類似形式「V_1てもV_2ても」や「VてもVなくても」と異なり、接続助詞「ても」の２つの用法(条件の並列、条件関係の否定)のうち、条件関係の否定の用法だけを継承していることがわかった。したがって、「VてもVても」の意味的特徴は、構成要素「ても」から厳密には予測できないものであるということができる。

次に、「VてもVても」と「どんなに／いくら＋Vても」の違いについて検討する。次の例からわかるように、多くの場合、「VてもVても」を「どんなに／いくら＋Vても」に置き換えることができる。

(175)　生きることに疲れた人の人生は、{頑張っても頑張っても／どんなに頑張っても}報われない人生である。
(加藤諦三『心の休ませ方「つらい時」をやり過ごす心理学』、p.231、

27　それに対して、「V_1てもV_2ても」や「VてもVなくても」の場合、(170)や(171)のように、後件に肯定・否定のどちらがきても文が成り立つ場合がある。

PHP文庫)

(176) 「{食べさせても食べさせても／いくら食べさせても}、太らない。立ち合いでなかなか押し込むことができなかった」と師匠の伊勢ヶ浜親方(元横綱旭富士)。 (日本経済新聞、2008年11月9日)

泉原(2007)は、「VてもVても」と「どんなに／いくらVても」の違いは文体の違いによると述べているが、仮に両者の違いが単に文体差だけであるなら、同じ状況を述べるためにどちらの表現を使ってもいいはずである。しかし、実例を検討すると、両者には単なる文体差以上の違いが感じられる。

(177) {どんなに乗せても／乗せても乗せても}、びくともしなかった。

(178) よく、列車では、150%、200%の乗車率とか発表されますが、アレは乗車定員の1.5倍とか2倍とかいう意味でしょうか、もしそうなら、大変な違反でしょうが、道交法が適用にならないので、どんなに乗せても、違反にならないのでしょうか、それにしても、ブレーキとか、安定性とかの「安全性」の問題は考えなくってよいのでしょうか。(http://detail.chiebukuro.yahoo.co.jp/qa/question_detail/q1412496694?fr=rcmd_chie_detail)

(177)で比較してみると、「どんなに乗せても」は、一度にたくさん乗せる場合でも、何度も繰り返して乗せる場合でも使えるのに対し、「乗せても乗せても」は何度も繰り返す場合に用いるほうが適しているように思われる。また、(178)では、一度に乗せる量が問題となっているので、「乗せても乗せても」を用いると不自然に感じられるであろう。

(179) 寒天料理で夕食のカロリーを抑え、肥満治療に役立てている横浜市立大学の杤久保(とちくぼ)修教授は、「料理の風味を包みこみ、満腹感を得られる寒天は、いくら食べても安全でノーカロリー。日本人が発明した世界に通用する食材だ」と絶賛し、ブームの一翼を担う。 (朝日新聞、2005年10月1日)

この場合、食べた回数を問題にする解釈と1回の食事の量を問題にする解釈の両方が可能であるのに対し、「いくら食べても」を「食べても食べても」に置き換えると前者の解釈が優先される。

したがって、同一動詞を反復する場合、すなわち「VてもVても」は、当該事態が継続・反復している点に焦点が当てられているのに対し、動詞が1つである「どんなに／いくらVても」は、事態をまとまりとして捉えることが可能である[28]。前節までに考察した他の動詞反復構文と同様、これらの違いには、言語形式と意味内容に関連性があるという類像性（iconicity）が反映していると考えられる[29]。

次の（180）から、Fujii（1994）が示すように、仮定条件で「VてもVても」を用いると不自然になることがわかる。

（180）　{いくら頑張っても／?頑張っても頑張っても}、上手くいかないだろう。

（181）　{いくら頑張っても／頑張っても頑張っても}、上手くいかなかった。

動詞連用形重複構文や「VにV」の場合と同様、既に実現した事態のほうが、話者が、継続・反復する1つ1つの事態に焦点を当てやすいことが理由であると考えられる。仮定条件では、話者が実際に事態の継続・反復を観察するわけではないので、そのような焦点化を行いにくいということである。

前述したとおり、「VてもVても」の特徴は、「ても」の用法から厳密には予測できないものであるが、そのことは生起可能な動詞からも確認することができる。Okamoto（1994）が指摘するように、「VてもVても」で用いられる動詞は動作性述語に限られる。以下の例が示すように、単独の「ても」の場合、状態性述語を使用することができるのに対し、「VてもVても」の場合は容認度が下がる。

28　森山（1995: 128）も、「VてもVても」のような繰り返し構造は、認知のしかたに相関した形式であると述べ、話者の捉え方の違いが動機づけとなっていることを示唆している。

29　ただし、形式と意味が完全に一致することをあらわすのではなく、（177）の「乗せても乗せても」で、乗せた回数が2回だけであるとは考えにくく、相当回数乗せたと考えられる。

(182) 「金を払ったのだから、ごみの処理ぐらいしろ」という声が出るようでは、{いくらお金があっても／?お金があってもあっても}足りない。 (朝日新聞、2009年3月17日)

(183) 脂肪がつきにくく、コレステロールを下げる効果が{どんなに優れていても／*優れていても優れていても}、新製品は、作るだけでは市場への浸透は難しいのが現実です。

(http://www.akahori.ac.jp/dietitian/gr02.html)

一方、以下で示すように、「V_1ても V_2ても」と「VてもVなくても」の場合には、状態性述語の使用が容認されることから、「VてもVても」の独自性が確認される。

(184) 家族がいてもいなくても、地域で最期まで暮らせる〈もう一つの家〉として、増えつつあるのが、民家で少人数の高齢者がスタッフらに見守られながら暮らす「ホームホスピス」だ。

(http://www.yomiuri.co.jp/osaka/feature/CO020571/20160301-OYTAT50038.html)

(185) 結婚相談所では、容姿が優れていても優れていなくても、清潔感があって笑顔が素敵である人の方が婚活で成功しやすいのです。

(http://www.koumoku-kekkon.net/motomekoumoku6.html)

最後に「VてもVても」の後件に関する制約について述べる。以下の(186)や(187)では、「どんなに／いくらVても」は問題なく用いることができるが、「VてもVても」を用いると容認度が下がる。

(186) 受験資格がないと、{どんなに勉強しても／?勉強しても勉強しても}試験すら受けることができません。

(http://lucky-area.com/syaroushigaido/11_2.php)

(187) そのためアリは{どんなに走っても／*走っても走っても}遅刻してしまい、先生に目をつけられてしまう……。

(http://homepage1.nifty.com/pochie/review/undogutsu.htm)

これは、「ＶてもＶても」が示す、継続・反復する１つ１つの事態に、期待される結果が生じないという後件の事態が対応していないためであると考えられる。つまり、長期間勉強したことや長時間走ったことを全体として捉え、それにも関わらず後件の事態に至ったことをあらわしているのである。

それに対して、次の例においては、継続・反復する１つ１つの事態に、後件の事態が対応しており、「勉強しても終わりがない」、「走っても目的地にたどり着けない」ことが継続・反復すると考えることができる。

(188)　子どもの「心」と向き合う仕事は、勉強しても勉強しても、終わりがありません。
(http://shingakunet.com/net/m/senpaiShigoto/detail/SC000219/0000047255)

(189)　走っても走っても目的地（ゴール）にたどり着けない夢は、今抱えている何かが良い方向に進まず苦しんでいる気持ちをあらわしています。　(http://www.dm-search.com/word/1232.html)

以上の考察により、「ＶてもＶても」が、以下のような意味的特徴を持つことが明らかになった。

①　同一動詞の繰り返しが、事態Ｖの継続・反復をあらわす。
②　後件は、事態Ｖの継続・反復から予想される結果が生じたことがないことをあらわす。

これらの特徴を踏まえ、「ＶてもＶても」の構文としての意味を以下のように記述する。

「ＶてもＶても＋後件」：
＜事態（Ｖ）が相当時間にわたって継続または何度も反復したにも関わらず、予想される結果が一度も生じない＞

4.6.3　「ＶてもＶても」の形式的特徴

「ＶてもＶても」の形式的特徴として、「Ｖても」全体が繰り返されるという点があげられる。その他の副詞節の場合、「動詞＋接続助詞」全体を繰り返すことは稀である[30]。

(190) *たくさん食べれば食べれば大きくなれる。
(191) *雨が降るから降るから遊びに行けない。

また、「V ても V ても」は、類似形式である「V_1 ても V_2 ても」や、「V ても V なくても」の場合と異なり、間に他の語句を挿入すると容認度が下がる。

(192) ?何度洗っても何度洗っても汚れが落ちない。
(193) いくら食べてもいくら飲んでも太らない。
(194) 一生懸命頑張ってもあまり頑張らなくても給料は変わらない。

なお、次の例では、表面的には 2 つの「V ても」の間に他の要素が入っているように見えるが、これは「雨が降る」、「槍が降る」という 2 つの条件が並列しているため、同一動詞の反復ではなく、「V_1 ても V_2 ても」の形式であると考えられる。

(195) 雨が降っても槍が降っても仕事を休んだことはない。

こうした事実から、「V ても V ても」の形式的特徴は、他の接続助詞や「ても」を含む他の表現とは異なるものであるといえる。

4.7 「V には V」

本節では、以下の例の下線部のような「V には V」という表現について考察する。

(196) 又、親父の死に顔も、夜具の下に寝かしてあるのを覗いて見るには

30 「V ても V ても」以外では、以下の例のように「V ども V ども」やテ形の反復「V テ V テ」が見られるのみである。
(a) 行けども行けども雪ばかり。
(b) 走って走ってやっとたどり着いた。

見たが、別に悲しくも何ともなかったので困ってしまった。
（夢野久作『鉄槌』、青空文庫）

(197)　名古屋市には、病児保育、病後児保育があるにはあるが、自宅の近くにはないし、病気というのはいかんせん、急にやってくる。
（朝日新聞、2008年4月15日）

後述するように「VにはV」には、Vという事態から予測できないような内容が逆接で続くことが多いため、「VにはV」は事態Vを仮に認めるという譲歩をあらわす表現であると考えられる。そのような譲歩の意味が、文脈からもたらされたものではなく、「VにはV」という形式と慣習的に結びついたものであることを主張する。

4.7.1　先行研究とその問題点

「VにはV」の意味的特徴について記述した先行研究は少なく、管見の限り、国広(1997)とグループ・ジャマシイ編著(1998)のみである。

国広(1997: 281)は、以下のような例を挙げ、「動きが最低限に実現することを認める」と記述している。

(198)　「会に来てくれますか」「行くには行くが、少し遅くなるよ」
(199)　「この辺は雪が降りますか」「降るには降りますが、すぐ溶けます」

グループ・ジャマシイ編著(1998: 450)は、「VにはV」の意味を、「いちおうはそうする(そうした)けれども、満足のいく結果になるかどうかわからない」と記述している。

(200)　いちおう説明するにはしたのですが、まだみんな十分に理解できていないようでした。　（同書: 450）

国広(1997)は、「VにはV」という枠組みに慣習的意味が結びついているとしており、その点では本書も同じ立場であるが、同一動詞の繰り返しが全体の意味にどのように貢献しているかについては触れられていない。

また、どちらの意味記述も「VにはV」があらわす事態を動的なものに限定しているが、実例を見ると、(197)のように状態性述語が用いられることも多い。また、「VにはV」は、未来の事態よりも、確定した事態をあらわすことが多いことについても言及されていない。

4.7.2 「VにはV」の意味的特徴

「VにはV」は、同じ動詞を繰り返し用いているが、前節までに取り上げた他の動詞反復構文(「VだけV」②を除く)のように事態の反復・継続をあらわしてはいない。(201)と(202)において事態が生じる回数は1回だけである。

(201) 山田さんと会うには会ったが、ほとんど話ができなかった。
(202) まあ、今日の試合は負けるには負けたが、あまりみっともない負け方ではなかった。 (http://members.jcom.home.ne.jp/spu/lions2007.htm)

「会うには会った」、「負けるには負けた」を「会った」、「負けた」に置き換えても文が成立することから、「VにはV」で1つの動詞のようなふるまいをするといえる。

(203) 山田さんと会ったが、ほとんど話ができなかった。
(204) 今日の試合は負けたが、あまりみっともない負け方ではなかった。

また、(201)の「会うには会った」を「会うには」と「会った」と分けて考えたのでは、全体の解釈につながらない。以下の(205)や(206)のような「Vには」について、グループ・ジャマシイ編著(1998: 449)は、「そうするためには」、「そうしたいと思うのなら」という意味で、目的等をあらわすのに用いられるとし、泉原(2007: 393)は、目的となるVを基準にした場合の「必要性/妥当性」を後続する表現で示すと述べているが、「VにはV」の「Vには」をそのように解釈することはできないからである[31]。

---

31 服部(1988: 186–187)は、以下の(a)のような「VにはV」と、(b)のような目的等をあらわす表現とは文法的性質に相違があると述べ、その根拠として、(b)は「鍛錬には泳いだ」と言い換えられるが、(a)を「鍛錬には鍛えた」と言い換えることはできないことを挙

(205) そこに行くには険しい山を越えなければならない。
(グループ・ジャマシイ編著 1998: 449)

(206) 北海道を旅行するには、1年のうちで、6月が一番いい季節です。
(泉原 2007: 393)

また、目的をあらわす「Vには」に用いられる動詞は必ず意志動詞であるが、「VにはV」の場合、(202)の「負ける」のように無意志的な事態をあらわす動詞が用いられることもある。こうしたことから、「VにはV」は、構成要素から合成的には解釈できない表現であるといえる。

古牧(2009)は、「VにはV」のような動詞のトートロジ構文は否定的なニュアンスのことが多いとし、[BUT]タイプの表現が接続することが非常に多いと述べている。「VにはV」の実例を見ると、古牧(2009)が述べるように、逆接の内容が続いているものが多い。この場合、Vがあらわす事態そのものと後件の内容が逆接関係にあるのではなく、事態Vから期待・予想される事態と後件内容が対立すると考えられる。

以下の例で確認してみよう。

(207) 山田さんと会うには会ったが、ほとんど話ができなかった。
(＝(201))

(208) まあ、今日の試合は負けるには負けたが、あまりみっともない負け方ではなかった。 (＝(202))

(207)では、「会う」という事態から期待される「話をする」という事態と、「ほとんど話ができなかった」が対立している。また、(208)では、普通、「負ける」という事態からは、「体裁の良いものではない」すなわち「みっともない」ことが想定され、それが「みっともない負け方ではなかった」という後件と対立している。そして、そのような事態を喚起するのは、当該動詞に関係するフレーム的知識である。人と会えば話をすることや、試

げている。

(a) 体を鍛えるには鍛えたが、あまり力がでなかった。

(b) 昔は、体を鍛えるには泳いだが、最近はジョギングをする。

合に負ければ格好悪い思いをすることは、われわれが日常生活での経験から身につけたものであり、改めて言語化されていなくても当然伴うことが期待されている。仮に、「会う」が「話をする」という事態を喚起しないならば(207)において逆接の「が」で後件を続けることはできないであろう。

このように事態Vから期待・予想される事態というのは固定的なものではなく、話者や文脈に応じて変化する動的なものである。

(209) 女性会社員Fさん(35)は区役所で補助金をもらおうとしたところ、出るには出るが、世帯主名義の口座にしか振り込めないといわれ、愕然とした。 (週刊アエラ、2001年7月16日)

(209)において「(補助金)が出る」からは、「生活費の足しになる」、「手続きが煩雑」など、話者や文脈によってさまざまな事態が想定されうるが、この文脈では、「本人口座に振り込まれる」という事態が期待され、それが「世帯主名義の口座にしか振り込めない」と対立している。これを図示すると図20のようになる。

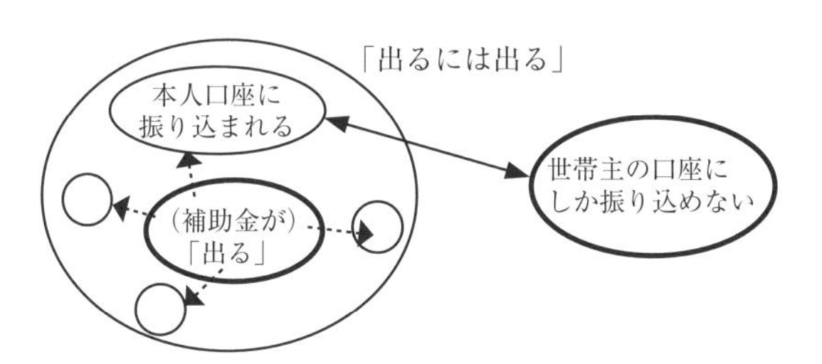

図20 「(補助金が)出るには出る」の解釈モデル

「VにはV」の実例を、さらにいくつか見てみよう。

(210) この前、珍しく外泊してきた良介くんに、「どこに泊まったの?」と尋ねると、「彼女の部屋だよ」と答えるには答えたが、初めてのお泊りにしては、あまり嬉しそうじゃなかったし、もしかすると、すでに失恋してしまったのかもしれない。

(吉田修一『パレード』、p.69、幻冬舎文庫)

(211)　しかしノミネート作には「売れるには売れたが、独創性のかけらもない作品があった」と指摘する声がある。

(朝日新聞、2000年2月25日)

(212)　自分の出席した四つのコロキウムのそれぞれの雰囲気は学科の性質から来る特徴もあるにはあるであろうが結局はその集会を統率する中心人物の人柄そのものによって濃厚に色づけられているのであった。　(寺田寅彦『ベルリン大学』、青空文庫)

(210)では、「(彼女の部屋に泊まったと)答えた」ことから、想起される事態のうち、「嬉しそうにする」という事態と、「あまり嬉しそうじゃなかった」ことが対立しており、(211)では、「(ノミネート作が)売れる」ことから、「独創性にあふれた作品」であることが期待されるが、後件には、「独創性のかけらもない」と続いている。(212)では、(学科の性質から来る特徴が)「ある」ことから、その特徴がコロキウムの雰囲気に現れることが予想されるが、実際には、その特徴よりも他の要素(中心人物の人柄)によって色づけられているという内容が続いている。

このように、「VにはV」は、事態Vが実現したが、話者の期待・予想する事態を伴わないことをあらわしている。その際、同一動詞を繰り返すことによって、Vという事態に伴うことが期待されるさまざまな事態が想起されると考えられる。このような「VにはV」の意味は、前述したように、構成要素から合成的解釈によって得ることはできないが、同時に文脈からもたらされるものでもなく、形式と慣習的に結びついたものであるといえる。なぜなら、次の2文を比較すると、(213a)では、山田さんとどのように会ったのかについては中立的であるのに対し、(213b)では、話者が期待するような会い方ができなかったことが含意されているからである。

(213) a.　山田さんと会った。

b.　山田さんと会うには会った。

次の(214)は、「(詩が)彫付けてある」ことから、「吟遊詩人がその詩を書いた」ことが期待されるが、「あるにはあった」とすることで、それを疑問視する働きがある。単に「彫付けてあった」とすると、事実を述べるだけの表現となり、そのような働きは感じられない。

(214) 彼はその部屋の中に彼が用いつけの天蓋附のベッドを据えた。もちろん贋ものであろうが、彼はこれを南北戦争時分にアメリカへ流浪した西班牙王属出の吟遊詩人が用いたものだといっていた。柱にラテン文字で詩は彫付けてあるにはあった。
(岡本かの子『食魔』、青空文庫)

次に、「VにはV」について収集した実例を見ると、動作動詞のタ形または状態動詞が用いられることが多いといえる。

(215) みんなは思わず笑った。古藤も笑うには笑った。しかしその笑い声はすぐしずまってしまった。(有島武郎『或る女(後編)』、青空文庫)

(216) おじいさんは、いるにはいるが、山へしば刈りに追いやられて、嫁えらびには口が出せない。
(外山滋比古『思考の整理学』、p.167、筑摩書房)

(215)は動作動詞のタ形が用いられている例で、(216)は状態動詞が用いられている例である。

(217) 国内では、福岡は毎年のように渇水に見舞われ、また、乾燥地の諸外国では、干ばつに悩んでいることで、永年、人工降雨実験に興味を示し、実施してきた。しかし、雨は降るには降るが、量が僅かであり、実用的ではなかった背景がある。
(http://www.kyushu-u.ac.jp/pressrelease/2007/2007-02-27.pdf)

(218) ?明日は雨が降るには降るでしょう。

(217)はタ形ではないが、現在に及ぶ習慣的な出来事をあらわすものであり、(218)のように未来の出来事をあらわす文で用いられると不自然に感じられる。すなわち、「VにはV」は既に確定した事態をあらわすのに用いられやすいといえる。これは、期待した事態を伴っていないという判断は、確定した事態のほうが行いやすいからであると考えられる。

以上の考察により、「VにはV」が持つ、以下のような意味的特徴が明らかになった。

① 事態Vには、他の事態が伴うことが期待・予想される。
② 事態Vが生じたが、期待・予想される事態のうち少なくとも1つが生じていないことをあらわす。

これらの特徴を踏まえ、「VにはV」の構文としての意味を以下のように記述する。

「VにはV」：
＜期待された事態の少なくとも１つを伴わず、事態(V)が生じる＞

最後に、「VにはV」と「VだけV」の第2の用法との比較を行う。どちらもVという事態に他の事態が伴うことが期待されることを前提としているという共通点があり、以下の例では、どちらを用いても容認度の差は見られない。

(219) 国は声を聞いているのか。全国大会で本人部会で決議をあげている。自分たちに関することを自分たちぬきできめないでとあった。{聞くだけ聞く／聞くには聞く}が全く反映されてない状況を感じる。
(＝(112))

4.4.2.2で述べたように、「VだけV」の第2の用法は、主体の意志により、他の事態を伴わずVという行為のみを行うことをあらわすものであった。それに対して、「VにはV」の場合、期待・予想される事態が伴わないのは主体の意志によるものとは限らない。また、「VだけV」が、Vという行為に限定するのに対し、「VにはV」は、期待される事態の少なくとも1つが伴わないことをあらわすのであって、Vという事態に限定するわけではないという違いがある。

(220) 又、親父の死に顔も、夜具の下に寝かしてあるのを覗いて見るには見たが、別に悲しくも何ともなかったので困ってしまった。
(=(196))

(220)の場合、(親父の死に顔を)「覗いて見る」ことから予想される「悲しい」という事態を伴わないことをあらわすが、それは主体の意志によるものではないため、「見るには見た」とあらわされている。これを「見るだけ見た」とすると、最初から、話者が「見る」行為だけを行うという意志を持っていたことになる。

(221) a. 味澤さんは同僚 3 人と、富山で開かれたロボットメーカーの講習会に派遣された。しかし、操作法を学ぶ気はなかった。「社長の気持ちは分かるから行くには行ったが、ロボットには絶対できないと思ったね」 (朝日新聞、2001 年 5 月 27 日)

b. 「社長の気持ちは分かるから行くだけ行ったが、ロボットには絶対できないと思ったね」

(221a)では、ロボットメーカーの講習会に「行く」ことから期待される事態を伴わなかったこと、すなわち、「ロボットには絶対できないと思った」ことは主体の意志ではなく、講習会に行った結果感じたことであるため、「V には V」が用いられている。一方、(221b)のように、「V だけ V」に置き換えても不自然ではないのは、直前の「操作法を学ぶ気はなかった」によって、話者が「行く」行為だけを行うという意志を持っていた、すなわち、「操作法を学ぶ」ことを伴わず、「行く」行為に限定しているといえるからである。

4.7.3 「V には V」の形式的特徴

ここでは、「V には V」が、一般的統語規則からは予測できない特徴を持つことを指摘する。まず、他の動詞反復構文と同様、「V には」と V の間に他の語句を挿入することができない。

(222) * 考えるにはちゃんと考えたが、何も思い浮かばなかった。

(223) *眠るにはよく眠ったが疲れは取れなかった。

ただし、他の語句が2つの動詞それぞれにつく場合は、以下の例のように、やや不自然ではあるものの容認されることがある。この場合、「ちゃんと考える」ことや「よく眠る」ことが問題となっているのであり、「VにはV」の空所に、「副詞＋動詞」が入ったものと考えることができる。

(224) ?ちゃんと考えるにはちゃんと考えたが、何も思い浮かばなかった。
(225) ?よく眠るにはよく眠ったが疲れは取れなかった。

また、(226)や(227)のように、タ形やテイル形にする場合、2つのV両方を変えるのではなく、2番目のVだけをタ形やテイル形にする。したがって、「VにはV」というまとまり全体をタ形やテイル形に変形するということである。

(226) {考えるには考えた／*考えたには考えた}が、何も思い浮かばなかった。
(227) {笑うには笑っていた／?笑っているには笑っていた}が、よく見ると眼を潤ませていた[32]。

さらに、「VにはV」は、以下のように語順を入れ替えることもできない。

(228) a. ちゃんと考えたの？
b. *考えたよ、考えるには。

こうした事実が、「VにはV」が2つの構成要素から組み立てられるのではなく、1つの統合的なまとまりを成していることを、統語面から示す証拠として挙げられる。

32 「笑っているにはいた」のように、「Vているにはいる」と「いる」を反復する場合もある。

4.8 「VわVわ」

本節では、以下の例のように「動詞の基本形＋わ」を繰り返す表現（以下「VわVわ」と表記する）について考察する。4.6で考察した「VてもVても」と同様、動詞だけでなく後続する語句（この場合は終助詞「わ」）までを繰り返す表現である。

(229)　ためらいつつ入ってみると、中国系店舗があるわあるわ。
（朝日新聞、2009年9月21日）

(230)　前回は5年前、僕は富士山など朝飯前と軽い気持ちで山を登り始めた。ところが、出るわ出るわ、額に浮いた汗は流れて首に巻いたタオルを濡（ぬ）らし、Tシャツもパンツも池に落ちたほど濡れていた。
（朝日新聞、2006年7月26日）

4.8.1 先行研究とその問題点

「VわVわ」の意味を記述した先行研究には、管見の限り、グループ・ジャマシイ編著(1998)、泉原(2007)、日本語記述文法研究会編(2008)、岡本・氏原(2008)がある。

グループ・ジャマシイ編著(1998: 638)は、「同じ動詞を繰り返して、存在や発生の量や頻度が予想外に多いことへの驚きを表す。後にそのことによって結果的に発生する事態が続くことが多い」と記述している。

(231)　新しくできた水族館に行ったら、人がいるわいるわ、魚なんか全然見えないぐらいの人出だった。　（同書 : 638）

また、泉原(2007: 102)は、「動詞の表す状況が「きりなく」続くことを誇張して、話の面白みを狙ったユーモラスな表現である」と述べている。

(232)　叩けば、誰だってほこりのひとつやふたつは出るけど、このまえ、引っ越したあいつの部屋、出るわ出るわ、目の前が見えなくなったよ。　（同書 : 102）

両者の記述を考慮すると、「VわVわ」と同じ動詞を繰り返すことで、事態が繰り返す頻度や、発生するモノの量が多いことをあらわす表現であるといえる[33]。先行研究の記述は部分的には妥当であるが、これらの研究において、構成要素である終助詞「わ」や類似形式との関係についての言及はない。

4.8.2 「VわVわ」の意味的特徴

『広辞苑』(第六版)によると、終助詞「わ」は、女性語として「軽い主張・決意・詠嘆を表す」用法と「詠嘆・感動を表す」用法がある。後者の例として、「よく言うわ」「出るわ出るわ」という例が挙げられており、単独の「Vわ」と反復構文の「VわVわ」を同じ用法としている。

森山(1995: 128)は「VわVわ」について、当該事態を何度も認知しなおした、というところから、ある種の強調という意味になっていると述べている。つまり、事態そのものの反復・継続ではなく、事態認知の反復をあらわすということである。このことは、以下の例のように、状態動詞が用いられることから確認できる。「ある」という事態は、モノが存在するという状態であるから反復という概念になじまない。しかし、「ある」という事態の認知に関しては、数十個の空き缶の1つ1つを順に認知していくことで、反復と捉えることができる。

(233) 地域の自然同好会の方々と、五月三十日のゴミゼロ運動に参加した。自然観察も兼ねて、あぜ道を行くとあるわあるわ、ビールの空き缶が数十個。　(朝日新聞、1999年6月06日)

さらに、以下の例が容認されにくいことから、単に事態を繰り返し認知したことをあらわすのではなく、程度の甚だしさを伴うことが確認できる。

(234) ?ちびちびと飲むわ飲むわ。
(235) *小雨が降るわ降るわ。

---

33 日本語記述文法研究会編(2008: 278)は「頻度や程度が甚だしいことを表す」、岡本・氏原(2008: 324)は「程度や数量が驚くほどだ。どんどん、次々に」と記述している。

また、「VわVわ」は、程度の甚だしさに対する驚きを聞き手に伝える機能を有すると考えられる。(236a)は雨が激しく降ったという客観的事実を伝えるのみであるのに対し、(236b)では、話者の驚きが聞き手に伝えられる。

(236) a. 雨がバケツをひっくり返したように激しく降った。
b. 雨が降るわ降るわ、バケツをひっくり返したようだった。

繰り返される終助詞「わ」の前に異なる動詞が用いられる場合(以下「V_1 わ V_2 わ」と表記する)も、事態に対する詠嘆・感動をあらわす。グループ・ジャマシイ編著(1998: 638)は、「良くないことがらが一度に重なって起こるときに、それらを例示的に並べて困った気持ちを強調して表す」と述べているが、以下の例が示すように、悪い事態に限られるわけではない。「V_1 わ V_2 わ」は、プラス評価の場合もあればマイナス評価の場合もあるが、いずれにしても何らかの評価的意味をあらわす表現である。

(237) 雨には降られるわ、デートに遅刻するわ、財布を落とすわ、今日は踏んだり蹴ったりだよ。 (http://tatoeba.org/eng/sentences/show/189626)

(238) 大学で落語研究会に入ったころは、談志、円楽、志ん朝、柳朝が四天王でね。古典はうまいわ、テレビにも出るわで、本当格好良かったんだ。 (朝日新聞、2006年4月8日)

「VわVわ」も、(239)のように程度の甚だしさを好意的に捉えている場合と、(240)のように不快に感じている場合がある。つまり、程度の甚だしさに対する驚きが、プラス評価の場合もあればマイナス評価の場合もあるということであり、その点で、「V_1 わ V_2 わ」と同様であるといえる。

(239) ともかくお客が来るわ、来るわ。八五年のつくば科学博の二千万人を三百人も上回った。 (朝日新聞、1993年1月16日)

(240) この虫は昼間は土の中に隠れていて、夜活動するからたちが悪い。早速、暗くなるのを見計らって畑に行く。いるわいるわ、その数の多さにびっくり。取っても取ってもきりがない。

（朝日新聞、2007年11月3日）

「VわVわ」があらわす事態は、(241a)のように、話者の眼前で生じた事態に限られる。(241b)のように話者が直接見ていない状況では容認度が下がる。それに対して、「V_1わV_2わ」の場合には、そのような制限はなく、(242)のように話者の眼前の事態でなくても用いられる。

(241) a.　大阪府藤井寺市にある谷さんの自宅を訪ねた。部屋にあるわ、あるわ、やっこ凧など色鮮やかな大きな和凧が、つり下げられている。

（朝日新聞、2004年2月26日）

b. ?大阪府藤井寺市にある谷さんの自宅を訪ねたところ、部屋にあるわ、あるわ、やっこ凧など色鮮やかな大きな和凧が、つり下げられていたそうだ[34]。

(242)　メールはあるわ、携帯はあるわで、何だかんだでほとんど1日仕事しているでしょう。

（http://www.coping.jp/transition-files/06-0420_news-letter.pdf）

話者の眼前で生じた事態に限られることは、動作・行為の主体が第3者であることから確認できる。(243)のように自分の動作・行為を「VわVわ」であらわすと不自然になる。それに対して、「V_1わV_2わ」の場合、(244)のように自らの動作・行為に用いることができる。

(243) ?（私は）飲むわ飲むわ、一升瓶を空けてしまった。

(244)　（私は）その日は飲むわ歌うわで大騒ぎをした。

「V_1わV_2わ」と異なり、文末で用いることもできる[35]。事態認知の繰り返しに伴う具体的な程度・量を示す表現が続くことが多いが、「VわVわ」だけ

34　この文を昔話風に語ると容認度が上がるが、この場合、眼前で生じているかのように話すことによって、聞き手に臨場感をもたらす効果がある。

35　以下の例のように、「V_1わV_2わ」を文末で用いると容認度が下がる。例示的な事態だけで言い切ると、だからどうしたのかが不明であり座りが悪くなるからである。

(a)?（パーティー等で大騒ぎの人達を見て）歌うわ踊るわ。

でも程度・量の甚だしさを伝えることができるからである。(245) において、「次から次へと客引きの男が現れた」のような表現を補うこともできるが、「来るわ来るわ」で言い終わった場合でも、充分甚だしさを伝えることができる。

(245) 札幌・すすきのは不況のまっただ中のはずなのに、客引きの姿がやたらに目立つ。ためしに歩いてみると来るわ来るわ。もちろん、うまい話には裏がある。 (朝日新聞、1998年11月5日)

以上の考察により、「VわVわ」が、以下のような意味的特徴を持つことが明らかになった。

① 同一動詞の繰り返しにより、話者が眼前の事態Vを繰り返し認知したことをあらわす。
② 事態Vの認知の繰り返しに伴う程度・量の甚だしさに対する話者の驚きを聞き手に伝える。

これらの特徴を踏まえ、「VわVわ」の構文としての意味を以下のように記述する。

「VわVわ」:
＜事態(V)が繰り返し認知され、それに伴う程度または量が驚くべきほどである＞

4.8.3 「VわVわ」の形式的特徴

ここでは、「VわVわ」が、終助詞「わ」や類似形式である「V_1わV_2わ」から予測できない形式的特徴を持つことを示す。

まず、「VわVわ」は、(246) や (247) が非文となることから、補語や副詞句などの語句の挿入を許さない。一方、「V_1わV_2わ」の場合は、(248b, c) のように、補語や副詞句の挿入が可能である。

(246) * 雨が降るわ雨が降るわ、バケツをひっくり返したようだ。

(247) * たくさん飲むわたくさん飲むわで、一升瓶を次々と空にした。

(248) a. 飲むわ、食べるわ、大満足の一日だった。

b. ビールは飲むわ、お寿司は食べるわ、大満足の一日だった。

c. ビールは好きなだけ飲むわ、お寿司は腹いっぱい食べるわ、大満足の一日だった。

次に、「VわVわ」では、(249)からわかるように「動詞＋わ」の繰り返される回数は通常2回であり[36]、3回以上の繰り返しは容認度が下がる。一方、「V_1わV_2わ」の場合、「動詞＋わ」が用いられる回数は2回に限定されない。(250)において、さらに、「風邪を引くわ」「恋人に振られるわ」などと増やすことも可能である。

(249) ?次から次へと出るわ出るわ出るわ、大判小判がざっくざく。

(250) 雨には降られるわ、デートに遅刻するわ、財布を落とすわ、今日は踏んだり蹴ったりだよ。 (＝(237))

また、「VわVわ」では、否定形は用いられない。一方、「V_1わV_2わ」や「Vわ」単独の場合は否定形を用いることができる。これは、前述したように「VわVわ」が話者の眼前で生じた事態に限られるという制限からもたらされるものと考えられる。

(251) * 雨が降らないわ降らないわ、庭の草木が枯れてしまった。

(252) 頭は働かないわ体は言うこと聞かないわで最悪の一日だった。

(253) 昨日から全然食べないわ[37]。

最後に、「VわVわ」は、過去の事態をあらわす場合もタ形に接続すると

36　サ変動詞の場合、「するわ」のみが繰り返されることが多い。
(a) 彼は初めての曲がヒットするわするわで、たちまち売れっ子歌手だ。
(岡本・氏原 2008: 325)

37　(253)や(256)は、上昇調のイントネーションをとると女性の言い方となるが、下降調のイントネーションを伴うと男性も用いる言い方となる。

不自然であり、ル形に結びつきやすいという特徴が挙げられる。これは、動作動詞のル形は未来の事態をあらわすという原則に対する例外であるといえよう。「V_1 わ V_2 わ」も同様にタ形が用いられると不自然であるが、「V わ」単独の場合は、タ形が用いられることもある。

(254) ?来たわ来たわ、来場者が予想をはるかに上回った。
(255) ?雨に降られたわ、財布を落としたわ、散々な一日だった。
(256)　こんな難しい問題よく解けたわ。

こうしたことから、「V わ V わ」は、終助詞「わ」や類似形式とは異なる形式的特徴を持ち、より制約が強い表現であるといえる。

4.9　第４章のまとめ

本節では、第４章で考察した同一動詞の反復構文についてのまとめを行うとともに、これらの表現が、動詞の繰り返しがあらわす内容によって２つのグループに分けられることを指摘する。また、名詞反復構文の場合と同様、これらの表現の構文らしさについても検討する。

4.2 では、同一動詞の連用形を繰り返して後件に接続する表現を「動詞連用形重複構文」と名づけ、「〜ながら」との比較や生起可能な動詞についての考察を行いながら、意味的・形式的特徴を記述した。連用形の重複によって、動作が相当回数反復することを類像的にあらわすとともに、反復される動作と主節の動作が同時に行われることをあらわす表現であることを指摘し、構文としての意味を以下のように記述した。

「動詞 (V) 連用形の重複＋後件」:
＜行為 (V) を相当回数反復すると同時に、後件の行為を行う＞

4.3 では、「V に V」という表現について考察し、事態 V が長時間・期間にわたって継続したことをあらわすとともに、事態に伴う程度や量が極端であることをあらわす表現であることを示し、構文としての意味を以下のように記述した。

「VにV」：
＜長時間・期間にわたって事態(V)が継続した結果、程度・量が極端である＞

4.4では、「VだけV」が2つの用法を持つことを指摘し、それぞれの構文的意味を以下のように記述した。第1の用法は、当該事態が実現可能な限度を想定し、その限度まで事態が継続することをあらわす表現である。一方、第2の用法は、動詞があらわす行為に他の事態が伴うことが期待されているが、その事態が実現せず、当該行為のみに限定することをあらわす表現である。この2つの用法は、構成要素「だけ」の「限定」、「限度」という用法に対応しているが、明確に分類することはできず、1つの事例が、2つの用法を併せ持つことが多いことを指摘した。

「VだけV」①：
＜継続することが可能と思われる限度まで、事態(V)が継続する＞
「VだけV」②：
＜文脈において期待される他の事態を伴わないで、行為(V)のみを行う＞

4.5では、「VばVほど」について考察した。「〜ば〜ほど」に形容詞が用いられる場合と比較すると、「VばVほど」は、同一主体の変化について述べる表現であり、動詞の繰り返しによって、事態の継続・反復に伴う程度・量または回数の増加をあらわすことがわかった。また、後件があらわす事態についても、同様に程度・量の変化を前提とすることを指摘した。

「VばVほど＋後件」：
＜事態(V)が継続・反復する程度・量または回数が増加するのに比例して、後件の事態の程度・量も変化する＞

4.6では、「VてもVても」について、動詞の繰り返しによって類像的にあらわされる事態の継続・反復が、予想された結果を伴わないことをあらわす表現であることを指摘して、構文としての意味を以下のように記述した。また、生起する動詞についての制約や、一度限りの事態をあらわすことができないという後件についての制約があることを指摘した。

「VてもVても＋後件」：
＜事態（V）が相当時間にわたって継続または何度も反復したにも関わらず、予想される結果が一度も生じない＞

4.7では、「VにはV」という表現について考察し、Vという事態が生じたが、文脈から期待・予想されるさまざまな事態のうち、少なくとも1つを伴わないことをあらわす表現であるとし、構文としての意味を以下のように記述した。また、類義表現である、「VだけV」の第2の用法との比較を行った。

「VにはV」：
＜期待された事態の少なくとも1つを伴わず、事態（V）が生じる＞

4.8では、「VわVわ」について、動詞の繰り返しにより、話者が眼前で生じる事態を繰り返し認知したことをあらわすとともに、それに伴う程度・量の甚だしさに対する話者の驚きを伝える表現であることを指摘し、構文としての意味を以下のように記述した。

「VわVわ」：
＜事態（V）が繰り返し認知され、それに伴う程度または量が驚くべきほどである＞

以上でまとめたように、第4章では、7つの動詞反復構文について構文としての意味を記述してきた。名詞反復構文の場合と同様、これらの構文も、動詞の繰り返しがあらわす内容によって、2つのグループに分けることができる。1つは、動詞の繰り返しが、事態の継続・反復をあらわす表現であり、もう1つは、動詞の示す事態が生じるときに他の事態を伴うことが期待されることを前提とした表現である。

第1のグループに該当する表現は、動詞連用形重複構文、「VにV」、「VだけV」①、「VばVほど」、「VてもVても」および「VわVわ」である。いずれも、同一動詞を繰り返すことによって、当該動詞の示す事態が、長時間・期間にわたって継続したり何度も反復したりすることをあらわす表現である。これは、名詞反復構文のうち、「NというN」や「NまたN」が同一名詞の繰り返しによって多数の物の存在をあらわすのと同様である。すなわち、動詞反復構文があらわす事態の継続または反復というのは、時間軸上に、同一事態が多数存在するということである。

第2のグループに該当する表現は、「VだけV」②と「VにはV」である。同一動詞を繰り返すことによって、当該動詞の示す事態が、他の事態を伴うことが喚起される。そして、そのような意味の喚起には、当該動詞に関係するフレーム的知識が関わっている。この場合、名詞反復構文のうち、「NらしいN」や「Nの中のN」がカテゴリーの拡縮関係を反映していたのと類似している。例えば、第3章で、「男らしい男」は、前の「男」が理想的な男を指すのに対し、後の「男」はカテゴリー全体を指し、「男の中の男」では、前の「男」がカテゴリー全体を指すのに対し、後の「男」はカテゴリーの中の際立った存在を指すことを示した。このように、同じ「男」という言語形式が、カテゴリー全体と下位カテゴリーに対応していると考えられるが、その際、「男」というカテゴリーにさまざまな成員が含まれることが前提となっている。「VだけV」②と「VにはV」においても、動詞の示す事態が、文脈によってさまざまな他の事態を伴うことが喚起されるということは、動詞の示す事態をカテゴリーとして捉えた場合、さまざまな成員が含まれるということが前提となっている。以下の例で確認してみよう。

(257)　国は声を聞いているのか。全国大会で本人部会で決議をあげている。自分たちに関することを自分たちぬきできめないでとあった。聞くだけ聞くが全く反映されてない状況を感じる。　(＝(112))

(258)　又、親父の死に顔も、夜具の下に寝かしてあるのを覗いて見るには見たが、別に悲しくも何ともなかったので困ってしまった。　(＝(196))

(257) の場合、「聞く」という行為に、「意見を取り入れる」のような行為が伴うことがあるという知識が前提となっており、(258) では、「見る」という行為に、ある種の感情が伴うことがあるという知識が前提となっている。この場合、佐藤・佐藤 (2006: 54) が述べるように、同一の語句を反復することによって、その同一性ではなく、かえって差異が強調されることもあるという原理が働いていると考えられる。その前提として、同じ動詞が示す事態 (すなわち、同じカテゴリー) であっても、さまざまな成員が含まれるというカテゴリーの性質が関わっている。

また、いずれの場合も、前章で考察した名詞反復構文と同様に、言語表現の類像性 (iconicity) が関係している。第 1 のグループの場合、継続・反復する事態を 1 つのまとまりとして捉えるのではなく、同一動詞を繰り返すことによって、1 つ 1 つの事態に焦点が当てられていることから、言語形式が意味内容を反映しているといえる。一方、第 2 のグループの場合、同一動詞の繰り返しという形式が、動詞が示す事態のみをあらわす場合だけでなく、さまざまな事態を伴う場合があることと対応していると考えられる。

最後に、本章で考察した動詞反復構文の構文らしさ、すなわち、構成要素や統語規則からの予測不能性の程度についてまとめたのが表 2 (次ページ) である。

本文中で記述した内容について、以下で補足しておく。

まず、形式的特徴について述べる。「①他の語句が挿入できない」については、名詞反復構文の場合と同様、動詞反復構文においてもほとんどの構文が該当する。ただし、「V だけ V」②は、対比の「は」の挿入が可能であるため「△」とした。「②語順の入れ替えができない」については、入れ替えが想定できない動詞連用形重複構文、「V ても V ても」、「V わ V わ」を除いたすべての構文が該当し、いずれも語順を入れ替えると非文となる。

表２　動詞反復構文の構文らしさ

		動詞連用形重複構文	VにV	VだけV①	VだけV②	VばVほど	VてもVても	VにはV	VわVわ
形式的特徴	①他の語句が挿入できない	○	○	○	△	○	○	○	○
	②語順の入れ替えができない	−	○	○	○	○	−	○	−
	③構成要素（固定部分）が、他の表現で用いられる場合と異なる統語的ふるまいをする（①②以外）	−	○	○	○	○	×	○	○
	④音韻的特徴が見られる	○	×	×	×	×	×	×	×
意味的特徴	⑤構成要素（固定部分）の意味がほとんど喚起されない	−	△	×	×	×	×	○	×
	⑥構成要素から予測できない意味的特徴がある	○	○	△	○	○	○	○	○
	⑦構成要素（固定部分）を類似の表現に代えては構文の意味にならない	−	○	○	○	△	△	○	○
	⑧話者の心的態度をあらわす	×	×	×	○	×	×	○	○

次に、「③構成要素（固定部分）が、他の表現で用いられる場合と異なる統語的ふるまいをする」について述べる。「VにV」は、「に」を並列助詞であると考えると、「に」の前後が名詞の場合には同一名詞でも異なる名詞でもよいが、動詞の場合は同一動詞の反復に限られるという特徴がある。「VだけV」においては、「だけ」の前後が異なる場合、前の動詞だけに修飾語句がつくことが可能であるのに対し、同一動詞の場合、前の動詞だけを修飾することはできず、「VだけV」で１つの動詞のふるまいをする。「VばVほど」においては、「Vば」や「Vほど」だけの場合、程度をあらわす語句がないと不自然であるのに対し、必ずしもそのような語句を必要としないという特徴がある。「VにはV」は、目的をあらわす「Vには」の場合と異なり、無意志動詞も用いることができるという特徴がある。「VわVわ」は、異なる動詞が用いられる「V_1わV_2わ」と異なり、３回以上繰り返さない、否定形が用いられないという特徴を示す。「④音韻的特徴が見られる」のは動詞連用形

重複構文である。重複する動詞それぞれにアクセントが置かれるのではなく、アクセントパターンが 1 語化するという特徴がある。

続いて、意味的特徴について述べる。「⑤構成要素（固定部分）の意味がほとんど喚起されない」については、「V だけ V」、「V ば V ほど」、「V ても V ても」「V わ V わ」がいずれも構成要素の意味が全体の意味にかなりの程度貢献しているのに比べ、「V に V」の場合、前の要素に後の要素を付け加える働きをする助詞「に」の貢献度はやや低いため「△」とした[38]。また、「V には V」においては、全体の意味に、「には」があらわす目的の意味は喚起されないため「○」とした。

「⑥構成要素から予測できない意味的特徴がある」については、ほとんどの構文が該当するが、「V だけ V」①は、程度・限度をあらわす「だけ」からの貢献が大きく、「V だけ V」②と比較すると、構成要素から予測できない特徴は少ないため「△」とした。

「⑦構成要素（固定部分）を類似の表現に代えては構文の意味にならない」については、固定部分がない動詞連用形重複構文以外のほとんどの構文が該当する。例えば、「V に V」を「V と V」や「V また V」とはいえないし、「V だけ V」を「V のみ V」や「V かぎり V」とはいえない。しかし、「V ば V ほど」については、「ば」を同じ条件をあらわす「たら」に置き換えることはできないが、「ほど」を「だけ」に置き換えることができるため「△」とした。また、「V ても V ても」については、文語的表現ではあるが、「V ども V ども」のような表現があるため「△」とした。

最後に「⑧話者の心的態度をあらわす」については、「V だけ V」②には、V という行為のみを行い期待される事態を伴わないため不十分であるという含意があり、「V には V」も同様に、期待される事態（の少なくとも 1 つ）を伴わないため当該事態の実現に満足していないという含意がある。「V わ V わ」は、事態の繰り返しに伴う程度・量の甚だしさに対する話者の驚きをあらわし、それを聞き手に伝えるという機能を持つ。

38　「長時間・期間にわたる事態の継続」という「V に V」の意味から、追加・添加という「に」の意味は直接想起されにくいということである。

名詞反復構文の場合と同様、それぞれの評価は絶対的な基準に基づくものではなく、また、各項目が必ずしも同等の重要性を持つとはいえないため、単に「○」の数が絶対的な構文らしさを規定するわけではない。しかしながら、本章で取り上げた動詞反復構文が同じ程度に構文らしいわけではなく、程度差があるということはできるであろう。

第5章

形容詞反復構文の考察

5.1　第5章の目的

本章では、形容詞反復構文について考察する。第3章、第4章で考察した名詞反復構文および動詞反復構文と比較すると、同一形容詞を繰り返して用いる表現は少ない。本章で取り上げるのは、「AばAほど」(以下、形容詞をAと表記する)、および、形容詞テ形の反復構文である。以下で、順に意味的特徴および形式的特徴について考察する。

形容詞を単純に繰り返すと程度を強める働きをすることが知られている。例えば、益岡・田窪(1992: 172)は、「連体修飾語や感情形容詞の繰り返しは、程度の強調をあらわすのが普通である」と述べている。

(1)　国境の長い、長いトンネルを抜けると、また、トンネルだった。

(同書 : 172)

(2)　寒い、寒い。　(同書 : 173)

また、Lakoff and Johnson(1980: 127)は、「形容詞を重複させて、強調や増大を表す」、「形容詞はある属性を象徴する」、「その形容詞を増せば、その属性が増すことをあらわす」と述べており、形容詞の反復が類像的に程度の増加をあらわすことを指摘している[1]。

---

[1]　ただし、Lakoff and Johnson(1980)の例は、以下のように、副詞の重複や母音を長く発音したものであり、形容詞の重複の例は挙げられていない。

このような形容詞の繰り返しによる意味が、本章で取り上げる形容詞反復構文においても反映しているのかについても検討する。

5.2 「AばAほど」

本節では、4.5で考察した「VばVほど」の動詞の位置に、形容詞が用いられた表現（「AばAほど」）について考察する[2]。

（3）愛が深ければ深いほど、そして愛の対象が大きければ大きいほど、その実践には、きびしい犠牲を覚悟しなけりゃならん。
（下村湖人『次郎物語　第五部』、青空文庫）

（4）できなかったことが練習したらできるようになったという体験は、それが苦しければ苦しいほど、できた時の喜びも大きくなるような気がする。（朝日新聞、2007年9月17日）

5.2.1 先行研究とその問題点

4.5.1で「VばVほど」を取り上げた先行研究について言及したが、その多くは、動詞反復の場合と形容詞反復の場合を区別せず論じているため、形容詞反復の「AばAほど」には当てはまらないものが多い。例えば、グループ・ジャマシイ編著（1998: 531–532）は、「同じ語をくり返して使い、ひとつのことがらの進行に伴って他のことがらも進行することを表す」としている

(a) He is very very very tall.
(b) He is bi-i-i-i-ig!

一方、Levinson（2000: 151）は、以下のように形容詞の重複の例を挙げ、重複によって強意をあらわすとしている。

(c) a deep, deep pool
(d) an old, old church

2　ナ形容詞（形容動詞）の場合、以下の例のように、「有名なら（ば）」と「ば」が省略されることがある。

(a) 東京だと学歴や職歴が有名なら有名なほど有利なのかもしれませんが、地方では返ってダメだったみたいで…。（http://oshiete1.goo.ne.jp/qa2166184.html）

が、この記述は形容詞が繰り返される場合には当てはまらない。なぜなら、次の（5）で、「安い」ことは、時間の推移につれて進行することとはいえないからである。

（5）A：どれぐらいのご予算ですか。
　　B：(安ければ) 安いほどいいんですが。　　　　　（同書 : 531）

一方、庵他（2001: 448）は、「P ば P ほど Q」は、P･Q に形容詞や形容詞的な意味を持つ名詞をとる用法もあるとし、その場合、Q の程度が P の程度に相関して変わることをあらわすと述べている。岡本・氏原（2008: 291）は、「～ば～ほど…」という表現について、動詞反復と形容詞反復の場合に分けて意味を記述しており、形容詞が繰り返される場合の意味を「A の程度が増すのに比例して、B の程度も増す」としている。また、次の例のように、「～ば」の部分を省略することもあると述べている。

（6）　都心に (近ければ) 近いほど、家賃は高くなる。
（7）　ガンの発見は (早ければ) 早いほど、助かる率は高い。

しかし、これらの記述では、4.5.2 で指摘した「V ば V ほど」と「A ば A ほど」の違いについては明らかとされていない。また、形容詞が繰り返される場合と、「～ば」を省略して形容詞が 1 つしか用いられない場合の意味の違いについては述べられておらず、形容詞反復が全体の意味にどのように貢献するかについては考察されていない。

5.2.2 「A ば A ほど」の意味的特徴

4.5.2 で述べたように、「V ば V ほど」が、時間の経過に伴う事態の継続や反復とそれに伴う程度・量または回数の増加をあらわすのに対し、「A ば A ほど」は、複数の主体の程度差または同一主体の異なる時点の程度差を比較するという違いがある。

（8）　駅からの夜道を、貢はことさらにゆっくり歩いた。家を建てる土地を探す時には、駅まで歩ける距離というのが何よりの前提条件だったのに、今となってはその近さが恨めしい。家が{近づけば近づくほど／*近ければ近いほど}足が重くなる。

（村山由佳『星々の舟』、p.29、文春文庫）

（9）　毎年の例では、港外の深堀附近から港内に向けてレースがおこなわれたり、港の一番奥まった平戸小屋近くの海面で催されたりする。市街に{近ければ近いほど／？近づけば近づくほど}観客の数も多く、漁師たちも活気づき、ペーロンもそれだけ華やぐのだ。

（吉村昭『戦艦武蔵』、新潮100）

（8）の場合、「家が近づく」というのは、時間の経過に伴って進展する事態であり、「近さ」の程度が増すに従って、後件の「足が重い」程度も増すことをあらわしている。このように同一主体の時間の経過に伴う変化をあらわす場合、「AばAほど」を用いることはできない。それに対して、（9）の場合、レースの行われる複数の場所について市街からの距離を比較して、「近さ」の程度に比例して観客の数が増えることをあらわすため、「AばAほど」が用いられている。この場合、話者が市街から離れたところから市街へ向かって移動しながら、レースの観客の数を観察しているような文脈であれば、「VばVほど」の容認度が上がるであろう。

（10）　{寒ければ寒いほど／寒くなればなるほど}、客にはお得になるこの企画。割引率は、毎日、午前10時に清里駅前で測った気温で決まる。5度以下だったら30%、マイナス5度以下だったら50%それぞれ割引される。　（朝日新聞、2007年2月3日）

この例では、異なる日の気温を比較し、「寒さ」の程度の強さに従って、「お得になる」程度も増すことをあらわす。この場合、時間の経過に伴って順次的に「寒さ」の程度が増すわけではなく、異なる日の「寒さ」を比較しているため、「AばAほど」が用いられている。ここで、「VばVほど」を用いると、日々「寒さ」が増していると感じられる。

このように、「AばAほど」は、複数の主体のAである程度、または同一主体の異なる時点におけるAである程度を比較するという特徴を持っている。そのことから判断すると、「AばAほど」が感情形容詞と共に用いられることは少ないことが予想される。複数の主体が比較対象となる場合、その主体は第3者であるが、感情形容詞の主体に第3者が用いられるには制約があり、直接第3者の感情をあらわすことはできないからである。

この予想を裏付けるため、『CD-ROM版新潮文庫の100冊』から、「AばAほど」を含む表現を抜き出したところ、25例が該当した。用いられた形容詞の異なり語数は以下の17語であるが、すべて属性形容詞であった。

新しい、甘い、忙しい、多い、大きい、遅い、面白い、賢い、騒がしい、親しい、楽しい、近い、強い、早い、低い、ひろい、短い

ただし、「AばAほど」に感情形容詞が全く用いられないわけではない。同一主体の異なる時点の感情について比較する場合には、次のように感情形容詞が用いられる。

(11) 悲しいから悲しい顔はしない。<u>悲しければ悲しいほど</u>、笑みさえ浮かべて話すのが人間というものではないか。そう小津は言った。

(朝日新聞、2002年7月11日)

この場合、時間の経過とともに「悲しい」程度が増すことをあらわすのではなく、異なる時点の「悲しさ」を比較するため、「AばAほど」が用いられている。

次に、形容詞の繰り返しがもたらす意味について、「AばAほど」と「Aば」が省略された場合を比較することによって考察する[3]。

(12) 北陸で11月上旬から漁が解禁される越前ガニ(ズワイガニ)。{<u>寒ければ寒いほど</u>／<u>寒いほど</u>}おいしいという。

3 前述したように、岡本・氏原(2008)は、「Aば」を省略することもあると述べている。それに対して、4.5.3で述べたように、「VばVほど」の場合、程度をあらわす語がないと「Vば」を省略することはできない。

（朝日新聞、2007 年 1 月 26 日）

「寒ければ寒いほど」は、「寒い」程度と「おいしい」程度の相関関係だけでなく、寒さの程度の甚だしさを強調する働きをしている。(12) で「寒ければ寒いほど」が用いられるのは、日本の中でも「寒い」と思われている地域について述べる場合であり、その「寒さ」がより厳しくなることをあらわしているのである。一方、「寒いほど」だけの場合、単に「寒さ」と「おいしさ」が相関関係にあることをあらわす表現となる。以上のことを図にすると、図 21 のようになる。「寒ければ寒いほど」の場合、相関関係をベースとしながら、「寒さ」の程度が高い部分をプロファイルするのに対し、「寒いほど」の場合、相関関係全体がプロファイルされることをあらわしている。

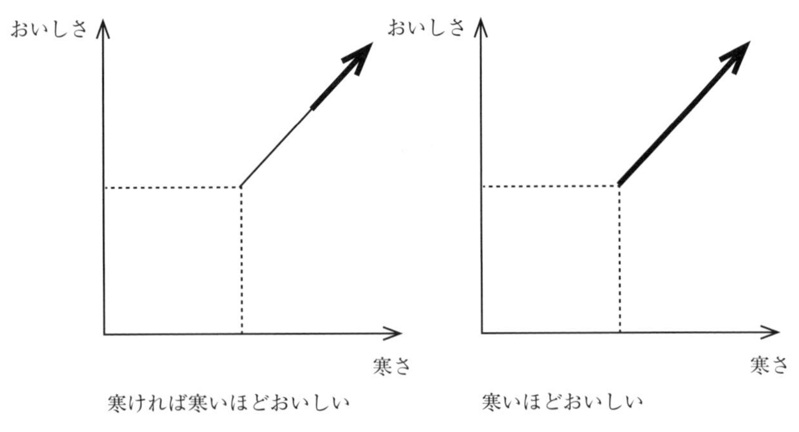

図 21　「寒ければ寒いほどおいしい」と「寒いほどおいしい」

「A ば A ほど」が程度の甚だしさをあらわすことを確認するために、実例をいくつか見てみよう。

(13)　だが、そういう忙しげな周囲のなかにあって、{忙しければ忙しいほど／?忙しいほど} 反対にほくほくしているところが、同じその江戸の中にただ一軒ありました。

（佐々木味津三『右門捕物帖　身代わり花嫁』、青空文庫）

この場合、「忙しげな周囲のなかにあって」とあり、「忙しい」ことが前提となっている中で、さらに「忙しい」ことをあらわすため、「忙しければ忙しいほど」によって、忙しさの程度の甚だしさを強調している。したがって、単に「忙しいほど」とすると容認度が下がる。

(14)　勿論、大学は日本国中からもっと大勢の学生を入れますが、Q大学を出た有名人は数知れませんし、Qの名前を出せば、祖父の知り合いの老人たちも感心するほどの有名な学校ですから、誰もが入れるわけではありません。だから、いつの間にか、生徒たちの心に選民意識が培養されていきます。その意識は、{入学が早ければ早いほど／？早いほど}、大きくなっていくのです。

（桐野夏生『グロテスク（上）』、p.88、文春文庫）

この場合、入学の時期の早さと選民意識の大きさの相関関係をあらわすとともに、大学からよりも高校から、高校からよりも中学校や小学校からというように、入学時期の早さが強調されている。単に「入学が早いほど」とすると、そのようなニュアンスは感じられない。

(15)　これまで、誰でも図書館とは、寂かな、がらんとした庫のようなシーンとした、け押されるような感じのところとなっていたのである。そこには古い本があればあるほど、威張れたのである。また、その量が十万冊、百万冊と{多ければ多いほど／？多いほど}、また誇りとされたのである。　（中井正一『巨像を彫るもの』、青空文庫）

この場合も、本の量と誇りの高さが相関関係にあることだけでなく、「十万冊、百万冊」とあることから、その量の多さを強調する働きをしているといえる。これらの例から、「A ば A ほど」における形容詞の繰り返しは、形容詞が単純に重複する場合と同様に、程度の甚だしさを強調する働きをするといえる。

以上の考察の結果、「AばAほど」構文の、以下のような意味的特徴が明らかとなった。

① 複数の主体または同一主体の異なる複数の時点における、Aである程度を比較する。
② Aの繰り返しが、Aである程度の甚だしさを強調する。
③ Aである程度と後件があらわす程度が比例関係にある。

これらの特徴を踏まえ、同一形容詞を繰り返す「AばAほど」構文の意味を、以下のように記述する。

「AばAほど+後件」:
<(複数の主体、または同一主体の異なる複数の時点を比較し)Aである程度の甚だしさが強まるのに比例して、後件があらわす程度も甚だしくなる>

5.2.3 「AばAほど」の形式的特徴

4.5.3で述べたように、Okamoto(1994)は、「VばVほど」が後置詞句や副詞(句)の挿入を許さないことを例を挙げて示している。「AばAほど」の場合も同様のことが成り立つかどうかを確認する。まず、後置詞句の挿入の可否について検討する。

(16) 客の注文を徹底して聞き、期待通りの製品に仕上げるのが本当のプロという。「{注文が難しければ難しいほど/*注文が難しければ注文が難しいほど/*難しければ注文が難しいほど}、ファイトがわく」とも。 (朝日新聞、2004年5月21日)
(17) 信玄はもとより巧弁の者をその弁口によって信ずるということはしない。むしろ、{言葉が甘ければ甘いほど/*言葉が甘ければ言葉が甘いほど/*甘ければ言葉が甘いほど}警戒し、(いよいよ油断ならぬ)と、気持をひきしめていた。(司馬遼太郎『国盗り物語』、新潮100)

このように、後置詞句は1番目の形容詞の前だけに置かれるため、「Aば」

と「A ほど」の間に挿入することはできない。次に、副詞（句）が形容詞を修飾する場合を見る。

(18)　けれど鉄男の内面は、黙り込んでいた。{表面上優しければ優しいほど／*表面上優しければ表面上優しいほど／*優しければ表面上優しいほど}、さとるは彼の不機嫌さを感じ取った。
（山本文緒『群青の夜の羽毛布』、p.43、文春文庫）

副詞（句）の場合も、前の形容詞だけを修飾し、両方につくことや、後の A のみにつくことはできない。つまり、「A ば」と「A ほど」の間に副詞（句）の挿入は許されない。「V ば V ほど」においては、副詞（句）が両方の動詞を修飾する場合には容認されたことを考えると、「A ば A ほど」のほうが、より統合体としての結合力の強い表現であるということができる。

5.3　形容詞テ形の反復構文

本節は、以下の例のように形容詞テ形を繰り返す表現について考察する[4]。(19) のようにテ形を反復して後に続ける用法と、(20) のようにテ形の反復で文を言い切る用法がある。

(19)　人がこわくてこわくて、私は林のさらに奥深くへすすんでいった。
（太宰治『狂言の神』、青空文庫）

(20)　D さんには、クラスに来ていた一人暮らしの女性が、「こんなに温かい言葉を沢山の人にいただいて、嬉しくて嬉しくて」と涙を流した姿が心に残る。　（週刊アエラ、1997 年 6 月 30 日）

4　吉永（1995）と同様、「形容詞テ形」（吉永（1995）では、「第二なかどめ形」と呼ばれている）には、「心配で」、「残念で」のような、ナ形容詞の語幹＋「で」の形も含むものとする。
　(a)　もうどうしても心配で心配でたまらなくなったのです。
（宮沢賢治『ポラーノの広場』、青空文庫）
　(b)　この勢いでオリンピックもいけるんだ、と期待し続けていただけに残念で、残念で、たまらなかった。　(http://www.dir.co.jp/publicity/column/090223.html)

このような形容詞テ形の反復構文を取り上げた先行研究は少ない。(19)のような表現については、グループ・ジャマシイ編著(1998: 238)が、「同一の形容詞を繰り返すことによって程度を強調する表現である」と述べているに過ぎず、(20)のようにテ形反復で言い切る表現について考察した研究は管見の限り見当たらない。

5.3.1　形容詞テ形の用法

テ形反復構文の考察に入る前に、形容詞のテ形の用法について確認しておく。吉永(1995)は形容詞テ形の用法について、「因果」と「並列」の2つであると述べている。本書でも、吉永(1995)に従い、形容詞テ形の用法には大きく分けて「原因」と「並列」の2つがあると考える[5]。

まず、「原因」の例を挙げる。(21)は属性形容詞、(22)は感情形容詞の例である。

(21)　北川三郎氏の訳による大系二冊は、努力の仕事であると思うが、本が大きくて机の上にどっしりとおいて読まなければならない不便があり、高価でもある。

（宮本百合子『世代の価値—世界と日本の文化史の知識—』、青空文庫）

(22)　「こんな立派なやつじゃあ、怖くて誰も違反なんかできないな」

（沢木耕太郎『一瞬の夏』、新潮100）

次に「並列」の例を挙げる。(23)は属性形容詞、(24)は感情形容詞の例である。

(23)　「オレは可愛くてセクシーでなけりゃいやだよ」

（藤原正彦『若き数学者のアメリカ』、新潮100）

5　吉永(1995)では「因果」としているが、厳密にいえばテ形が「原因」をあらわし、「結果」をあらわすのは主節であるため、本書では「原因」とする。

また、「原因」と「並列」の違いは必ずしも明確ではない。次の例は「甘い」と「おいしい」が並列の関係であるとも、「甘い」が「おいしい」の原因であるとも解釈可能である。

(a)　このリンゴは甘くておいしい。

(24)　うれしくて、又なさけなくって、愛しくて、にくらしい、のは、この頃の私の心で有る。　(宮本百合子『この頃』、青空文庫)

吉永(1995: 103)は、形容詞テ形には、動詞の場合の継起用法に匹敵する用法が存在しないとし、これは形容詞の場合、ある性質・状態が終わってから次の性質・状態に続くということになり、常識では考えにくいからであろうと述べている。それに対して、仁田(1995: 116)は、考察対象が動詞テ形であるものの、「起因的継起」(本書における「原因」)における継起性について、「事象出現の始端に対する継起性が存しておれば、事象そのものの同時性が許される」と述べている[6]。また、寺村(1981: 36)は、テ形自体に「原因」の意味があるのではなく、並列的(継起的)に並べられた2文の意味関係から、そのように解釈できる場合があるというにすぎないと述べている。本書では、「原因」をあらわす形容詞テ形は、基本的意味として、何らかの継起性(前後関係)を有すると考える。そのように考えることによって、明示的に因果関係をあらわす表現がないにも関わらず、テ形が原因の意味で用いられることが説明可能となる。

次の例を見てみよう。

(25)　二十九日総会。学校は大衆団交で教室はもちろんのこと、校庭まで学生があふれていた。総会ではなじめず全くみじめな時間。もの悲しくて本屋に入ったら太宰治の全集があったので希望をたくして買う。
(高野悦子『二十歳の原点』、新潮 100)

(26)　バイト先がまた忙しくててんてこまい。
(高野悦子『二十歳の原点』、新潮 100)

6　したがって、次の(a)のようにテ形のあらわす事態が主節の事態と重なり合うことも可能であるとされている。

(a) ラリーが少しおなかをこわしていて元気ありません。　(仁田 1995: 116)

一方、次の(b)のように、テ形のあらわす事態が、主節のあらわす事態に後続生起するような場合には非文となる(仁田 1995: 115)。

(b)*明日友人が訪ねて来て、部屋を掃除した。

(c) 明日友人が訪ねて来るので、部屋を掃除した。

(25)では、話者が「総会でみじめな時間」を過ごし、「もの悲しくて」、そのため(気を紛らわすために)「本屋に入った」と考えられ、図22aのようにあらわすことができる。一方、(26)では、図22bのように「忙しい」状態と「てんてこまい」な状態はほぼ同時であると考えられる。

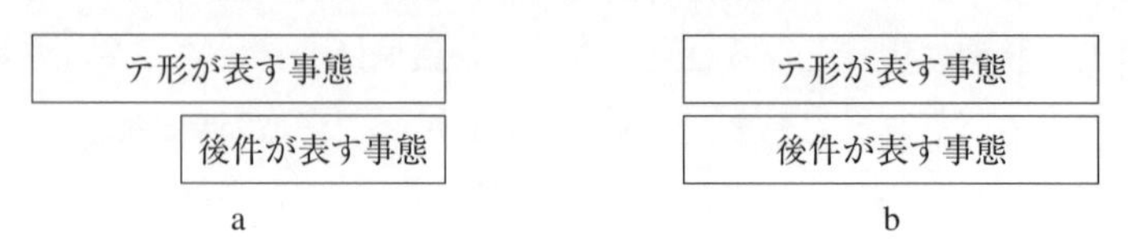

図22　「原因」をあらわす形容詞テ形

このように、同じ「原因」をあらわす用法であっても、2つの事態の開始時点に時間的前後関係が存在する場合と、2つの事態がほぼ同時に開始する場合が存在し、これらは連続的であると考えられる。つまり、図22aと図22bの間には中間段階が存在し、徐々に開始時点における前後関係が失われるということである。図22aのように、事態の始端に前後関係が存在する場合、時間軸上における客体的な前後関係に加え、話者が頭の中で、因果関係をたどっている、すなわち＜原因→結果＞という前後関係が存在している。図22bのように、2つの事態が同時に生じる場合、時間軸上における前後関係は存在せず、話者の頭の中で因果関係をたどるのみである。

以上をまとめると表3のようになる。「原因」をあらわす形容詞テ形における継起性(前後関係)には、段階性と共通性が存在する。つまり、テ形が基本的意味として有する前後関係が、時間軸と＜原因→結果＞の両方に現れたのが原因①であり、原因①から原因②へと移るに従って、時間軸における前後関係が失われ、因果関係における前後関係だけが残るということである。

表3　形容詞テ形の用法

	時間的前後関係	原因→結果の前後関係
原因①(図22a)	○	○
原因②(図22b)	−	○

5.3.2 テ形反復構文

以下の例の下線部のように、同じ形容詞のテ形を繰り返して後件に接続する表現を、「テ形反復構文」と呼ぶことにする。

(27) 胃が痛くて痛くて寝付けない。布団の上で体をよじるうちに、痛みと眠さで意識が遠のき、いつのまにか昏睡している。

(週刊アエラ、2008年10月6日)

(28) 本当に私は一日王様にお眼にかかりませぬと、淋しくて淋しくて一年も二年も独りで居るような心地が致しますよ。

(夢野久作『白髪小僧』、青空文庫)

前述したように、グループ・ジャマシイ編著(1998: 238)は、テ形反復構文について、同一の形容詞を繰り返すことによって程度を強調する表現であると述べる[7]。また、実例を見ると、テ形反復の後には、「たまらない」、「しかたがない」のような表現が続いていることが多い。

(29) 私はこんなに親切に可愛がってもらうと、うれしくてうれしくてたまりません。 (夢野久作『雪の塔』、青空文庫)

(30) こんなところで負けるはずじゃなかった。もう一度、甲子園に行くはずだった。悔しくて悔しくて仕方がない。

(朝日新聞、2004年7月26日)

こうしたことから、形容詞が単純重複する場合と同様、程度が甚だしく極端であることが形容詞テ形の繰り返しによってあらわされていることがわかる。したがって、次の例のように、テ形反復の後に程度の極端さと矛盾する表現が続くと、容認度が下がる。

---

7 テ形反復構文には、形容詞だけでなく動詞も用いられる。グループ・ジャマシイ編著(1998: 239)も、以下のように動詞のテ形反復構文の例を挙げている。

(a) 走って走ってやっと間に合った。

(b) 一晩中飲んで飲んで、飲みまくった。

(31)　{不安で／？不安で不安で}少し落ち着かない。

しかし、テ形反復構文があらわすのは程度の甚だしさだけではない。(27)は、胃の痛さが極端なだけではなく、話者が長時間にわたって痛みを感じていたことをあらわし、(28)は、淋しさを感じた時間が(話者にとって)長時間であることをあらわしている。また、次の(32)のように、「とても」による強調と比べて、テ形を繰り返すと容認度が下がる場合もあることからも、単なる程度の強調ではないといえる。

(32)　トランクが{とても重くて／？重くて重くて}一人では持てなかった。
(33)　お土産を買い過ぎたので、トランクが重くて重くて腕がしびれそうだった。(同書：238)

(32)において、話者が程度の甚だしさを感じたのが一時的と捉えられる場合、テ形を繰り返すと容認度が下がると考えられる。テ形反復構文においては、話者が長時間にわたって、程度の甚だしさを感じることが必要となり、テ形の反復が話者の体験の継続を類像的にあらわしているといえる[8]。(33)では、話者がトランクの重さを長時間にわたって感じていたと解釈されるため、(32)に比べテ形反復の容認度が上がる。

5.3.1で述べたように、本書では、形容詞テ形は何らかの継起性を基本的意味として有すると考える。このように考えることで、テ形反復が単なる程度の強調ではなく、話者の体験性を必要とすることが説明可能となるであろう[9]。

テ形反復構文は、形容詞テ形の用法・特徴をすべて有しているわけではない。まず、前述した2つの用法のうち、「原因」をあらわす用法に限られる。

8　(32)の容認度の判定には個人差があると思われる。テ形反復による話者の体験の継続というのは、捉え方の問題であり、現実世界では一瞬の出来事であっても、程度の甚だしさのため長時間の体験のように感じられることがある。

9　以下の例のように、形容詞だけを反復する場合には単なる程度の強調であることから、テ形のあらわす継起性(前後関係)が繰り返されることによって、話者の体験の継続があらわされると考えられる。

(a)　寒い、寒い。
(b)　大きな大きな木。

同じ形容詞の繰り返しであるため、「並列」とは解釈されないからである。

また、テ形反復構文は、通常のテ形と比較して、主体に関する厳しい制約がある。加藤（2005: 19–20）は、原因・理由をあらわすテ形に、感情・性質をあらわす形容詞が来る場合、形容詞を使ってあらわす内容は、主体自体のことか、あるいは他者について主体が感じたり思ったりしたことでなければならないと述べている。

（34）（弟にたたかれた）太郎はくやしくて、弟を泣かせた。　（同書 : 19）
（35）先生がおもしろくて、みんなは笑った。　（同書 : 20）
（36）*先生はおもしろくて、みんなを笑わせた。　（同書 : 19）

（34）において「くやしい」のは主体である「太郎」であり、（35）で「おもしろい」と感じるのは、先生ではなく先生を見ている「みんな」である。それに対して、「先生」を主体とする（36）が非文となるのは、「おもしろい」と感じるのは「みんな」であり、先生自身が「おもしろい」と感じているのではないからである。

テ形反復構文の場合、さらに厳しい制約があり、主体には話者が望まれ、次の例のように第 3 者が用いられると容認度が下がる。

（37）?太郎はくやしくてくやしくて、弟を泣かせた。
（38）?先生がおもしろくておもしろくて、みんなは笑った[10]。

このように、テ形反復構文は、形容詞テ形の 2 つの用法のうち「原因」に限られ、また、主体が常に話者に限られるという厳しい制限が課せられている。したがって、通常の形容詞テ形の性質や特徴をすべて継承した事例ではなく、通常のテ形の用法から拡張した表現であるといえる。

以上の考察により、テ形反復構文が以下のような意味的特徴を持つことが明らかになった。

①　話者が程度の甚だしさを長時間にわたって体験したことをあらわす。

10 「みんな」の中に話者が含まれる場合は容認されやすく感じられる。

②　形容詞テ形の用法のうち、「原因」の用法を継承する。

これらの特徴を踏まえ、テ形反復構文の構文的意味を、以下のように記述する。

「形容詞テ形（Ａくて）の反復＋後件」：
＜話者がＡである程度の甚だしさを長時間にわたって体験したことが原因で、後件の事態が生じる＞

5.3.3　テ形反復言い切り構文

形容詞テ形反復構文には、後件に続かず、以下の例の下線部のように、テ形反復で文を言い終わる表現がある。そのような表現を、「テ形反復言い切り構文」と呼ぶことにする。

(39)　最初は3キロ走るのが精いっぱい。4カ月後、沖縄で初のフルマラソンに挑む。「苦しくて苦しくて。10キロ地点では、もう二度と走るもんか、15キロまで行ったらやめようと思いました」
（朝日新聞、2008年11月11日）

(40)　そんな私が最近楽しみにしているのがCMのコメントを収録する仕事。テレビで流れているCMの声を収録するのも、テレビ局のアナウンサーの仕事なんです。でもこれが難しくて難しくて。
（朝日新聞、2000年10月19日）

テ形反復言い切り構文について考察する前に、以下の例の下線部のように、単独の形容詞テ形で文を言い切る表現（以下、「テ形言い切り構文」と呼ぶ）について確認する[11]。

(41)　私はこの「燃やしちゃうぞ」と言う言葉の来歴を話したいが、ごらん

11　テ形で文を言い切る用法は、形容詞に限られたものではない。白川（1991）や日本語記述文法研究会編（2008）には、テ形で言い切る表現として、動詞と形容詞の両方の例が挙げられている。

の通り今はとても忙（せわ）しくて。

（葉山嘉樹『海に生くる人々』、青空文庫）

(42) 今年は南の沖縄代表から入場する。佐世保実は49代表のうち6番目に登場する。長崎大会の優勝旗を持った村田金彦主将を先頭に、18人の行進が近づくと、バックネット裏のスタンドで控えの選手から笑いがこぼれた。「なんか真剣な表情がおかしくて」と3年の石橋将大（しょうた）マネジャー。（朝日新聞、2004年8月7日）

白川（1991: 46）は、テ形による言い切りについて、「本来従属節に後続するべき主節の内容が文脈（言語的・非言語的のいずれをも含む）によって言わずともわかる場合に、それを省略した表現」であると述べる[12]。例えば、次の（43）の下線部は「事情の説明」の用法とされているが、事情を説明すべき事実（この場合「遅れて到着したこと」）は、先行する文脈によって与えられているため省略されている。

(43) 「遅いじゃないか、海原雄山と帝都新聞社側はもうとっくに来てるよ。」
「すみません、成田まで蟹を取りに行ったら、渋滞に巻き込まれて。」

（雁屋哲・花咲アキラ『美味しんぼ』、小学館）（同書 : 44）

また、日本語記述文法研究会編（2008: 294）も、テ形言い切りには、事情の説明をあらわす用法があり、次の（44）では、文脈から「子供の熱が下がらなくて」の後に、「仕事を休んだ」という主節を補うことができると述べている。

(44) A：「昨日は仕事を休んだんです」
B：「どうして？」
A：「子供の熱が下がらなくて…」（同書 : 294）

したがって、テ形言い切り構文は、文脈から補うことができる後件を省略した表現であると考えられるが、前述したテ形反復構文と同様、テ形の用法・特徴のすべてを有しているわけではなく、前述した形容詞テ形の2つの

12 白川（1991）では、「テ形」による言いさしとされている。

用法のうち、「原因」の場合に限られ、「並列」をあらわす場合は、テ形で言い切ることはできない。

(45)　A：このトマト、おいしいですね。
　　　B：ええ、{*赤くて／甘くて}。
(46)　A：山田君って、優しいよね。
　　　B：うん、{*背が高くて／それに背が高くて}。

(45) で、「赤くておいしい」は並列の解釈しかできないため、「赤くて」で言い切ることはできないのに対し、「甘くておいしい」は原因と解釈でき、「おいしい」を省略できる。また、(46) で、「背が高くて」は「優しい」の原因ではないため言い切ることはできないのに対し、「それに (優しいうえに) 背が高くて」の後には、文脈から「人気がある」のような後件を補うことができるため、言い切ることが可能である。このように、テ形言い切り構文は、原因をあらわすテ形の後に、文脈から補うことができる結果の部分が省略された表現である。つまり原因だけで原因と結果の全体をあらわしており、時間軸上における隣接関係に基づき、メトニミーにより拡張した表現だと考えることができる[13]。

また、テ形反復構文と同様、テ形言い切り構文にも、主体に関する制限が見られる。主体としては話者が望まれ、形容詞テ形があらわす内容は話者自身のことか話者が感じたり思ったりしたことでなければならない。

(47)　A：太郎はどうして弟を泣かせたの？
　　　B：太郎はくやしかったんです。／*太郎はくやしくて。
(48)　A：みんなはどうしてわらっているの？
　　　B：先生がおもしろくて。(「みんな」の中に話者が含まれる場合)

(47) において、「くやしくて (泣かせた)」と原因の解釈が可能であるが、

13　籾山 (2002: 138) は、原因と結果は、われわれの思考内で密接に関連しているためメトニミーの一種であるとし、例として、「目に見える」、「口がかたい」の慣用的意味は、原因をあらわす表現で結果もあらわすことによって成り立っていることを挙げている。

主体が話者ではなく第3者の「太郎」であるためテ形言い切り構文であらわすと非文である。また、(48)が容認されるのは、「みんな」の中に話者が含まれる場合であり、「みんな」が話者を含まない第3者の場合は非文となる。

したがって、テ形言い切り構文も、テ形反復構文と同様、「原因」の用法に限定され、また、主体が話者に限られることから、通常の形容詞テ形の性質・特徴をすべて継承した事例ではなく、拡張した表現であるといえる。

次に、5.3.2で考察したテ形反復構文や、上で述べたテ形言い切り構文の考察結果を踏まえ、以下の例の下線部のような、テ形反復言い切り構文について考察する。

(49)　「小学3年のとき、彼からデッドボールを喰らったんですが、球が速いから痛くて痛くて。骨が折れたんじゃないかと思いましたよ」
（週刊朝日、2006年9月29日）

(50)　そもそも「ドラえもん」は知り合いのディレクターから「おもしろいからやってみない？」と誘われた。単行本を読んだらおもしろくておもしろくて。「SFでもあり、ヒューマンドラマであり、人間の夢がたくさんつまっているんですもの」　（朝日新聞、1998年12月2日）

テ形反復言い切り構文においては、前述した、テ形反復構文とテ形言い切り構文の両方の特徴が継承されており、話者が程度の甚だしさを長時間感じていたことをあらわすとともに、原因だけで結果までをあらわす表現であると考えられる。

ただし、テ形反復言い切り構文は、必ずしもテ形言い切り構文のように文脈から補うことができる具体的な事態についての原因となっているのではない。実例を見ると、後に省略されているというよりも、文としての独立性が感じられる。試しに(49)と(50)を、以下のようにテ形を用いずにあらわしても違和感は少ないであろう。

(51)　球が速いからとても痛かった。

(52)　単行本を読んだらとてもおもしろかった。

それに対して、(49)と(50)を、テ形を反復させずに、以下のようにあらわすとやや不自然になる。つまり、文脈から、省略された部分を補うことが難しい場合（文脈依存性が低い場合）、テ形を反復せずに用いると容認度が下がるといえる。

(53)　?球が速いから痛くて。
(54)　?単行本を読んだらおもしろくて。

また、(49)や(50)の例において、テ形反復の後に補うとすれば、「たまらない」、「しかたがない」のような表現であろう。

(55)　球が速いから痛くて痛くてたまらなかった。
(56)　単行本を読んだらおもしろくておもしろくて{たまらなかった／しかたがなかった}。

つまり、「痛さ」や「面白さ」の甚だしさを感じたことが原因となって、その感情を我慢できないという結果につながっていると考えられる。しかし、テ形反復言い切り構文の場合、「たまらない」などの表現を用いず、テ形反復で言い切ることによって、聞き手に共感を求める働きがあるのではないかと考えられる。次の例では、話者が長時間にわたって程度の甚だしさを感じたことについて聞き手に共感を求めている[14]。

(57)　「助けたい一心で無我夢中だった。女性が重くて重くて。富永さんがいなかったら自分も流されていた」と佐藤さん。
（朝日新聞、2007年2月1日）
(58)　「子どもの分まで生きなくちゃ、そう思っていたのに、がんになって、

14　大堀(2000)は、「から」節等が主節なしで生起し、構文スキーマとして独自の意味を持つことを示している。(a)の「から」節は必ずしも何かの出来事に対する理由を与えているわけではなく、その節の出来事が話し手にとって重要な関わりを持つことを示し、聞き手の共感を促す働きを持つと述べている。テ形反復言い切り構文も、この中断節という構文スキーマの事例であると考えられる。
(a)　まったく誰もわかりゃしないんだから。
(b)　私もいい歳ですし。

悔しくて悔しくて……」。涙声に教室内は静まった。

（朝日新聞、2008年3月8日）

聞き手に共感を求める働きをすることは、聞き手が想定されないような場面ではテ形反復言い切り構文が使いにくいことから確認できる。

(59) （真冬に家の中から一歩外に出たときに、思わずつぶやいて）
寒い寒い。／*寒くて寒くて。

(60) （冷蔵室から常温の部屋の中に戻って）
ああ、寒かった。／*寒くて寒くて。

上の例はいずれも、聞き手が不在の独り言として発せられたものである。程度の甚だしさがあらわされているが、テ形反復で言い切ることはできない。繰り返しになるが、テ形反復言い切り構文は、程度の甚だしさについて聞き手に共感を求めるために用いられるからである。

白川(1991: 46)は、以下の(61)のような表現について、「従属節の部分さえ発話すれば、その文の発話意図が、好悪・快不快などの感情の表明であることがわかるので、主節を省略したものと考えられる」と述べている。

(61) 「このマフラー、あったかくて　あったかくて。」

（高橋留美子『めぞん一刻2』、p.219、小学館）（同書 : 40）

(62) ?「このマフラー、あったかくて。」

しかし、白川(1991)の記述では、(62)のようにテ形を反復させずに用いると容認度が下がることを説明することができない。(62)の場合、その後に何か他の表現が続くと感じられるため、言い切ると不自然になるのに対し、(61)の場合、文脈による支えがなくても、独立した文として容認可能である。話者が程度の甚だしさを長時間感じていることについて聞き手に共感を求めるという機能が、テ形反復言い切りという形式と慣習的に結びついていると考えられるからである。

以上の考察により、テ形反復言い切り構文が、テ形反復構文とテ形言い切り構文の両方の特徴を継承するとともに、聞き手の共感を促すという特徴を持つことが明らかになった。

テ形反復言い切り構文の意味的特徴をまとめると以下のようになる。

① 話者が程度の甚だしさを長時間にわたって体験したことをあらわす。
② 程度の甚だしさについて、聞き手に対して、共感を求める働きをする。

こうした特徴を踏まえ、テ形反復言い切り構文の構文的意味を、以下のように記述する。

「形容詞テ形（Ａくて）の反復（言い切り）」：
＜話者がＡである程度の甚だしさを長時間にわたって体験した（ことについて聞き手の共感を求める）＞

5.3.4　形容詞テ形の反復構文の形式的特徴

ここでは、形容詞テ形の反復構文（テ形反復構文およびテ形反復言い切り構文）の形式的特徴について述べる。まず、2つのテ形の間に他の語句の挿入が可能かどうかについて検討する。

(63) 私どうかしてお母様を助けて上げたくてしようがありませんけど、{とても怖くて怖くて／*とても怖くてとても怖くて}そんなことが出来そうにありません。（夢野久作『継子』、青空文庫）
(64) 熊谷潤、37歳。運動といえば月に1、2回、息子とキャッチボールをする程度。歩いた夜は、{足が痛くて痛くて／？足が痛くて足が痛くて}。知人に話すと「情けない」と笑われました。
（朝日新聞、2006年3月10日）

形容詞テ形を副詞（句）や後置詞句が修飾する場合、全体につくのが普通である。(63)のように程度の副詞がテ形を修飾する場合、両方のテ形の前に副詞を置くことはできない。(64)のように名詞句がガ格としてテ形につく場合は、全体につくほうが自然であるものの、両方のテ形の前に置くことも容認される。これは、単に「痛い」のではなく「足が痛い」ことが問題となっているからであろう。いずれの場合も、2つのテ形が他の語句を介在せずに連続する方が好まれるため、テ形反復の統語的結束性の高さが示される。

次に、テ形反復構文とテ形反復言い切り構文で、形式的特徴に違いが見られる点について述べる。前述したように、テ形反復構文およびテ形言い切り構文は、動詞テ形を用いることもできる((65)および(66)参照)のに対して、テ形反復言い切り構文は形容詞に限られる。そのため、(67)や(68)のように動作の継続や反復をあらわす動詞のテ形反復で文を言い切ると非文になる[15]。

(65) あんまり苦しくて息がつけなくなるととまって空を向いてあるき又うしろを見てはかけ出し、走って走ってとうとう寺林についたのです。
(宮沢賢治『二人の役人』、青空文庫)

(66) 「お母さん。今日は角砂糖を買ってきたよ。牛乳に入れてあげようと思って。」 (宮沢賢治『銀河鉄道の夜』、青空文庫)

(67) *一晩中飲んで飲んで。

(68) *一刻も早く目的地に着くために、走って走って。

したがって、テ形反復言い切り構文のほうが、テ形反復構文より形式的に独自性の高い表現であるといえる。

5.3.5 形容詞テ形の構文ネットワーク

ここでは、形容詞テ形に関わる構文が、図23のようなネットワークを作ることを指摘する[16]。通常のテ形から、メトニミーによりテ形言い切り構文が拡張し、また、同一語句の反復表現との結びつきによりテ形反復構文が作られる[17]。テ形言い切り構文も、テ形反復構文も、形容詞テ形の用法・特徴のすべ

15 以下のように、聞き手に行為を促す場合には、動詞のテ形反復で言い切ることができる。

(a) もっと飲んで飲んで。

16 図23において、実線の矢印は構文の事例であることを示し、点線の矢印は拡張された表現であることを示す。

17 図23においては省略しているが、テ形反復構文の上位には「反復」スキーマが位置づ

てを継承しているわけではないため、通常の形容詞テ形の事例ではなく、拡張した表現といえる。

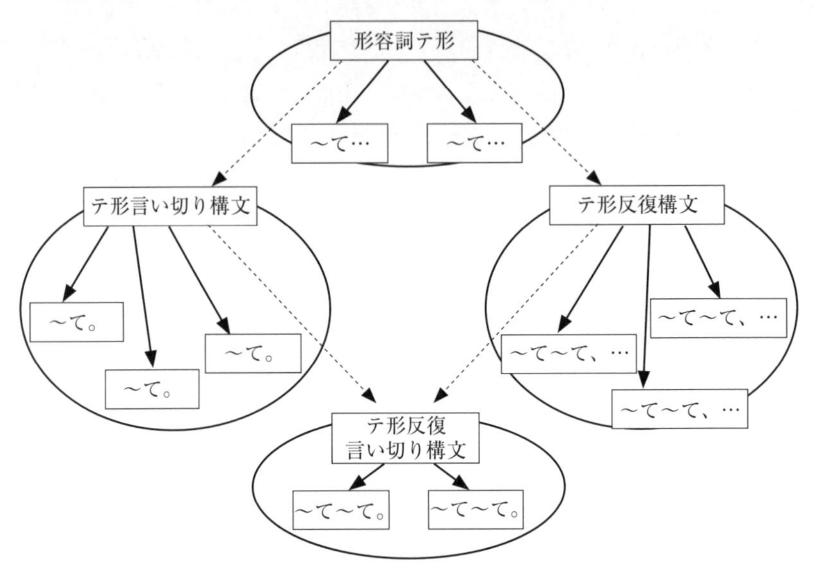

図23　形容詞テ形の構文ネットワーク

さらに、2つの構文の融合によって、テ形反復言い切り構文が拡張されるが、他の2つと異なり形容詞テ形にしか用いられないという特徴を持っており、形式面での独自性が最も高い。また、意味面でも他の2つの構文の持つ特徴に加え、聞き手への共感を求めるという特徴を有している。構成部分から予測できない程度を構文らしさとすると、最も構文らしい構文であるといえる。

5.4　第5章のまとめ

本節では、第5章で考察した形容詞反復構文についてのまとめを行う。

けられ、他のさまざまな反復表現が事例として含まれる。

5.2では、「AばAほど」について考察し、複数の主体または同一主体の異なる時点における程度の高さを比較する表現であること、Aである程度の増加と後件の程度の増加が相関関係にあることだけでなく、Aである程度の高さを強調する表現であることを示し、構文としての意味を以下のように記述した。

「AばAほど＋後件」：
＜(複数の主体、または同一主体の異なる複数の時点を比較し)Aである程度の甚だしさが強まるのに比例して、後件があらわす程度も甚だしくなる＞

5.3では、形容詞テ形の繰り返しを含む表現として、「テ形反復構文」(形容詞テ形を繰り返し後件に接続)および「テ形反復言い切り構文」(形容詞テ形の繰り返しで文を言い切る)について考察した。これらは、形容詞の繰り返しによる程度の強調のほか、テ形の繰り返しに動機づけられた、話者の体験の継続という意味が、全体の意味に貢献していることを示した。

また、「テ形反復言い切り構文」は、単独のテ形で言い切る表現とは異なり、文としての独立性の高い表現であり、聞き手の共感を促す表現であることを示した。2つの構文の構文的意味を以下のように記述するとともに、これらの構文が通常のテ形の用法や単独のテ形で言い切る用法と、ネットワークを形成することを指摘した。

「形容詞テ形(Aくて)の反復＋後件」：
＜話者がAである程度の甚だしさを長時間にわたって体験したことが原因で、後件の事態が生じる＞
「形容詞テ形(Aくて)の反復(言い切り)」：
＜話者がAである程度の甚だしさを長時間にわたって体験した(ことについて聞き手の共感を求める)＞

このように形容詞反復構文について考察し構文としての意味を記述したところ、いずれの場合も、程度の甚だしさを意味的特徴として有することがわかった。したがって、形容詞の重複が程度の増加をあらわすという先行研究の指摘は、本章で取り上げた形容詞反復構文においても成り立つことがわかった。つまり、同一形容詞を繰り返すことによって、当該形容詞のあらわす程度が増加することを類像的にあらわすということである。

第6章
述語反復構文の考察

6.1　第6章の目的

前章までは、さまざまな名詞反復構文、動詞反復構文、形容詞反復構文について、それらが構成要素等から予測できない特徴を持つ、形式と意味との慣習的結びつきであることを指摘し、構文的意味を記述してきた。若干の例外はあるものの、それらの構文において入れ替え可能な語の品詞は固定している[1]。例えば、名詞反復構文の「NまたN」のNの位置に、動詞を入れて事態の反復をあらわすことはできない。

本章で取り上げる2つの反復構文は、繰り返される部分にさまざまな品詞を用いることができるという特徴がある。1つ目の表現は、以下の例のように「といえば」の前後に同じ語句が繰り返されるものである。

（1）　そのギャラは居酒屋でバイトをするのと代わらないような金額だが、学生時代決してアルバイトをしなかった彼が働く気になったのだから進歩といえば進歩だ。　（山本文緒『プラナリア』、p.188、文春文庫）

（2）　まあ忙しいといえば忙しいんだが、時間のほうは何とかなるでしょう。　（乃南アサ「忘れ物」、『家族趣味』所収、p.91、新潮文庫）

（3）　給金のことを聞かずにきたのは、抜けていたと言えば抜けていたが、

1　例外として、4.5および5.2で述べたとおり、「〜ば〜ほど」は、動詞反復にも形容詞反復にも用いられる。また、5.3.4で述べたように、後件を伴うテ形反復は、形容詞反復だけでなく動詞反復にも用いられる。

おばあさんの言うように、金だけが大事なものとも思っていなかった。
（山本有三『路傍の石』、新潮 100）

２つ目の表現は、以下の例のように「ことは」の前後に同じ語句が繰り返されるものである。

（４）　やはり女性であることは女性であったのだな………
（http://d.hatena.ne.jp/nekomatagi/20050611）

（５）　偉いことは偉いのだろうが、この養父の調子のよさが、彼にはまったく気性にあわなかったのである。（北杜夫『楡家の人びと』、新潮 100）

（６）　ダンスにも行くことは行きますけれど、今までのように頻繁ではなく、行っても余り沢山は踊らずに、程よいところで切り上げて来る。
（谷崎潤一郎『痴人の愛』、新潮 100）

これら２つの反復構文では、日本語の述語として用いられる、動詞、形容詞および名詞＋「だ」が繰り返されている[2]。また、表現全体も述語として働き、「SはPといえばP」あるいは「SはPことはP」の形式で用いられる[3]。したがって、（７）のように、名詞句として用いることはできないし、（８）のように、名詞修飾で用いられるとやや容認度が下がる。

（７）*私は{野菜といえば野菜／野菜であることは野菜}が好きだ。
（８）?これは{面白いといえば面白い／面白いことは面白い}小説だ。

これら２つの述語反復構文には、われわれが日常生活において経験する事物を有意味なグループにまとめるカテゴリー化というプロセスが関係している。また、カテゴリーの周辺例を浮き立たせるヘッジ表現としての働きをしていると考えることができる。この後、「PといえばP」と「PことはP」の順に、それぞれの意味的特徴や形式的特徴についての考察および類義表現と

2　ただし、「といえば」の前後に名詞が繰り返される場合、前の名詞には「だ」がつかない。また、「ことは」の前後に名詞が繰り返される場合、形式名詞「こと」に接続するために、「名詞＋であることは＋名詞（である／だ）」となる。
3　以下、繰り返される部分をP（Predicate）と表記する。

の比較を行う。

6.2 「P といえば P」

本節は、以下の例のように「といえば」の前後に同じ語句を繰り返す「PといえばP」という表現を取り上げ、意味的および形式的特徴について考察する。また、この表現の解釈に、カテゴリー化がどのように関係するかを示し、構文としての意味を記述する。

（9） 世間一統、年を祭り替えるようなことは気休めと言えば、気休めだが、そんなことでもして悪病の神を送るよりほかに災難の除けようもないと聞いては、年寄役の伏見屋金兵衛なぞが第一黙っているはずもなく、この宿でも八月のさかりに門松を立て、一年のうちに二度も正月を迎えて、世直しということをやった。

（島崎藤村『夜明け前』、青空文庫）

（10） 新しい長兄夫婦ができた以上、出戻りの娘が大きな部屋を明け渡し、小部屋に移るのは当然と言えば当然である。

（渡辺淳一『花埋み』、新潮 100）

6.2.1 先行研究とその問題点

「PといえばP」という表現を取り上げた先行研究には、森田・松木（1989）と国広（1989, 1997）がある。

森田・松木（1989: 52）は、「PといえばP」の意味を、「Pと言おうとすれば言うこともできる」、「Pと言おうとすれば言えないこともない」と記述し、「しかしPと言うほどでもない」という否定のニュアンスが裏にあることを示唆すると述べている。

（11） この学校は設備がそろっているし、教授陣も申し分ないが、授業料がかなり高いことが不満といえば不満だ。

(12)　彼は頭が切れるといえば切れるが、特に目立った秀才というわけではない。(以上2例　同書 : 52)

国広(1997: 279)は、「PといえばP」の意味を、「Pであることをちょっと譲歩して認める」とし、Pに入る品詞は名詞と形容(動)詞であると述べている[4]。(13)(14)は形容詞の例であり、(14)は名詞が入る例である。

(13)　「大津絵」一曲のために十万円というのは高いといえば高い、安いといえば安い。まあ、頃あいというところだろう。
(山口瞳『生き残り』)(同書 : 279)

(14)　以前だったら苦労して自分で持ち帰ったものを、お金があるから宅配便に託してしまう。ぜいたくな話だが、これは進歩といえば進歩なのかもしれないし、ありがたい文化といえばありがたい文化なのかもしれない。
(マークス寿子『大人の国イギリスと子どもの国日本』)(同書 : 279)

どちらの意味記述も、本来ならばPとはいえないものについて、譲歩すればPであるということも可能であるということであるが、この記述では説明が難しい例もある。例えば、(14)において、宅配便で荷物を送ることは、便利さという観点に着目すれば、明らかに「進歩」であり、「ありがたい文化」であるといえるだろう。一方、苦労して自分で持ち帰っていた時代に感じていた、物に対するありがたみを感じることが今では少なくなっていることを考えると、物質的な便利さではなく、人間的な豊かさという観点からは、宅配便で荷物を送ることを「進歩」とか「ありがたい文化」とはいえないだろう。したがって、単に譲歩することによって、「進歩」や「ありがたい文化」と呼ぶことができるわけではなく、着目する観点を変えることによって、そのように呼ぶことが可能になることをあらわしている、というほうが適切である。

4　前述したように、「PといえばP」には動詞が用いられる場合もある。

6.2.2 「P といえば P」の意味的特徴

まず、「P といえば P」の P の位置に名詞が入る場合から検討する。スイカが野菜かどうかについて述べた次の 2 つの文を比較してみる。

(15) a. ?スイカは野菜だ。
 b. スイカは野菜といえば野菜だ。

(15a) がやや容認度が下がるのは、スイカが「野菜」カテゴリーの中で周辺的な成員であるからだけでなく、どちらかといえば「果物」カテゴリーの成員であると考えられているからである。それに対して、(15b) は自然な表現である。後に文を続けて、「野菜ではないといえば野菜ではない」、あるいは「どちらかというと果物だ」のようにいうことができる。

「野菜」カテゴリーを特徴づける属性には、「副食用」、「草本性」、「緑黄色」、「生で食べられる」、「ビタミンを多く含む」などが考えられる[5]。「キュウリ」、「ピーマン」などの典型的な野菜は、これらの属性をすべて満たしている。それに対して、「スイカ」は、「草本性」や「生で食べられる」は満たすが、少なくとも「副食用」ではない。「野菜といえば野菜」という場合、例えば「草本性」という属性を際立たせ、他の属性を無視することによって、「野菜」カテゴリーを拡大させ、その結果、「スイカ」を含めることが可能になると考えられる。

このことを図示すると図 24 のようになる。実線があらわすカテゴリーが、「副食用」、「草本性」などの属性すべてを満たす「野菜」であるのに対し、点線は「草本性」という属性に焦点を当て、拡大されたカテゴリーをあらわす。そして、「スイカ」は前者には入らないが、後者には所属すると判断されている。

5 「野菜」という語の国語辞典の記述を見ると、「生食または調理して、主に副食用とする草本作物の総称」(『広辞苑』第六版)、「食用に育てた植物。青物」(『大辞林』第二版) とある。

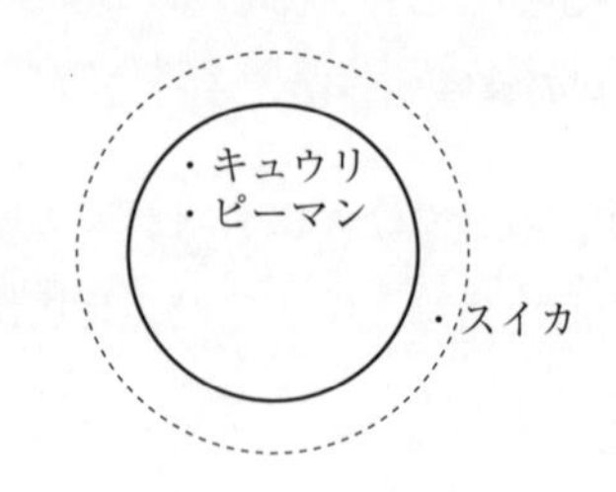

図24 「野菜といえば野菜」

それに対して、「キュウリ」、「ピーマン」など、「野菜」カテゴリーを特徴づける属性すべてを満たす成員(「野菜」カテゴリーの典型例)については、以下のような表現は不自然となる。これは、カテゴリーを拡大させなくても、当然「キュウリ」や「ピーマン」は「野菜」カテゴリーに含まれるからである。

(16) ?キュウリは野菜といえば野菜だ。

「PといえばP」に名詞が用いられる例をもう1つ見てみよう。

(17)a. ?ハトは鳥といえば鳥だ。
　b. ペンギンは鳥といえば鳥だ。

(17a)が不自然なのは、(16)の場合と同様であり、「ハト」が「鳥」カテゴリーの典型例であるからである。一方、現代の一般的な生物学的知識では、「ペンギン」が「鳥」カテゴリーに属するのは明らかであるのに、(17b)が不自然ではないのは、「ペンギン」が「鳥」カテゴリーを特徴づける属性のうち「飛べる」という属性を満たさないからである。この場合、「スイカ」の例とは逆に、「飛べる」という属性を満たす成員に限定することで、「鳥」カテゴリーを縮小していると考えることができる[6]。

6 このことは、次のような表現が可能なことからも確認できる。
　(a) 飛ばない鳥など鳥ではない。　(森 2007: 143)
　この文において、2番目の「鳥」は縮小された「鳥」カテゴリー(「飛べる」という属性を含むカテゴリー)をあらわし、「飛べない鳥」(例:ペンギン)は、そこには含まれない。

このことを図示すると図25のようになる。実線があらわすのは現代の一般的な知識による「鳥」カテゴリーであるのに対し[7]、点線があらわすのは「飛べる」という属性を満たす成員に限定した「鳥」カテゴリーである。

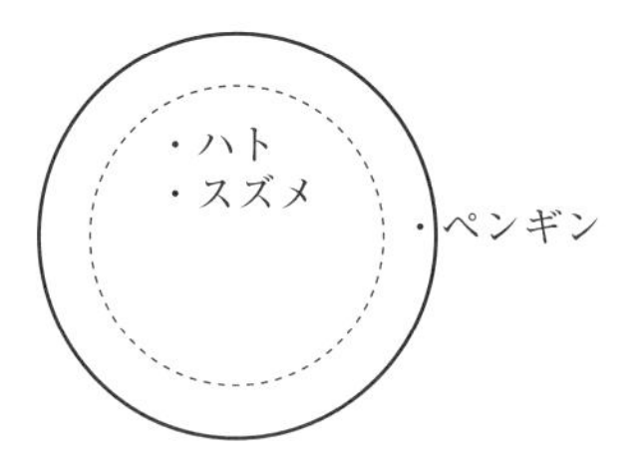

図25 「鳥といえば鳥」

図25を図24と比べてみると、実線と点線が逆になっているものの、いずれの場合も話題となる事物(「スイカ」、「ペンギン」)が狭いほうのカテゴリーには属さないが広いほうのカテゴリーには所属するという点では共通している。

さらにもう1つ例を見てみよう。

(18) ?コウモリは鳥といえば鳥だ。

この場合、「コウモリ」が鳥ではなく哺乳類であることは、現代の一般的な生物学的知識から明らかであるので、(17b)に比べると容認度は下がる。それでも、「*コウモリは鳥である」と比べれば、容認度が上がるだろう。この場合は、(15b)と同様に、「飛べる」という属性に焦点を当て、他の属性(「卵を産む」、「くちばしがある」など)を無視することによって、「鳥」カテゴリーを拡大させていると考えることができる[8]。

坂原(2002: 112)は、以下のような同様の例について、階層化されたカテゴリーX(典型性に差異のあるカテゴリー)から典型的メンバーだけを取り出して、新たなカテゴリーX_0(「真のX」)を作ると、Xの非典型的なメンバーaは、X_0のメンバーではないと述べている。

(b) ネズミを捕らないネコは、ネコでない。

7 したがって、「?スイカは野菜だ」と比べ、「ペンギンは鳥だ」の容認度は高い。

8 Taylor(2003: 80)に同様の例(以下の(a))が挙げられている(日本語訳は辻他訳(2008: 130))。この例を参考にして、(18)を(b)のように書き換えると、さらに容認度が上がるだろう。

以上をまとめると、「スイカは野菜といえば野菜だ」の場合には、話題の事物が、本来のカテゴリーには入らないが、拡大されたカテゴリーには所属しうると判断を下しているのに対して、「ペンギンは鳥といえば鳥だ」の場合には、周辺的な成員であるため縮小されたカテゴリーには所属しないが、本来のカテゴリーには入るということである[9]。

いくつかの実例をもとにさらに検討してみよう。(19) と (20) は、「スイカは野菜といえば野菜だ」と同様にカテゴリーが拡大された例である。

(19) 数学をやることが趣味といえば趣味です。
（http://www.iuk.ac.jp/~chiikisousei/chiikisousei/teachers/introdc/ohkubo.html）

一般的には、数学は趣味とは考えられていない。また、この文の話者は大学で数学を教える教員であり、専門家として数学に取り組んでいる。テニス選手にとってのテニスや、ギター奏者にとってのギター演奏を趣味とはいえないのと同様に、この文の話者にとって数学は本来趣味ではない。つまり、数学は本来の「趣味」カテゴリーには入らないが、「自身の楽しみのために行う」という属性に焦点を当て、「余暇に行う（職業としてではない）」という属性を無視することによって、拡大されたカテゴリーには所属することをあらわしている。

(20) 文治も手伝って船を漕ぎますが、どうも手ごしらえの櫂といえば櫂、棒同然な物で大海を乗切るのでありますから、虫の匍うより遅く、そうかと思うと風の為に追返されますので、なかなか捗取りませぬ。
（三遊亭圓朝『後の業平文治』、青空文庫）

(a) Loosely speaking a bat is a bird, in that it has wings and can fly.
（羽があって飛べるという点で、大雑把にいえばコウモリは鳥である）
(b) コウモリは飛ぶことができるという点では鳥といえば鳥だ。

9 何が「本来の」カテゴリーであるかは固定したものではなく、時代差や個人差があり、また文脈によっても変化しうることが予想される。例えば、農学的知識のある人にとっては、「スイカ」は当然「野菜」カテゴリーに含まれるであろう。その場合、「副食用」という属性を満たす成員に限定することによって、カテゴリーが縮小されると見ることができる。

この場合、「船を漕ぐための道具」という「櫂」カテゴリーにとって本質的ともいえる重要な属性に焦点を当て、他の属性（形状、材質など）を無視することによって、「櫂」カテゴリーを拡大させていると考えられる。そして「棒同然な物」が、本来の「櫂」とはいえないが、拡大された「櫂」に入ると判断されている。

次は、「ペンギンは鳥といえば鳥だ」と同様に、カテゴリーが縮小された例である。

(21) ほくろとは、よく病気ですか？ と聞かれる事がありますが、色素性母斑という病名がついていますので病気といえば病気ですが気にならなければ病気でないですよ、とお答えしています。

(http://ww6.et.tiki.ne.jp/~ksaitof/lec1.htm)

「色素性母斑という病名」とあることから、「ほくろ」は本来の「病気」カテゴリーに所属すると判断されている。「病気」カテゴリーを特徴づける属性としては、「生理状態の異常」、「苦痛を感じる」などが考えられるが、「苦痛を感じる」という属性は、必ずしもすべての成員に当てはまるものではない。その属性を満たす成員に限定することで縮小された「病気」カテゴリーが作られ、そこに、「ほくろ」は入らないということである。

以上の実例で検討したように、本来のカテゴリーと拡大されたカテゴリー、本来のカテゴリーと縮小されたカテゴリーという違いはあるものの、いずれの場合も、2つのカテゴリーが想定され、話題となる事物が狭いほうのカテゴリーには属さないことを前提として、もう一方の広いほうのカテゴリーに所属することを、「PといえばP」であらわしている。

次に、「PといえばP」のPの位置に形容詞が入る場合について検討する。Pが形容詞の場合も、形容詞が示す属性を有するものをカテゴリーとして捉えることによって、名詞の場合と同様に考えることができる。次の例では、話者が「面白い」と思うものが作るカテゴリーに、「この本」が所属しうると判断していることをあらわしている。

(22) この本は、面白いといえば面白い。

しかし、無条件で「面白い」と言っているのではなく、場合によっては「面白くない」と判断されることもある。無条件で「面白い」ことをあらわすなら、単に「この本は面白い」というだろう。したがって、「面白いといえば面白い」は、図26のように、無条件で「面白い」ものが作るカテゴリーには入らないが、拡大された「面白い」カテゴリーには所属しうることをあらわしている。

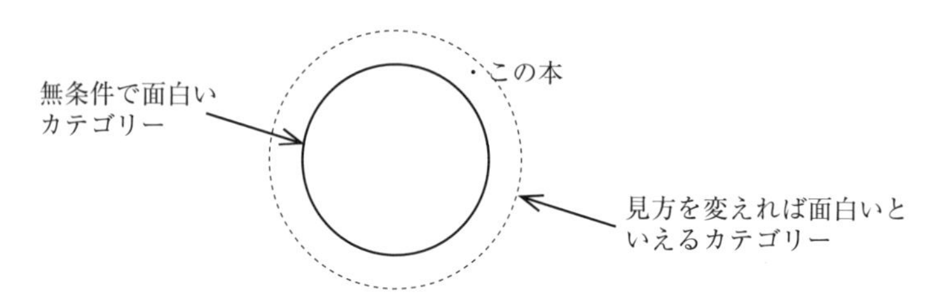

図26 「この本は、面白いといえば面白い」

ただし、名詞が入る場合と異なるのは、カテゴリー拡大の動機づけとなるものである。名詞の場合には、カテゴリーを特徴づける属性に焦点を当てることによって、カテゴリーが拡大または縮小されたが、形容詞の場合は、属性というより着目する観点というほうが妥当であろう。例えば、(22)の場合、「この本」を無条件で「面白い」とはいえないが、着目する観点(例えば、内容、表現技法など)を変えることによって、「面白い」といえるということである。

以下で、「PといえばP」に形容詞が入る場合について、実例をもとに確認する。次の例は、(22)と同様にカテゴリーが拡大された例である。

(23) 坂本繁次郎。おもしろいと言えばおもしろいがそれは白日の夢のおもしろさで絵画としてのおもしろみであるかどうか私にはわからない。この人の傾向を徹底させて行くとつまりは何もかいてないカンバスの面がいちばんいい事になりはしないか。

（寺田寅彦『昭和二年の二科会と美術院』、青空文庫）

「白日の夢のおもしろさ」、「絵画としてのおもしろみ」とあることから、話者が「おもしろい」と思うものが作るカテゴリーとして、観点の違いによって２つのカテゴリーを認めていることがわかる。そして、本来のカテゴリー（「絵画としてのおもしろみ」）に入るかどうかはわからないとしながら、拡大されたカテゴリー（「白日の夢のおもしろさ」）には所属すると述べている。

次は、本来のカテゴリーと縮小されたカテゴリーが想定される例である。

(24) 「いいえ、けっしてそんなことは……ただ、なんです。少し学校が遠いものですから」
「そりゃ川ひとつ隔てていますから、遠いといえば遠うございますが、しかし、前にもずうっとここから、おかよいになっていらしったんじゃございませんか」 （山本有三『波』、新潮絶版）

この場合、「学校」までの距離が、物理的距離に着目した本来の「遠い」カテゴリーに所属することを、話者が認めるものの、「前にもずうっとここから、おかよいになっていらしった」点に着目して縮小された「遠い」カテゴリーには入らないことをあらわしている[10]。

ここでの「遠いといえば遠い」が、本来のカテゴリーと縮小されたカテゴリーをあらわすことは、以下のように「遠い」１語に置き換えられた場合には、本来の「遠い」カテゴリーに属することしかあらわさないことから確認できる。

(25) 「そりゃ川ひとつ隔てていますから、遠うございますが、（以下省略）」

次も同様の例である。

(26) 彼女のようなほっそりとした美人がそんなにガツガツと食事をするのを見たのははじめてだった。しかしそれはまあ見事といえば見事な食

10 物理的距離は同じでも、通い慣れた道と初めて通る道では、心理的に感じる距離が異なることは、われわれが日常生活で経験していることであろう。

べっぷりであった。

（村上春樹『世界の終りとハードボイルド・ワンダーランド』、新潮 100）

この場合も「見事といえば見事な」を「見事な」に置き換えることができるため、彼女の食べっぷりは、本来の「見事な」ものが作るカテゴリーに属すると考えられている。しかし、女性が「ガツガツと食事をする」ことはあまり褒められたことではないという観点によって縮小されたカテゴリーには入らないということをあらわしている。

このように、「PといえばP」に形容詞が用いられる場合も、形容詞が示す属性を有するものが作るカテゴリーを想定することによって、名詞の場合と同様に考えることができる。そして、着目する観点を変えることによってPではない（Pカテゴリーには属さない）ことが可能になることを前提として、Pである（Pカテゴリーに所属する）と判断を下しているといえる。

さらに、「PといえばP」のPの位置に、以下のように動詞が入る場合もある。

（27）　給金のことを聞かずにきたのは、抜けていたと言えば抜けていたが、おばあさんの言うように、金だけが大事なものとも思っていなかった。

（＝（3））

この場合、「抜けていたと言えば抜けていた」を「抜けていた」に置き換えることができる。また、ここでの「抜けていた」は、「間が抜けていた」、「注意力が散漫であった」ことであり、「給金のことを聞かずにきた」ことは、本来の「抜けていた」ものが作るカテゴリーに属するといえる。しかし、「金だけが大事なもの」ではないという観点から見ると、金のことについて注意を払わないことは「抜けていた」とはいえない。すなわち、「抜けていた」カテゴリーが縮小され、「給金のことを聞かずにきた」ことは、その縮小されたカテゴリーには入らない、つまり、「抜けていた」と評価することは妥当ではないということである。

以上の考察により、「（Sは）PといえばP」には次のような特徴があることがわかった。

① Pが作るカテゴリーには、広いカテゴリー(P_1)と狭いカテゴリー(P_2)の2つが想定されている。

② 2つのカテゴリーを生み出す動機づけとなるのは、Pが名詞の場合はカテゴリーを特徴づける属性であり、Pが形容詞と動詞の場合は着目する観点である。

③ 主体Sは、狭いカテゴリーには属さない(P_2ではない)が、広いカテゴリーには属する(P_1である)と捉えられている。

このような意味的特徴には、構成要素「といえば」の意味も貢献している。籾山(1997)は、「言う」を多義語であると考え、7つの意味を記述し、そのうち、次の(28)のような「言う」を、「見なす」あるいは「判断する」に近い意味であると述べている。

(28) ともかく博報堂に入社したことは、その後のわたしの人生を決めるうえで、運命的な出来事だったといえる。
(逢坂剛「脇道の人生」、文藝春秋編『無名時代の私』、p.74、文春文庫)
(同書 : 32)

「PといえばP」に含まれる「いう」は、この意味であると考えられる。(29a)を(29b)のように言い換えることもでき、その場合、「スイカは野菜と見なせる」ということである。また、籾山(1997)が、この意味の「言う」は基本形では使えないと述べているように、(29c)のようにいうことはできない。

(29) a. スイカは野菜といえば野菜だ。 (=(15b))
b. スイカは野菜といえる。
c. *スイカは野菜という。

このことから、「PといえばP」には、多義語「言う」の意味の1つが貢献していると考えられる。

また、「PといえばP」には、「ば」の意味も貢献している。「ば」の持つ条件の意味を考慮すると、次の(30a)をもとに(30b)のような内容が推意される。したがって、ペンギンが属する「鳥」カテゴリーとペンギンが属さない「鳥」カテゴリーの2つが想起されることに、条件をあらわす「ば」の意味が関与していると考えられる。

(30) a. ペンギンは鳥といえば鳥だ。 (＝(17b))
b. ペンギンは鳥といわなければ鳥ではない。

しかし、「PといえばP」の意味は、構成要素の意味を合成的に解釈しても厳密には得ることができない。「といえば」の意味が2つのカテゴリーの想起に貢献してはいるものの、何が異なるカテゴリー化の動機づけとなっているかについては、「といえば」からは得ることができないからである。

また、「PといえばP」の意味が構成要素から合成的に解釈可能ならば、「といえば」を「と呼べば」、「と名づければ」のような類義表現に変えても意味が成り立つことが予想されるが、以下のように置き換えた文は、全く意味をなさない。

(31) a. *ペンギンは鳥と呼べば鳥だ。
b. *ペンギンは鳥と名づければ鳥だ。

したがって、「PといえばP」の持つ意味的特徴は、構成要素の総和から厳密に得られるものではないため、パターン全体に結びついていると考えるべきである。

以上のような特徴を踏まえて、「(Sは)PといえばP」の構文的意味を、以下のように記述する。

「(Sは)PといえばP」(Pは、名詞(＋だ)、形容詞、動詞):
＜(Sは)着目する属性や観点を変えることによって、Pであるとはいえないことがあることを前提として、Pであると判断することができる＞

最後に、「(Sは)PといえばP」に後続する表現について考察する。森田・松木(1989: 52)が「否定のニュアンスが裏にあることを示唆する」と述べるように、実例を見ると、逆接で後の文に続いているものが多い。

(32) まあ忙しいといえば忙しいんだが、時間のほうは何とかなるでしょう。 (=(2))

(33) 構わないといえば構わないが、やはり客の中に自分の女がいるというのはやりにくい。 (山本文緒『プラナリア』、p.234、文春文庫)

「忙しい」、「構わない」と判断することができることと後件の内容が逆接の関係になっている。そして、後件の内容は、「PといえばP」が前提としている内容、すなわち、Pであるとはいえないことを具体化したものであるといえる。(32)(33)では、考え方次第では「忙しい」とはいえないことを、「時間のほうは何とかなる」と述べており、(33)の場合、「客の中に自分の女がいる」ことについて、観点を変えれば「構わない」とはいえないことを、「やりにくい」であらわしている。

6.2.3 「PといえばP」の形式的特徴

前章までに取り上げた反復構文の多くが形式的特徴として示した次の2点について、「PといえばP」についても成り立つかどうか確認してみる。

① 他の語句の挿入ができない。

② 語順の入れ替えができない。

まず、1点目について見ると、以下の例が示すように、「Pといえば」の後に後置詞句を挿入することはできない。

(34) a. スイカは野菜といえば野菜だ。 (=(15b))

b. *野菜といえばスイカは野菜だ[11]。

---

11 次の(a)の場合は、「PといえばP」構文と異なる。「野菜といえば」で話題を提供し、それについて述べるものである。これは、(b)のように代表例を提示する表現と同様のものである。

(a) 野菜といえば、スイカも野菜だ。

(b) 野菜といえば、キュウリだ。

ただし、「確かに」、「まあ」のような副詞が挿入されることがある[12]。これはカテゴリーへの帰属度を高めたりあいまいにしたりする働きをする副詞であるため、「PといえばP」と共起しやすいといえる。

(35) この本は、面白いといえば確かに面白い。

(36) ただ、砂は、力を吸収した埋め合わせに、足音のほうも吸い取ってくれる。足音を気にしないですむところが、取柄といえばまあ取柄だろう。 (安部公房『砂の女』、新潮 100)

次に、2点目について見ると、「PといえばP」の語順は固定しており、次の例からわかるように、「Pといえば」を後置すると非文になる。

(37) a. 彼は、医者といえば医者だ。

b. *彼は医者だ、医者といえば。

(38) a. この本は、面白いといえば面白い。 (=(22))

b. *この本は面白い、面白いといえば。

したがって、「PといえばP」も、前章までに取り上げた多くの反復構文と同様、他の語句の挿入や語順の入れ替えが難しく、全体で1つのパターンとして機能しているといえる。

6.3 「PことはP」

本節は、以下の例のように「ことは」の前後に同じ語を繰り返す、「PことはP」という表現を取り上げる。カテゴリー化との関係を考察しながら構文的意味を記述するとともに、形式的特徴についても確認する。

(39) 堀久太郎は強いことは強いが、後に至って慶長の三年、越後の上杉景勝の国替のあとへ四十五万石(或は七十万石)の大封を受けて入った

---

12 森田(1989: 1037)は、この場合の「まあ」について、「今のところ、それほどではないが、どうにか」の意味であり、副詞として働くと述べている。

が、上杉に陰で糸を牽かれて起った一揆の為に大に手古摺らされて困った不成績を示した男である。（幸田露伴『蒲生氏郷』、青空文庫）

(40) この辺は最近ではほとんど降雪はないのですが降ることは降るのでスタッドレスは必需品です。

(http://lanciadelta.seesaa.net/article/71719156.html)

6.3.1 先行研究とその問題点

「P ことは P」の意味について記述した先行研究には、国広（1985a, 1989, 1997）、森田・松木（1989）、フィルモア（1989）、Okamoto（1990）、グループ・ジャマシイ編著（1998）、岡本・氏原（2008）などがある[13]。

まず、森田・松木（1989: 67）は以下のように述べている。

> 上下に同一または同意義の名詞＋「だ」・形容詞・形容動詞・動詞を用いて意味を強める用法である。"一応 A であることは確かだが、しかし～"の意で、一旦ある事実を肯定はするが、その後にそれとは矛盾する事柄が続くことを意識した表現である。逆にいえば、後に矛盾した事柄が続かざるを得ないぐらい、先の事実が不十分なもの、本来あるべき姿とは多少異なるものであることを強調する表現ということになろう。

以下に、森田・松木（1989）の例を挙げる。順に、名詞＋「だ」、形容詞、形容動詞、動詞が、「ことは」の前後に用いられる例である。

(41) 「一応医者であることは医者なのですが、牛や馬を診察するのが専門でしてね。」

(42) 山嵐は強いことは強いが、こんな言葉になると、おれよりもはるかに字を知っていない。（坊ちゃん）

(43) 果物は好きなことは好きだが、毎日食べたいというほどではない。

(44) 「早起きをしたことはしたんですが、支度に手間取って遅くなってし

13 そのほか、服部（1988）は、「P ことは P」構文の文法的性質や言語運用上の制約について詳細に記述しているが、意味についての分析はほとんどされていない。

まいました。」 (以上4例 同書 : 67)

次に、フィルモア(1989: 20)は、「相手が期待することを最低限のものに止めさせる機能があり、さらに右の項では、具体的にどんな推意が打ち消されるかが明確にされている」と述べている。

さらに、Okamoto(1990)は、「ことは」構文(*koto wa* construction)と名づけ、命題内容と話者の譲歩的態度をあらわす表現であると述べ、多くの場合、主節に対する前置きとして用いられるとしている。

そのほか、国広(1997: 278)は、「Aをちょっと譲歩して認める」と記述し、グループ・ジャマシイ編著(1998: 123)は、「譲歩の気持ちを表し、あることをいちおう認めるが、それほど積極的な意味を持たせたくない時に使う」、「動詞が使われた場合は、その行為をいちおうはおこなう(おこなった)が、結果は思わしくないだろう(なかった)、という意味を表す。「てみる」とともに使うことも多い」、「名詞や形容詞が使われる場合は、「それを否定するわけではないが」という意味になる」と述べている。また、岡本・氏原(2008: 95)は、「AことはA(がB)」という形式で、「Aは事実であるが、BでAに対する条件や意見・感想を付け加える」としている。

先行研究の多くは、「PことはP」には逆接表現が後続するとし、後続部分までを含めた意味を記述しているが、実例を見ると、必ずしも逆接表現が続くわけではないため、「PことはP」を構文の単位として認める必要がある。また、Pという同じ言語形式の繰り返しとの関係について検討した先行研究は見当たらない。

6.3.2 「PことはP」の意味的特徴

まず、「ことは」の前後に、同じ名詞+「だ」が繰り返される場合を見てみよう。

(45) a. 彼は医者だ。

b. 彼は医者であることは医者だ。

(45a) は、単に彼が「医者」カテゴリーの成員であることを述べる表現であり、カテゴリー内における典型性の程度、すなわち彼がどの程度医者らしいかについては問題とされていない。一方、(45b) の場合は、彼が「医者」カテゴリーに所属することを認めたうえで、周辺的な成員であることを示す表現である。次の (46) において、「牛や馬を診察するのが専門」と続いていることから、獣医も内科医や外科医と同じように医者であることを認めたうえで、典型的な医者ではないということをあらわしている。

(46) 「一応医者であることは医者なのですが、牛や馬を診察するのが専門でしてね。」 (=(41))

「P ことは P」と後続する部分を入れ替えても成り立つが、この場合、典型性の低い成員が、同じカテゴリーに含まれることを強調する働きをする。

(47) 牛や馬を診察するのが専門だが、医者であることは医者だ。

以上のことを図にあらわすと図 27 のようになる。

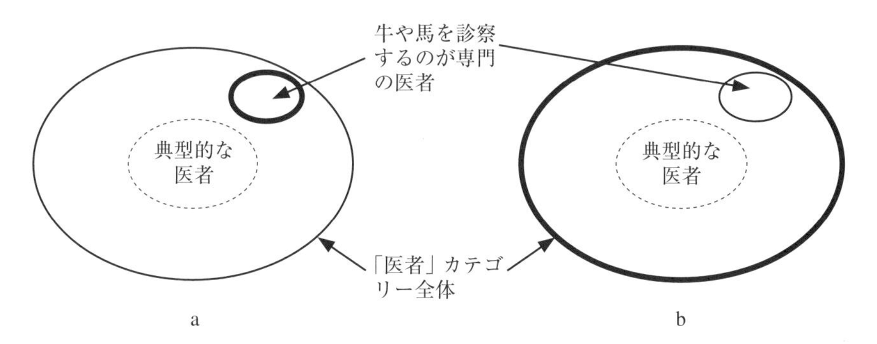

図 27 「医者であることは医者だ」

(46) は典型的な医者ではないことに焦点を当てるため図 27a のようにあらわされる。「医者」カテゴリー全体とその中に含まれる周辺的な下位カテゴリーをベースとして、そのうち、周辺的な下位カテゴリーがプロファイルされていることをあらわしている。典型的な下位カテゴリーが点線で描かれているのは、言語表現には反映されていないものの、フレーム的知識として喚起されることをあらわしている。一方、(47)は周辺的な下位カテゴリーが典型的な下位カテゴリーと同様、「医者」カテゴリーに含まれることに焦点が当てられるため、図27bのようにあらわすことができる。図27aの場合とベースとなる部分は同じであるが、「医者」カテゴリー全体がプロファイルされている点が異なる。つまり、周辺的な下位カテゴリーに含まれることを認めたうえで、包含するカテゴリーに含まれることがより重要であると捉えられているということである[14]。

ここで、再び以下の2つの文を比較する。

(48) a.　彼は医者だ。　(=(45a))

b.　彼は医者であることは医者だ。　(=(45b))

(48a)は、「医者」カテゴリーが1つ(図27の外側の楕円)しか想定されていないのに対し、(48b)では複数の「医者」カテゴリーが想定されている。このことを言語形式との関係で見ると、aでは「医者」という語が1つしか用いられていないのに対し、bでは2回繰り返されており、同じ語句の繰り返しという言語形式と、カテゴリーの包含関係とが対応関係にある。したがって、言語形式と意味内容との間に類似性を認めることができ、類像性(iconicity)の現れであるということができる。

次の例は、時間制有料駐車場で料金を支払わなかった行為について、典型的なものではないが、犯罪であることは確かであることを強調するものである。

(49)　少なくともあなたの払わずに帰った行為、そしてそれを常習的に行った行為は犯罪であることは犯罪ですから、最低でも駐車場に留めていた時間分の精算と慰謝料ぐらいは払ってもいいと思います。

14　坂原(2002: 122)は、以下の(a)のように「Aは、XはXだ」であらわされる表現を、トートロジ的述語と呼び、カテゴリーへの所属を認めた上で、メンバーのマージナル性を強調する表現であると述べる。しかし、坂原の例を(b)のように変形すると、マージナル性を認めた上で、カテゴリーへの所属を強調する表現となる。

(a) 花子は、女の子は女の子だが、めったにスカートをはかない。

(b) 花子は、めったにスカートをはかないが、女の子は女の子だ。

(http://questionbox.jp.msn.com/qa3396570.html)

次に、「ことは」の前後に、同じ形容詞が繰り返される場合を見てみよう。

(50) a. 私の父は怖い。
b. 私の父は怖いことは怖い。

(50a) は、「私の父」が「怖い」という属性を持つ、言い換えれば、「怖い」もののカテゴリーに含まれることをあらわしており、属性の程度すなわちカテゴリーへの帰属度の違いについては問題とされていない。それに対して、(50b) は、「怖い」ことを認めたうえで、その属性を留保するようなことがらの存在が含意されている。次の (51) の場合、「怖い」ことを認めたうえで、単に「怖い」だけではないという含意があり、後続の「扱いやすい人」で具体的に述べられている。

(51) 感情的ではあるが体育会系の父は素直なところを見せれば機嫌を直す。怖いことは怖いが、扱いやすい人でもあった。
(山本文緒『プラナリア』、p. 200、文春文庫)

次の (52) では、「強いことは強い」の後に、「今の王族中心の行き方ではいつかは当然問題が出てくる」とあり、サウジアラビアの王制が、絶対的な強さではないことが述べられている。

(52) サウジアラビアは王制が強いことは強いが、国民の知識水準が高まっていけば、今の王族中心の行き方ではいつかは当然問題が出てくる。もうひとつ民意を反映するようにしなければ不安定感が残ろう。
(http://www2.tba.t-com.ne.jp/dappan/fujiwara/article/middle_east.htm)

これらの例は、いずれも P である (P カテゴリーに所属する) ことを認めたうえで、典型的な事例ではないことを述べる表現である。

それに対して、名詞反復の場合と同様に、差異を認めたうえで、同じカテゴリーであることに焦点を当てるものもある。次の (53) では、信仰とは関係のない事業に着手することも、この地にとどまることも、信仰の道と無縁であることに変わりはないことが強調されている。

(53)　二十九年の夏、敗れて弾き出された志方はイムマヌエルを離れ十二里奥のクンヌイ(国縫)に行く決心をした。
「あそこにはマンガン鉱がある。前々から一度やってみたいと思っていた」
志方はクンヌイから来た山師にそそのかされていた。山にずぶの素人が簡単に成功する筈もなかったが、志方はすでに新しい事業に意欲を燃やしていた。
「それは信仰の道とはまるで無縁ではありませんか」
「この地にいても無縁なことは無縁だ」(渡辺淳一『花埋み』、新潮 100)

次に、「ことは」の前後に同じ動詞が繰り返される場合を確認する。

(54) a.　動物も人間同様に眠る。
b.　動物も人間同様に眠ることは眠る。

(54a)の場合は、動物の眠りと人間の眠りに違いは感じられず、どちらも「眠る」ものとして捉えられている(言い換えれば、「眠るもの」カテゴリーに所属すると捉えられている)のに対し、(54b)の場合、動物が「眠る」ことを認めたうえで、典型的な眠りではないことをあらわしている。次の(55)では、「眠ることは眠る」の後に、「かなりその生活状況に適応する形になっています」とあり、動物の眠りが、われわれ人間が考える典型的な眠りとは異なることが明示されている。

(55)　動物も人間同様に眠ることは眠るようですが、かなりその生活状況に適応する形になっています。
(http://mabou.jp/fumin/2007/12/post_80.html#pagetop)

次の例を見てみよう。「苦味丁幾」(という胃腸の薬)を飲んだら「酔った」と述べているが、それは酒を飲んだときの典型的な「酔った」とは異なることをあらわしている。

(56) 「苦味丁幾は、蒸溜しないで飲むと苦いもんだな。でも、我慢して水で割りながら飲むと、一合も飲めばちょっと酔った気分になれるんだ。今年の正月、僕は蒸溜しないのを二合ほど飲んだがね、酔ったことは酔ったが翌日下痢したよ。胃腸の薬だというのに不思議だね」
(井伏鱒二『黒い雨』、新潮 100)

これらの例は、いずれも P という事態が生じたことを認めたうえで、典型的な事例ではないことを述べる表現である。一方、動詞の場合にも、周辺的な事例であることを認めたうえで、P という事態であることに変わりはないことに焦点を当てるものもある。

(57) 「貴様は前にも、飛田と芋畑から芋を盗んだ。俺は知っている。沼の岸で木の根を焼くとき、灰のなかへいれて焼いて食った。人参も盗んで食った。貴様らは人一倍はたらいた。腹もへったろう。だが、盗んだことは盗んだのだ。校長が盗みの弁解など、きくひとかどうか、それは貴様の方がよく知っている。」 (三浦哲郎『忍ぶ川』、新潮 100)

「人一倍はたらいた」、「腹もへった」とあることから、この場合の「盗んだ」ことが情状酌量の余地のあるものであることがわかる。「盗んだことは盗んだ」によって、情状酌量の余地のある「盗んだ」も、情状酌量の余地のない「盗んだ」も、同じ「盗んだ」ことに変わりがないことが強調されている。

(58) 死の影がどんなものかといわれても答えられないが、見たことは見たのだ。 (新田次郎『孤高の人』、新潮 100)

「どんなものかといわれても答えられない」とあり、はっきりと見たわけではないため、「見た」という事態の周辺的事例であることがあらわされているが、「見たことは見た」によって、「見た」ことに変わりはないことが強調されている。

以上の考察の結果、「(S は)P ことは P」の持つ、以下のような意味的特徴が明らかとなった。

① Pがあらわす内容には、典型的なものから周辺的なものまで想定される。
② 主体Sは、Pが作るカテゴリーに含めることができる。
③ 主体Sは、Pカテゴリーの中では、周辺的なものである。

これらの特徴を踏まえ、「(Sは)PことはP」の構文としての意味を、以下のように記述する。

「(Sは)PことはP」(Pは、名詞+だ、形容詞、動詞):
＜(Sは)周辺的な事例であるが、Pであることは確かである＞

前述したように、Pであることを認めたうえで典型的な事例ではないことをあらわす場合と、典型的な事例ではないことを認めたうえでPであることに変わりはないことを強調する場合があるが、これは「PことはP」構文の2つの意味というよりも、文脈や場面に応じて意味的特徴の②と③のどちらに焦点が置かれるかによって決まると考えられる。

6.3.3 「PことはP」の形式的特徴

Okamoto(1990)が指摘するように、(59)や(60)のような表現と、(61)のような「PことはP」とは統語構造が異なる。

(59) 太郎があの手紙を書いたことは確かだ。
(60) あの手紙を書いたことは認める。
(61) 僕はそこへ行ったことは行った。 (以上3例 同書:251)

(59)や(60)では、「こと」が名詞節を導くとともに、それに続く「は」が先行する名詞節を主題化している。一方、(61)では、「僕はそこへ行ったこと」が文の主題ではなく、「行ったことは行った」が全体で述語として機能している[15]。

また、「こと」が導く節が (59) では主語、(60) では目的語の働きをしており、「は」をそれぞれ、格助詞「が」、「を」に置き換えることが可能であるが、(61) では、そのような置き換えは不可能である。次の (62) でも同様に「は」を格助詞に置き換えることはできない。

(62) 死の影がどんなものかといわれても答えられないが、{見たことは見た／*見たことを見た}のだ。 (＝(58))

次に、「P ことは P」についても、他の多くの反復構文と同様、統語的結束性の強さについて、次の 2 点が成り立つかどうかを確認する。

① 他の語句の挿入ができない。
② 語順の入れ替えができない。

1 点目について、Okamoto (1990) は、様態・時・場所の副詞や後置詞句の挿入はできないが、「確かに」、「本当に」などいくつかのモダリティ副詞は挿入可能であると述べている。これらの副詞は、カテゴリーへの所属の確かさを強調する「P ことは P」と共起しやすいと考えられる。

(63) *雨が降ったことは昨日降った。
(64) 昨日雨が降ったことは確かに降った。 (以上 2 例 同書 : 252)

2 点目についても、「P といえば P」と同様に、「P ことは P」の語順は固定しており、語順を入れ替えることはできない。

(65) *私の父は怖い、怖いことは。
(66) *昨日雨が降った、降ったことは。

---

15 次の例のように、同じ語句の反復を含む表現であっても、本節における「P ことは P」ではなく、「こと」が導く名詞節を「は」が主題化している場合もある。

(a) Y は「私としては、言うことは言ったので、クーリング・オフのはがきをこれから出します。」と言い、一方的に電話を切った。

(http://www.hkd.meti.go.jp/hokih/ihan_teishi/data.pdf)

「PことはP」の統語的結束性の強さを示す事実をもう1つ示す。「こと」が名詞節を導く場合、主節動詞がタ形のとき、「こと」の前の述語がタ形かル形かによって、あらわす時制が異なる。(67a) では、「そこへ行った」のは、「認めた」よりも以前の事態であるのに対し、(67b) では、「そこへ行く」のは、「認めた」より以後の事態である。

(67) a. 彼はそこへ行ったことは認めた。
　　b. 彼はそこへ行くことは認めた。

それに対して、「PことはP」の場合、後のPがタ形のとき、前のPはル形でもタ形でもあらわす時制に変わりはなく、どちらも後の「行った」と同じ過去の事態をあらわす (以下の (68) 参照)[16]。ここで注目すべきは、(68b) の場合である。下線部の統語構造は (69) のようになり、過去時制を示す「タ」が、2つの述語を支配下に置いていることがわかる。すなわち、「PことはP」が統語的に1つのまとまりとして認識された結果であるといえる。

(68) a. 彼はそこへ行ったことは行った。
　　b. 彼はそこへ行くことは行った。
(69) [行くことは行っ]た。

以上のことから、「PことはP」は、通常の統語規則から予測できない特徴を持つとともに、他の語句の挿入や語順の入れ替えを許さない結合性の高い表現であるといえる。

6.4 類義表現との比較

本章で考察した2つの述語反復構文は、いずれもカテゴリーの周辺例に焦点を当てる働きをするため、以下の例のように、互いに置き換えられる場合が多い。

16 形式と意味との一対一対応を考えると、(68) の2文の間にも、何らかの違いが存在することが予想されるが、今後の課題とする。

(70)　裏蓋に私の名前が彫ってあるので売ろうにも売れないし、{便利といえば便利／便利なことは便利}なので今も使い続けている。
（山本文緒『プラナリア』、p. 71、文春文庫）

(71)　三年間で行員の約一割に当たる千七百人の人員削減を目標に掲げている富士銀行の橋本徹会長は「人員削減など必要なリストラを今年も進めていく。トップとして{苦しいことは苦しい／苦しいといえば苦しい}が、努力して展望を開いていく過程は楽しい」と話す。
（朝日新聞、1999年1月6日）

ここでは、両者の比較を行い、その違いを明らかにする。また、前章までに取り上げた、他の類義表現との比較も行う。

6.4.1　「PといえばP」と「PことはP」の比較

まず、次の例を見てみよう。

(72) a.　今日は忙しいですか？
　b.　忙しいといえば忙しいです。
　c.　忙しいことは忙しいです。

「今日は忙しいですか」という質問に対する答えとして、「忙しいといえば忙しい」も「忙しいことは忙しい」も容認されることから、いずれも話題の事物がPであるかどうか、すなわちPカテゴリーに所属するかどうかを問題にする表現であるといえる。

しかし、両者の違いとして、(73a)のように、「PといえばP」には、他カテゴリーへの所属をあらわす表現が後続しうるのに対し、(73b)のように「PことはP」の場合には容認度が下がる。

(73) a.　忙しいといえば忙しいが、暇といえば暇だ。
　b.　?忙しいことは忙しいが、暇なことは暇だ。

「PといえばP」の場合、狭いほうのカテゴリーを想定することによって話題の事物がPカテゴリーに属さないという判断ができるため、他カテゴリーへの所属をあらわす表現を続けることができる。それに対して、「PことはP」は、カテゴリーへの所属を認めたうえで、周辺的存在であることを強調する表現である。つまり、話題の事物があくまでもPカテゴリーに所属すると判断するのであり、Pカテゴリーから除外するような判断はありえないということである。

(74) 妊婦と夫婦生活ができなかったから昔のガールフレンドに手を出したなんて、そんな陳腐な話ではない。まあ、{陳腐といえば陳腐／*陳腐なことは陳腐}なんだけれど。

(角田光代『空中庭園』、p. 55、文春文庫)

この場合、「そんな陳腐な話ではない」という判断が可能なことを前提として、「陳腐」と呼ぶことも可能であることをあらわすため、「陳腐といえば陳腐」が使われている。「陳腐なことは陳腐」とすると、「陳腐」ではないという判断はありえないことになり、前の文と矛盾するため容認されない。

(75) {面白いことは面白い／?面白いといえば面白い}が、面白いということで視聴者に誤解までは行かないけれど、若干の勘違いをさせている部分があるのではないか。

(http://www.tv-osaka.co.jp/ip4/sng/1191940_1284.html)

この場合は、後続する文を見ると、あくまでも「面白い」ことが前提となっているため、「面白いことは面白い」が用いられている。「面白いといえば面白い」に置き換えると、「面白い」もののカテゴリーに属さないという判断ができることをあらわすため容認度が下がる。

6.4.2 「Nらしくない N」との比較

「PといえばP」および「PことはP」において、話題となる事物はカテゴリーの周辺的な事例である。3.2.3で考察した、(76)のような「NらしくないN」という表現も、カテゴリーの周辺部分を際立たせる表現である。「NらしくないN」は、当該事物がNカテゴリーに所属することを前提としているのに対し、「PといえばP」や「PことはP」においては、そもそもPカテゴリーに所属するかどうかを問題としているという違いがある。

(76) 相当掛かったがやっと読み上げた。家内が借りてきたモノだが彼女は「私、いいからあなた読まない？」と言ったので読み出したのだが時間が掛かってしまった。一つは仕事に時間をとられたと言うこともあるが、いまいち乗ってこなかったと言うこともある。小説だというが、小説らしくない小説だ。「では無かろうか。」とか「と言ったのであろうか。」という歯切れの悪い文句で終始している。

(http://www.nsknet.or.jp/~fkms/doksho15.htm)

(77) ぼくは結構、本をプレゼントするんですよ。いつも贈るのは『ヴェネツィア水の迷宮の夢』(集英社)という本で、ヨシフ・ブロツキーというロシアの詩人の作品です。これは小説といえば小説ですが、薄い本で、散文詩みたいな感じですね。この本が好きで何冊か贈ったことがあります。 (http://www.bunshun.co.jp/jicho/barneys/barneys01.htm)

(76)の場合、「小説らしくない小説」の前の「小説だというが」からわかるように、話題としている本を、「小説」カテゴリーに所属させており、そのうえで、典型的な小説ではないことを「小説らしくない小説」によってあらわしている。一方、(77)では、「小説といえば小説」の前では、「ヨシフ・ブロツキーというロシアの詩人の作品です」と述べ、「小説」とは言っていないことから、『ヴェネツィア水の迷宮の夢』という本が小説であるということを前提としておらず、「小説といえば小説」によって、その本が「小説」カテゴリーに所属しうると判断している。

(78) 少なくともあなたの払わずに帰った行為、そしてそれを常習的に行った行為は{犯罪であることは犯罪／*犯罪らしくない犯罪}ですから、最低でも駐車場に留めていた時間分の精算と慰謝料ぐらいは払ってもいいと思います。 (＝(49))

この場合、駐車料金を「払わずに帰った行為」、「それを常習的に行った行為」が「犯罪」カテゴリーに所属するかどうかが問題になっている文脈であり、「犯罪であることは犯罪」によって、周辺的ではあるが「犯罪」であるという判断を下している。犯罪であることが前提となっているわけではないので「犯罪らしくない犯罪」に置き換えることはできない。

また、次の(79)のように、ある成員が、カテゴリーに所属することを前提としたうえで、その成員がどのようなものかを尋ねる疑問文に対して、「NらしくないN」と答えることはできるが、「PといえばP」、「PことはP」と答えることはできない。

(79) 彼はどんな教師か。
  a. 教師らしくない教師だ。
  b. *教師であることは教師だ。
  c. *教師といえば教師だ。

一方、次の(80)のように、ある成員が、そもそもカテゴリーに所属するかどうかを尋ねる疑問文に対しては、容認度の判断は逆になる。

(80) そもそも彼は教師なのか。
  a. 教師といえば教師だ。
  b. 教師であることは教師だ。
  c. *教師らしくない教師だ。

6.4.3 「VにはV」との比較

「PことはP」が動詞を繰り返す場合、4.7で考察した「VにはV」と置き換えられる例が多い。

(81) 前の課長も君の企画を会議に{出すことは出した／出すには出した}らしいがね、山持ちの県会議員に一蹴されたらしいよ。
(開高健「パニック」、『パニック・裸の王様』所収、新潮100)

4.7 で述べたように、「V には V」は、V という事態から期待・予想されるさまざまな事態のうち、少なくとも 1 つを伴わないことを前提とする表現である。(81) の場合、企画を会議に「出す」という事態に、それが「受け入れられる」という事態が伴わなかったと解釈可能であるため、「V には V」に置き換えることができる。

次の (82) の場合、前述したように、典型的でない「盗む」であるが、同じ「盗む」に変わりはないことを確認する用法であり、期待される事態が伴わなかったわけではないため、「V には V」ではあらわすことができない。

(82)　「貴様は前にも、飛田と芋畑から芋を盗んだ。俺は知っている。沼の岸で木の根を焼くとき、灰のなかへいれて焼いて食った。人参も盗んで食った。貴様らは人一倍はたらいた。腹もへったろう。だが、{盗んだことは盗んだ／*盗むには盗んだ}のだ。校長が盗みの弁解など、きくひとかどうか、それは貴様の方がよく知っている。」　(＝(57))

このように、典型的でないものの、その事態であることを確認する場合は、「V には V」に置き換えると不自然になる。次の (83) も、女を見て感ずることに変わりはないことを強調する表現であるため、「感ずるには感ずる」とすると容認度が下がる。

(83)　あきれたように三堀は信夫を見た。
「じゃ、女を見て、ムラムラッと感ずることもないんですか」
「それは感じますよ、始終」
信夫はまじめに答えた。
「ホウ、始終感ずるんですか。その顔で……」
じっと信夫の端正な顔を眺めてから、三堀は言葉をつづけた。
「女なんか、糞食らえという顔をして、チーンとすましていて、{感ずることは感ずる／?感ずるには感ずる}んですねえ。人が悪いよ、永野さんは」　(三浦綾子『塩狩峠』、新潮 100)

また、4.7 で述べたように、「V には V」の場合、期待される事態を伴っていないという判断は、確定した事態のほうが行いやすいため、未来における不確定な事態をあらわすのに用いられると不自然となる。それに対して、「P ことは P」は、P という事態が確かに生じることを強調する表現であり、未来の事態をあらわすのに用いられても不自然ではない。

(84)「山田君、明日のパーティーに来るかな？」
「{来ることは来る／？来るには来る}けど、すぐ帰ると思うよ」

6.5　第 6 章のまとめ

本節では、第 6 章で考察した、述語反復構文についてのまとめを行う。

6.2 では、「(S は)P といえば P」について考察し、P が作るカテゴリーには、着目する属性や観点を変えることによって、広いカテゴリー (P_1) と狭いカテゴリー (P_2) の 2 つが想定され、主体 S は、狭いカテゴリーには属さない (P_2 ではない) が、広いカテゴリーには属する (P_1 である) と捉えられていることをあらわす表現であることを指摘し、以下のように構文としての意味を記述した。

「(S は)P といえば P」(P は、名詞 (＋だ)、形容詞、動詞)：
＜(S は) 着目する属性や観点を変えることによって、P であるとはいえないことがあることを前提として、P であると判断することができる＞

6.3 では、「(S は)P ことは P」について考察し、P があらわす内容には、典型的なものから周辺的なものまで想定され、主体 S は、P が作るカテゴリーに含まれるとともに、P カテゴリーの中では、周辺的なものであることをあらわすことを指摘し、以下のように構文的意味を記述した。また、カテゴリーに含まれることを強調する場合と、周辺的なものであることを強調する場合があることを明らかにした。

「(S は)P ことは P」(P は、名詞＋だ、形容詞、動詞)：
＜(S は) 周辺的な事例であるが、P であることは確かである＞

6.4では、まず、「PといえばP」と「PことはP」の比較を行い、いずれもカテゴリーの周辺例に焦点を当てる表現であるという共通点を持つが、「PといえばP」は、他カテゴリーへの所属をあらわす表現を続けることができるのに対して、「PことはP」は、カテゴリーへの所属を認めたうえで、周辺的存在であることを強調する表現であるため、他カテゴリーへの所属をあらわす表現を続けることはできないという違いがあることを指摘した。次に、この2つの構文を3.2.3で取り上げた「NらしくないN」と比較し、さらに、「PことはP」が動詞を繰り返す場合と4.7で取り上げた「VにはV」との比較を行った。

本章で取り上げた2つの構文は、いずれもカテゴリーの周辺例を焦点化する働きをするものであり、カテゴリーの成員に典型的なものから周辺的なものまで段階性のあること、カテゴリーが成員の帰属度の違いによって下位カテゴリーに分割されうることが、解釈の前提となっている。「PといえばP」および「PことはP」において、同一語句であるPを繰り返すことによって、そのようなカテゴリーの成員の段階性およびカテゴリー内の包含関係が想起されると考えられる。すなわち、同一語句の繰り返しという言語形式が、カテゴリー内の複数性を反映しているということであり、言語形式と意味内容との間に類似性を認める類像性（iconicity）が現れた表現であるといえる。

第7章

まとめと今後の展望

7.1　各章のまとめ

本書では、現代日本語のさまざまな反復構文を考察対象とし、構文文法(Construction Grammar)および類像性(iconicity)の観点から詳細な分析を行った。本書が取り上げた表現はいずれも、構成要素から完全には予測できない意味的特徴および形式的特徴を持ち、合成性の原理に従わないものである。本書の第1の目的は、構文文法からのアプローチを援用し、考察対象として取り上げた反復構文の1つ1つについて、形式全体と慣習的に結びついた意味(構文的意味)を記述することであった。また、各反復構文の構文的意味は、合成的解釈から厳密には得られないものであるが、同一語句の反復という形式と無関係ではないと考えられる。本書の第2の目的は、言語形式と意味内容の間に類似関係を認める類像性の観点から、同一語句の反復が表現全体の意味にどのように貢献しているかを考察することであった。

これらの目的に向けて、第2章では本書の理論的基盤となる構文文法(Construction Grammar)、類像性(iconicity)および、第3章以降の考察において援用する認知言語学の諸概念について概観した。

構文文法(Construction Grammar)については、研究者によってさまざまなアプローチが存在するため、共有される基本的認識について確認するとともに、Goldberg(1995)やFillmore, Kay and O'Connor(1988)などを踏まえて、本書が考察対象とする反復構文を以下のように定義した。

反復構文：同一語句の反復を構成部分として含み、反復される語句を何らかの程度で入れ替えることが可能であり、部分から厳密には予測できない形式的および意味的特徴を持つ、形式と意味が慣習的に結びついた単位

類像性（iconicity）については、言語形式が意味内容を反映していると考えられるいくつかの例を示すとともに、Haiman（1980）が、類像的に動機づけられた多くの文法操作のうち最も普遍的なものであると述べている文法的重複（grammatical reduplication）が、日本語の反復構文においても観察されることを、例を挙げて示した。また、言語形式と類似関係にあるのは現実世界のモノや出来事ではなく、われわれがどのように対象を捉えているかが言語形式に反映されることを確認した。

このような理論的基盤を前提として、第3章から第6章まで、現代日本語の反復構文についての具体的考察を行った。

第3章では、名詞反復構文について、構成要素との関連性や類義表現との相違点についての考察を行いながら、構成要素等から完全には予測できない構文的意味を記述した。以下に実例とともに示す。

「NらしいN」①：
＜Nカテゴリーに属する成員の中で、理想例・ステレオタイプ・典型例に当てはまると、話者が認めるもの＞

（1）　最近は、草食系といわれる淡泊な、頼りない男が多くなったらしいが、この小説の主人公の正雄はいわゆる男らしい男。素手で人食いザメを捕るほど勇敢な漁師であり、櫂をこぐために上半身の筋肉が発達した美しい若者だ。　（朝日新聞、2009年5月10日）

「NらしいN」②（否定表現または否定を前提とする表現の中で用いられる）：
＜Nカテゴリーに属する成員の中で、話者がNの成員に期待する基準を満たすもの＞

（2）　部屋には家具らしい家具はほとんどなかった。
　　（村上春樹『世界の終りとハードボイルド・ワンダーランド』、新潮 100）

「N らしくない N」：
＜N カテゴリーに属する成員の中で、理想例・ステレオタイプ・典型例としての度合いが低いと、話者が認めるもの＞
「N らしからぬ N」：
＜N カテゴリーに属する成員の中で、理想例・ステレオタイプとしての度合いが低いと、話者が認めるもの＞

（3）　最近は小説を書いたりあまり管理職らしくない管理職の方が部下にウケるらしいですね。（山下 1995: 196）

（4）　アンチヒーローはアウトローと混同されたり、悪役、宿敵の意味で使われたりするが、ヒーローらしからぬヒーロー、英雄的資質を欠く、ぱっとしない主人公のことである。（朝日新聞、2009 年 3 月 9 日）

「(S は)N 以上に N らしい」：
＜(S は)N カテゴリーには属さないが、N カテゴリーの理想例としての度合いが高いと、話者が認めている＞

（5）　「日本人以上に日本人らしい」というお客の信頼は、自分の身を削りながら、いい思い出だけを持たせて帰そうとする。
（日本経済新聞、2005 年 8 月 16 日）

「N の中の N」：
＜顕著な属性を持っているため他の成員から際立っており、N カテゴリーの代表例であると、話者が認めるもの＞

（6）　「あの機長は男の中の男だ。事故後、フェリーターミナルに座り、何ごとも起きなかったかのように制帽をかぶってコーヒーをすすっていた」。救出後の機長を近くで見た警察官は、そう米メディアに語った。
（朝日新聞、2009 年 1 月 17 日）

「(S は)NN している」①：
<(S は)N を多く含み、その特徴が際立っていて容易に知覚される状態である>

（7） 庭木の葉にくっついている虫で、黄色くとげとげしたのはイラガ。触ったら、針で刺されたような痛みを感じます。
（朝日新聞、2005年7月25日）

「(S は)NN している」②：
<(S は)N のステレオタイプであると判断されるほど、特徴を相当数または繰り返し、示している>

（8） おや、主人公と友だちの顔がなんて大人になったこと。1作目ではまだ子ども子どもしていたのに、背も高くなって。
（朝日新聞、2006年1月9日）

「N という N」①(名詞句：N は具体的事物)：
<N カテゴリーに分類することができる、典型的なものから周辺的なものまでを含む、相当数の成員1つ1つ>

（9） 正勝はパジャマ姿の息子を押しのけるようにして部屋へ入ると、さきほどの第一声を発し、すぐに部屋の窓という窓を開け放った。
（吉田修一『日曜日たち』、p. 87、講談社文庫）

「N という N」②(副詞句：N は時間に関する直示表現)：
<過去に同様の事態が実現しそうになったことが複数回あったことを前提として、N があらわす時間のうちに必ず(事態が実現する)>

（10） だが私も、今度という今度ばかりは本当に苦しい思いをいたしました。
（堀辰雄『かげろうの日記』、青空文庫）

「N また N」：
＜話者が繰り返し経験し、何らかの評価的態度を付与する、相当数の物や事態＞

(11)　桜の頃と紅葉の頃ならこの辺りは人また人で歩くのもままならない道ですが、夏のこの時期は人も疎らで、蝉時雨だけが降り注ぎます。
（http://med.honnet.co.jp/metro/rekisi/rekisi01.htm）

「N につぐ N」：
＜通常ではありえないほど連続して生じた、相当数の事態＞

(12)　工場でも事務所でも特売開始以来仕事が殺到したので連日残業につぐ残業がつづいた。
（開高健「巨人と玩具」、『パニック・裸の王様』所収、新潮 100）

第 3 章のまとめとして、以上で振り返った名詞反復構文について、共通点によって 2 つのグループを見出すことができることを指摘した。1 つ目のグループは、カテゴリーへの帰属度をあらわす表現であり、さらに次の 3 つに分けることができる。

A.　カテゴリーの一部の成員を抜き出す表現
「N らしい N」①、「N の中の N」、「NN している」②
B.　カテゴリーの周辺的成員を抜き出す表現
「N らしくない N」、「N らしからぬ N」
C.　カテゴリーの大部分の成員を抜き出す表現
「N らしい N」②

このような表現を可能にするのは、成員間における帰属度の差異によるカテゴリー分割、すなわち下位カテゴリー化である。同じ N カテゴリーの成員であっても帰属度は均一ではなく、一部の成員だけを抜き出したり、周辺的な成員だけを抜き出したりすることによって、下位カテゴリーを作ることができる。したがって、カテゴリーへの帰属度をあらわす反復構文は、成員の帰属度に程度差があるという、カテゴリーの性質に動機づけられているということができる。

2つ目のグループは、物や事態が多数存在することをあらわす表現であり、該当する表現として、「NNしている」①、「NというN」、「NまたN」、「NにつぐN」がある。これらの表現はいずれも、複数の物や事態の1つ1つに焦点を当てる表現であり、「すべてのN」、「Nの連続」のような類義表現が、複数の物や事態をまとまりとして捉えるのと対照的である。

また、この2つのグループはいずれも、言語表現における類像性（iconicity）と大きな関わりがあり、言語形式と意味内容との間に何らかの類似関係が存在する表現であることを指摘した。同じ名詞を繰り返すことによって、第1のグループの場合は、カテゴリーの拡縮関係が、第2のグループの場合は、多数の存在の1つ1つが焦点化されることがあらわされている。さらに、これらの名詞反復構文の、構文らしさ、すなわち構成要素や類似構文から予測できない程度についてまとめた結果、構文らしさには程度差のあることが明らかとなった。

第4章では、同一動詞の反復構文について、類義表現との比較や、生起する動詞の制約等についての考察を行いながら、それぞれの表現の構文的意味を以下のように記述した。

「動詞（V）連用形の重複＋後件」：
＜行為（V）を相当回数反復すると同時に、後件の行為を行う＞

（13）　炭坑まで小一里の道程を、よく休み休み私はアンパンをつまみ食いして行ったものだ。　（林芙美子『新版放浪記』、青空文庫）

「VにV」：
＜長時間・期間にわたって事態（V）が継続した結果、程度・量が極端である＞

（14）　禅僧が、公案を与えられて、長い間それをめぐって考えに考え抜き、ついには悟りに到達する。
（外山滋比古『思考の整理学』、p.200、筑摩書房）

「V だけ V」①：
＜継続することが可能と思われる限度まで、事態（V）が継続する＞

（15）　人間は苦しむだけ苦しまねば死ぬ事もできないのかと思うのは考えて見るのも、厭だ。　（伊藤左千夫『水害雑録』、青空文庫）

「V だけ V」②：
＜文脈において期待される他の事態を伴わないで、行為（V）のみを行う＞

（16）　鈴木市長は「どのような施設なのか説明を聞いてみないと分からない。聞くだけ聞く。わたしの一存ではいかない。議会や町内連合会など市民の意見を幅広く聞いてから判断したい」と述べた。
（朝日新聞、2007 年 2 月 28 日）

「V ば V ほど＋後件」：
＜事態（V）が継続・反復する程度・量または回数が増加するのに比例して、後件の事態の程度・量も変化する＞

（17）　櫛の歯に髪がひっかかり大層梳きにくいのが、油をつければつけるほど櫛の歯の通りがよくなり、そのうちウェーブが大きくなって、髪は思うように私の指先の言うことをきくようになる。
（有吉佐和子『非色』、p.239、角川文庫）

「V ても V ても＋後件」：
＜事態（V）が相当時間にわたって継続または何度も反復したにも関わらず、予想される結果が一度も生じない＞

（18）　そんな状況で負けても負けても長嶋監督が起用したのが新浦だった。
（http://1st.geocities.jp/dogyamanet/index.html）

「V には V」：
＜期待された事態の少なくとも１つを伴わず、事態（V）が生じる＞

(19)　雑誌も出るには出ましたが、それで大勢の人が食べてゆくことなどは到底できないのでした。　　　（伊藤野枝『ある男の堕落』、青空文庫）

「ＶわＶわ」：
＜事態（Ｖ）が繰り返し認知され、それに伴う程度または量が驚くべきほどである＞

(20)　さあ出て釣り始めると、時々雨が来ましたが、前の時と違って釣れるわ、釣れるわ、むやみに調子の好い釣になりました。
（幸田露伴『幻談』、青空文庫）

これら７つの動詞反復構文も、動詞の繰り返しがあらわす内容によって、2つのグループに分けられることを指摘した。1つは、動詞の繰り返しが、事態の継続・反復をあらわす表現であり、もう１つは、動詞の示す事態が生じるときに他の事態を伴うことが期待されることを前提とした表現である。

第1のグループに該当する表現は、動詞連用形重複構文、「ＶにＶ」、「ＶだけＶ」①、「ＶばＶほど」、「ＶてもＶても」および「ＶわＶわ」である。いずれも、同一動詞を繰り返すことによって、当該動詞の示す事態が、長時間・期間にわたって継続したり何度も反復したりすることをあらわす表現である。

第2のグループに該当する表現は、「ＶだけＶ」②と「ＶにはＶ」である。同一動詞を繰り返すことによって、同一性よりむしろ差異が強調され、当該動詞のあらわす事態に他の事態が付随して生じることが喚起される。これは、動詞があらわす事態をカテゴリーとして捉えた場合、すべての成員が同じ属性を共有するのではなく、さまざまな成員が含まれるという、カテゴリーの性質に動機づけられているといえる。

いずれの場合も、前章で考察した名詞反復構文と同様に、言語表現の類像性（iconicity）が関係している。第１のグループの場合、継続・反復する事態を１つのまとまりとして捉えるのではなく、１つ１つの事態に焦点が当てられており、第２のグループの場合、同一動詞の繰り返しという形式が、動詞が示す事態のみをあらわす場合だけでなく、さまざまな事態を伴う場合があることと対応していると考えられる。

また、第4章で考察した動詞反復構文について、形式的特徴や意味的特徴の構文らしさ、すなわち、構成要素や既存の表現から予測できない特徴についてまとめた結果、名詞反復構文の場合と同様、同じ程度に構文らしいわけではなく、程度差があることが明らかになった。

第5章では、同様のアプローチにより、同一形容詞の反復構文について考察し、以下のように構文的意味を記述した。

「AばAほど＋後件」：
＜（複数の主体、または同一主体の異なる複数の時点を比較し）Aである程度の甚だしさが強まるのに比例して、後件があらわす程度も甚だしくなる＞

（21）　理想が低ければ低いほど、それだけ人間は実際的であり、この理想と現実との間の深淵が彼にはより少く絶望的に思われる。

（林芙美子『放浪記』、新潮 100）

「形容詞テ形（Aくて）の反復＋後件」：
＜話者がAである程度の甚だしさを長時間にわたって体験したことが原因で、後件の事態が生じる＞

（22）　もう楢夫は、息が切れて、苦しくて苦しくてたまりません。それでも、一生けん命、駈けあがりました。

（宮沢賢治『さるのこしかけ』、青空文庫）

「形容詞テ形（Aくて）の反復（言い切り）」：
＜話者がAである程度の甚だしさを長時間にわたって体験した（ことについて聞き手の共感を求める）＞

（23）　年が明けた2月25日、空襲で木造2階建ての自宅が全焼した。雪が降った。
「紙問屋の地下倉庫に寝たが、ふとんもなく、寒くて寒くて」

（朝日新聞、1988年8月2日）

また、このように形容詞反復構文の構文的意味を記述したところ、いずれの場合も、程度の甚だしさを意味的特徴として有することがわかった。したがって、「長い長い夜」、「寒い寒い」のような形容詞の重複の場合と同様、同一形容詞を繰り返すことによって、程度の強調が類像的にあらわされることを指摘した。

第6章では、述語反復構文として、2つの表現について考察した。これらの表現においては、日本語の述語形式（名詞＋「だ」、形容詞、動詞）が繰り返されるとともに、表現全体も文の中で述語として働く。以下にそれぞれの構文的意味を示す。

「(Sは)PといえばP」（Pは、名詞（＋だ）、形容詞、動詞）：
＜(Sは)着目する属性や観点を変えることによって、Pであるとはいえないことがあることを前提として、Pであると判断することができる＞

(24)　新しい長兄夫婦ができた以上、出戻りの娘が大きな部屋を明け渡し、小部屋に移るのは当然と言えば当然である。

（渡辺淳一『花埋み』、新潮100）

「(Sは)PことはP」（Pは、名詞＋だ、形容詞、動詞）：
＜(Sは)周辺的な事例であるが、Pであることは確かである＞

(25)　約束の日、たしかに大田夫人は歩いてくることは歩いてきたが、帰りに門口まで送ってゆくと、ぼくの家から一町ほどさきの辻に一台の新車がとまっていた。

（開高健「裸の王様」、『パニック・裸の王様』所収、新潮100）

また、「PといえばP」と「PことはP」の比較を行った結果、いずれもカテゴリーの周辺例に焦点を当てる表現であるという共通点を持つとともに、前者は、広狭2つのカテゴリー化を前提としており、他カテゴリーへの所属をあらわす表現が後続しうるのに対して、後者は、カテゴリーへの所属を認めたうえで、周辺的存在であることを強調する表現であるため、そのような表現が後続できないという違いのあることがわかった。

この2つの構文は、いずれもカテゴリーの周辺例を焦点化する働きをするものであり、カテゴリーの成員に典型的なものから周辺的なものまで段階性のあること、カテゴリーが成員の帰属度の違いによって下位カテゴリーに分割されうることが、解釈の前提となっている。同一述語を繰り返すことによって、そのようなカテゴリーの成員の段階性およびカテゴリー内の包含関係が想起されると考えられ、この場合も、言語形式と意味内容との間に類似性を認める類像性（iconicity）が反映した表現であるといえる。

7.2　本書の考察の意義

前節でまとめたように、本書が取り上げた反復構文を振り返ったところ、現代日本語の反復構文が、同一語句の繰り返しが構文的意味にどのように貢献するかによって、2つのグループに分けられることが明らかとなった。1つは、量の類像性が反映した表現であり、同一語句の繰り返しが概念的増加（conceptual augmentation）をあらわす。すなわち、同一名詞の繰り返しによって物や事態が多数存在することを、同一動詞の繰り返しによって事態が継続・反復することを、同一形容詞の繰り返しによって程度が増加し甚だしいことをあらわす。

もう1つは、同一語句の繰り返しによって、カテゴリー内の成員の異なりを喚起する表現である。当該語句があらわすモノや事態が作るカテゴリーの成員が、等しくカテゴリーに所属しているわけではなく、典型性の異なるさまざまな成員が存在するという、カテゴリーの性質が解釈の基盤となっている。同一語句の繰り返しが、カテゴリーの拡縮と結びついていることから、この場合も、言語形式と意味内容との間の類似関係が認められ、類像性の反映した表現である。

このように、本書では、類像性という概念が、現代日本語で広く見られる反復という文法現象に深く関わるものであることを示すことができた。

本書ではまた、個別の反復構文についての形式的特徴および意味的特徴を詳細に分析したのち、構文間の比較を行うことによって、構文らしさ、すなわち、構成要素や統語規則からどの程度予測できない表現であるかということには、程度性・段階性があることを示した。

2つの用法が認められる構文のうち、「NらしいN」および「NNしている」について、それぞれの2つの用法を比較すると、いずれの構文においても、形式的特徴が、構成要素や統語規則からの予測可能性が低い用法のほうが、意味的にも、構成要素の意味から予測できない特徴を多く持っていることがわかる。

また、類似した意味を持つ構文として扱った、「NまたN」と「NにつぐN」についても同様のことがいえる。「NまたN」の形式的特徴は、「NにつぐN」に比べ、構成要素から予測できないものであり、意味的にも、話者の評価的態度をあらわすという、構成要素から予測できない特徴を持っている。

さらに、形容詞反復構文のうち、「テ形反復構文」（後続する表現がある場合）と「テ形反復言い切り構文」を比較する。「テ形反復言い切り構文」のほうが、形式的には、通常の「テ形」のように後件に接続せず、文を言い切るという点で特異な特徴を持つといえる。意味的にも、聞き手の共感を促すという特徴は、構成要素からの予測が難しいといえる。

いずれの場合も、特異な形式を持った用法または構文のほうが、意味的にも、構成要素から予測されにくい特徴を持っているといえる。本書の考察により、構文らしさに程度性・段階性があることが示されただけでなく、構文らしさにおいても、形式面と意味面が深く結びついていることが示唆されたといえる。

7.3　今後の展望

本書では、現代日本語のさまざまな反復構文の中から、構文的意味と生産性という2つの基準により、全体の意味が部分の意味の総和から予測されにくく、かつ、多くの語彙項目に適用可能である約20の構文を取り上げ、詳細な分析を行ってきたが、網羅的なものとはいえない。今後の展望として、現代日本語の他の反復構文についても分析を進めることが期待される。

本書で扱うことができなかった表現のいくつかを以下に挙げる。

(26) あなたはそう言うけれども、彼は彼で別の考えもあろうから、聞いて見た方がいいのじゃないかな。 (国広 1985a: 12)

(27) 試験は試験として、ひごろの勉強が大切だ。 (国広 1989: 41)

(28) 古い機械は古い機械なりに年代を経た趣と手慣れた使いやすさがある。 (グループ・ジャマシイ編著 1998: 408)

(29) 亭主が亭主なら女房も女房だ。(グループ・ジャマシイ編著 1998: 403)

(30) ごく簡単に言ってしまえば、日本語なら日本語という言語をかたちづくっているコードは《文法》と《辞書》であります。

(佐藤信夫『レトリックの記号論』、p. 23、講談社学術文庫)

(31) 僕自身もこんなことは一度言っておけばいいことで、こんなことが議論になって反覆応酬されては、すなわち単なる議論としての議論になっては、問題が問題だけに、鼻持ちのならないものになると思っている。 (有島武郎『片信』、青空文庫)

(32) 書きも書いたり、彼の修論は優に 1000 ページを超えていた。

(国広 1989: 41)

(33) 私は誤診の恐ろしさを痛感すると共に、どんなにいい治療を受けても死ぬときには死ぬし、どんなに出鱈目をやっても治る時には治るという事実を、身を以って証明したのであった。 (国広 1997: 281)

(34) 美奈子が真剣な表情で言った。敏子は少しむっとした。それでいいのかどうか、など誰にもわからない。さんざん悩んだ挙句に出した結論。その先をどうやって予想し、対策を講じればいいのだろう。ないものはないし、嫌なものは嫌なのだ。そう思ったら、言葉が口を衝いて出ていた。 (桐野夏生『魂萌え!(上)』、p.192、新潮文庫)

これらの表現も、本書で取り上げた表現と同様、構成要素の意味の総和から全体の意味を完全には導き出すことができないものであるとともに、繰り返される部分が、ある程度入れ替え可能な生産性の高い表現である。したがって、構文文法の枠組みにより、パターン全体と結びついた構文的意味を記述する必要がある。また、同一語句の繰り返しが全体の意味にどのように貢献しているかについて、類像性の観点からの分析が可能かどうか検討する必要がある。

今後、本書と同様のアプローチにより、さらに詳細かつ広範囲な分析を進めることによって、現代日本語の反復構文についての記述を充実させるとともに、構文文法という理論への貢献や、類像性やカテゴリー化といった、より一般的な概念についての詳細な考察を目指していきたい。

あとがき

本書は、2010年3月に名古屋大学大学院国際言語文化研究科に提出した博士学位取得論文「現代日本語の反復構文―構文文法と類像性の観点から―」に加筆・修正したものです。

2005年4月、名古屋大学大学院国際言語文化研究科に入学以来、現代日本語のさまざまな反復表現に興味を抱き考察対象としてきました。博士論文提出の翌年、教壇に立つ機会をいただき、高田短期大学に着任しましたが、非常勤講師の経験もなく教員生活を始めたため、授業準備や学生指導、学内用務に追われ、しばらくは研究の時間がなかなか取れない日々でした。最近になって、相変わらず多忙ではあるものの、ようやく本格的に研究を行うことができるようになったため、まずは研究の原点に立ち戻ろうと思い、博士論文を手直しするとともにその後の研究成果を加え、日本語研究叢書に投稿したところ、幸いなことに、査読を通り出版できることになった次第です。査読に際しては、多くの建設的なご意見を賜り、そのおかげで、さらに充実した内容とすることができました。査読していただいた先生方に御礼を申し上げます。

大学院入学後、本書の基盤となる反復構文の研究を行うにあたり、終始格別なる御指導と御高配を賜り、また、博士論文をまとめるにあたっては多大なる御助言と力強い励ましをいただいた、名古屋大学大学院国際言語文化研究科の籾山洋介先生に心から感謝を申し上げます。私が曲がりなりにも3年間で博士論文をまとめ、また、その後も研究を続けることができたのは、先生の時に厳しく、時に優しく、いつも温かい御指導によるものです。

名古屋大学大学院文学研究科の大室剛志先生、同国際言語文化研究科の鹿島央先生、李澤熊先生には、博士論文の審査において、貴重な御指摘を賜りました。深謝申し上げます。

また、研究を行う過程において、日本認知言語学会、日本語学会、日本語文法学会、関西言語学会等で研究発表を行った際には、多くの皆様から貴重な御意見や御指摘をいただきました。深く感謝するとともにそれらの御意見や御指摘を本書に十分に反映できなかったことをお詫びいたします。

武庫川女子大学の木下りか先生、名古屋大学の鷲見幸美先生をはじめとする籾山研究室の諸先輩方にも感謝申し上げます。籾山先生主宰の現代日本語学研究会で直接御教示いただいたことに感謝するのはもちろんのこと、多くの先輩方が博士論文を完成させていることが励みになりました。また、私が博士前期課程に入学したとき、博士後期課程に在学されていた山本幸一氏、有薗智美氏からは博士論文執筆における心構えなど、数々の御助言をいただきました。

籾山研究室の在学生の皆様との議論からは、多くの示唆を得ることができました。特に東北学院大学の野田大志氏とはともに勉強会を立ち上げるなど大学院生活の多くの時間を共有しました。私が社会人として入学したこともあり年齢差は相当あるものの、学問に対する姿勢からは大いに学ぶものがありました。また、大西美穂氏、梶川克哉氏を始めとする後輩諸氏がさまざまな研究課題に真摯に取り組んでいる姿からも刺激を受け、励みとなりました。

本書の第 3 章～第 6 章は、既発表論文等に基づき、その後の研究によって明らかにした内容を加味して大幅に加筆・修正したものです。既発表論文等との関わりは以下のとおりです。

第 3 章

「構文文法からのアプローチによる同語反復表現の考察―「X らしい X」を中心に―」,『日本認知言語学会論文集』7 巻，pp. 511–521，2007 年

「同語反復表現「X という X」について」,『日本語文法』8 巻 2 号，pp. 104–120，2008 年

「名詞反復表現「XX している」の構文的意味」,『日本認知言語学会論文集』10 巻，pp. 460–470，2010 年

「現代日本語の名詞反復構文―構文文法と類像性の観点から―」,『認知言語学論考』No. 9, ひつじ書房, pp. 139–176, 2010年

第4章

「現代日本語の同一動詞反復表現「VにV」について」,『言葉と文化』10号, 名古屋大学大学院国際言語文化研究科日本言語文化専攻, pp. 45–58, 2009年

「日本語の動詞反復表現―「VてもVても」「VにはV」を例として―」,『日本認知言語学会論文集』9巻, pp. 92–102, 2009年

「現代日本語の動詞連用形重複構文」,『日本語文法』10巻2号, pp. 37–51, 2010年

「「〜わ〜わ」構文の分析」,『日本語文法』13巻1号, pp. 37–51, 2013年

第5章

「形容詞テ形に関わる構文ネットワーク」,『日本語学会2009年度春季大会予稿集』, pp. 125–132, 2009年

第6章

「同語反復表現「XといえばX」におけるカテゴリー化について」,『日本認知言語学会論文集』8巻, pp. 223–233, 2008年

本書の出版に際しては、くろしお出版の荻原典子氏に大変お世話になりました。原稿の非常に細かなところまで目を通したうえ、的確に指摘してくださったおかげで、より精度の高い論文に仕上げることができました。

以上のすべての方々に心より厚く御礼申し上げます。

最後に、30代半ばにして大学院に入学したいという我が儘を許してくれたうえ、特に博士論文執筆中、精神的にも肉体的にも追い詰められていた私を励まし支えてくれた妻昌代と、博士論文完成とほぼ時を同じくして誕生し、その後の研究生活に彩りをもたらしてくれた長女彩乃に心から感謝します。

2016年11月11日

野呂健一

参考文献

青木博史(2009)「動詞重複構文の歴史」,『日本語の研究』5巻2号, pp. 1–15.

阿部宏(2009)「日本語における「望ましさ」概念について」, In A. Jablonski, S. Meyer and K. Morita (eds.), *Civilisation of Evolution Civilisation of Revolution Metamorphoses in Japan 1900–2000*, Museum of Japanese Art & Technology Manggha, pp. 81–94.

庵功雄・高梨信乃・中西久美子・山田敏弘(2001)『中上級を教える人のための日本語文法ハンドブック』, スリーエーネットワーク.

泉原省二(2007)『日本語類義表現使い分け辞典』, 研究社.

林八龍(1986)「現代日本語の慣用的表現の類型」, 宮地裕編『論集日本語研究(一)現代編』, 明治書院, pp. 291–318.

大堀俊夫(1991)「文法構造の類像性」, 日本記号学会編『かたちとイメージの記号論』(記号学研究 11), pp. 95–107.

大堀俊夫(1992)「イメージの言語学—ことばの構成原理をもとめて—」,『言語』21巻12号, pp. 34–41.

大堀壽夫(2000)「言語的知識としての構文—複文の類型論に向けて—」, 坂原茂編『認知言語学の発展』, ひつじ書房, pp. 281–315.

大堀壽夫(2001)「構文理論—その背景と広がり—」,『英語青年』147巻9号, pp. 526–530.

大堀壽夫(2002a)『認知言語学』, 東京大学出版会.

大堀壽夫(2002b)「Iconicity(類像性、イコン性)」, 寺澤芳雄編『英語学要語辞典』, 研究社, p. 318.

岡本牧子・氏原庸子(2008)『くらべてわかる日本語表現文型辞典』, Jリサーチ出版.

奥田靖雄(1978)「アスペクトの研究をめぐって」,『教育国語』53号, pp. 33–44, 54号, pp. 14–27.(奥田靖雄(1985)『ことばの研究・序説』, むぎ書房, pp. 105–143.)

尾谷昌則(2000)「接尾辞「ぽい」に潜むカテゴリー化のメカニズム—「女っぽい人」は女ですか?—」,『日本言語学会第120回大会予稿集』, pp. 168–173.

影山太郎(1980)『日英比較語彙の構造』, 松柏社.

加藤由紀子(2005)「原因・理由を表すテ形接続に関する一考察」,『岐阜大学留学生センター紀要』2005, pp. 13–24.

河上誓作編著(1996)『認知言語学の基礎』, 研究社.

金水敏(2000)「1 時の表現」, 金水敏・工藤真由美・沼田善子『時・否定と取り立て』(日本語の文法 2), 岩波書店, pp. 1–92.

工藤真由美(1995)『アスペクト・テンス体系とテクスト—現代日本語の時間の表現—』, ひつじ書房.

国広哲弥(1985a)「慣用句論」,『日本語学』4 巻 1 号，pp. 4–14.
国広哲弥(1985b)「認知と言語表現」,『言語研究』88 号，pp. 1–19.
国広哲弥(1989)「文法にも慣用表現がある」,『言語』18 巻 2 号，pp. 40–41.
国広哲弥(1997)『理想の国語辞典』，大修館書店 .
グループ・ジャマシイ編著(1998)『教師と学習者のための日本語文型辞典』，くろしお出版 .
黄其正(2004)『現代日本語の接尾辞研究』，渓水社 .
坂原茂(1993)「トートロジーについて」,『東京大学教養学部外国語科研究紀要』40 巻 2 号，pp. 57–83.
坂原茂(2002)「トートロジとカテゴリ化のダイナミズム」，大堀壽夫編『認知言語学Ⅱ：カテゴリー化』(シリーズ言語科学 3)，東京大学出版会，pp. 105–134.
坂原茂(2004)「3 認知的アプローチ」，郡司隆男・阿部泰明・白井賢一郎・坂原茂・松本裕治『意味』(シリーズ言語の科学 4)，岩波書店，pp. 83–124.
佐藤信夫(1986)『意味の弾性』，岩波書店 .
佐藤信夫・佐藤全太(2006)「1–4 語句の反復」，佐藤信夫・佐々木健一・松尾大『レトリック事典』，大修館書店，pp. 45–54.
澤田美恵子(2007)『現代日本語における「とりたて助詞」の研究』，くろしお出版 .
塩谷英一郎(2003)「第 5 章　認知から見た言語の構造と機能」，辻幸夫編『認知言語学への招待』(シリーズ認知言語学入門 1)，大修館書店，pp. 183–212.
白川博之(1991)「「テ形」による言いさしの文について」,『広島大学日本語教育学科紀要』創刊号，pp. 39–48.
杉本孝司(1998)『意味論 2—認知意味論—』(日英語対照による英語学演習シリーズ 8)，くろしお出版 .
田野村忠温(1991)「「らしい」と「ようだ」の意味の相違について」,『言語学研究』10 号，京都大学言語学研究会，pp. 62–78.
玉村文郎(1985)『語彙の研究と教育(下)』，国立国語研究所 .
多門靖容(2004)「比喩と連体修飾—メンバ、カテゴリと存在—」,『日本語学』23 巻 3 号，pp. 40–49.
張麗縁(2003)「動詞連用形の重複について」,『言語科学論集』7 号，東北大学文学部日本語学科，pp. 95–106.
辻幸夫(2002)「カテゴリー化」，辻幸夫編『認知言語学キーワード辞典』，研究社，p. 30–31.
寺村秀夫(1981)『日本語の文法(下)』，国立国語研究所 .
寺村秀夫(1984)『日本語のシンタクスと意味　第Ⅱ巻』，くろしお出版 .
寺村秀夫(1991)『日本語のシンタクスと意味　第Ⅲ巻』，くろしお出版 .
中西久美子(1995a)「コソとガ—総記的用法—」，宮島達夫・仁田義雄編『日本語類義表現の文法(上)』，くろしお出版，pp. 296–305.
中西久美子(1995b)「シカとダケとバカリ—限定のとりたて助詞—」，宮島達夫・仁田義雄編『日本語類義表現の文法(上)』，くろしお出版，pp. 317–327.
鍋島弘治朗(2003)「「……ひとつ……ない」構文について—日本語における構文文法研究の一例として—」,『日本語文法学会第 4 回大会発表論文集』，pp. 83–92.

仁田義雄(1995)「シテ形接続をめぐって」，仁田義雄編『複文の研究(上)』，くろしお出版，pp. 87–126.
日本語記述文法研究会編(2008)『現代日本語文法 6　第 11 部複文』，くろしお出版 .
日本語記述文法研究会編(2009)『現代日本語文法 5　第 9 部とりたて　第 10 部主題』，くろしお出版 .
丹羽哲也(1993)「引用を表す連体複合辞「トイウ」」，『人文研究』45 巻第 1 分冊，大阪市立大学文学部紀要，pp. 25–60.
沼田善子(2000)「3 とりたて」，金水敏・工藤真由美・沼田善子『時・否定と取り立て』(日本語の文法 2)，岩波書店，pp. 151–216.
野内良三(1998)『レトリック辞典』，国書刊行会 .
野内良三(2005)『日本語修辞辞典』，国書刊行会 .
野村益寛(2002)「主観化／主体化」，辻幸夫編『認知言語学キーワード辞典』，研究社，p. 104.
蜂矢真郷(1998)『国語重複語の語構成論的研究』，塙書房 .
服部匡(1988)「反復を含む構文の性質について―日本語は文脈自由文法で記述可能か？―」，『言語学研究』7 号，京都大学言語学研究室，pp. 185–200.
飛田良文・浅田秀子(1991)『現代形容詞用法辞典』，東京堂出版 .
飛田良文・浅田秀子(1994)『現代副詞用法辞典』，東京堂出版 .
フィルモア，チャールズ(1989)「「生成構造文法」による日本語の分析一試案」，久野暲・柴谷方良編『日本語学の新展開』，くろしお出版，pp. 11–28.
藤井聖子(2002)「所謂「逆条件」のカテゴリー化をめぐって」，生越直樹編『対照言語学』(シリーズ言語科学 4)，東京大学出版会，pp. 249–280.
古牧久典(2009)「トートロジからみた知識構造と談話構造」，『日本認知言語学会論文集』9 巻，pp. 236–246.
本多啓(2005)『アフォーダンスの認知意味論―生態心理学から見た文法現象―』，東京大学出版会 .
前田直子(1993)「逆接条件文「〜テモ」をめぐって」，益岡隆志編『日本語の条件表現』，くろしお出版，pp. 149–167.
益岡隆志(2000)「第 15 章　「ながら」とその周辺」，『日本語文法の諸相』，くろしお出版，pp. 201–214.
益岡隆志・田窪行則(1992)『基礎日本語文法―改訂版―』，くろしお出版 .
町田章(2006)「属性名詞と「する」―「娘する」構文の認知構造―」，*Proceedings of the Thirtieth Annual Meeting* (*KLS* 30)，関西言語学会，pp. 100–110.
松本曜編(2003)『認知意味論』(シリーズ認知言語学入門 3)，大修館書店 .
三宅知宏(1995)「〜ナガラと〜タママと〜テ―付帯状況の表現―」，宮島達夫・仁田義雄編『日本語類義表現の文法(下)』くろしお出版，pp. 441–450.
籾山洋介(1997)「発話動詞の分析―「言う」と「おっしゃる／申し上げる／申す」について―」，名古屋・ことばのつどい編集委員会編『日本語論究 5 敬語』，和泉書院，pp. 21–42.
籾山洋介(2001)「多義語の複数の意味を統括するモデルと比喩」，『認知言語学論考』No.1，ひつじ書房，pp. 29–58.

籾山洋介(2002)『認知意味論のしくみ』，研究社．
籾山洋介(2003)「認知言語学における語の意味の考え方」，『日本語学』22巻10号，pp. 74–82.
籾山洋介(2005)「類義表現の体系的分類」，『日本認知言語学会論文集』5，pp. 580–583.
籾山洋介(2006)「1–8 認知言語学」，鈴木良次編『言語科学の百科事典』，丸善株式会社，pp. 157–177.
籾山洋介(2008)「カテゴリーのダイナミズム―「人間」を中心に―」，森雄一・西村義樹・山田進・米山三明編『ことばのダイナミズム』，くろしお出版，pp. 123–137.
森雄一(1998)「「主体化」をめぐって」，『東京大学国語学研究室創設百周年記念国語記念論集』，pp. 186–198.
森雄一(2007)「「拡縮反復」小考」，『成蹊國文』40号，pp. 140–146.
森田良行(1972)「「だけ，ばかり」の用法」，『早稲田大学語学研究所紀要』10号，pp. 1–27.
森田良行(1989)『基礎日本語辞典』，角川書店．
森田良行・松木正恵(1989)『日本語表現文型用例中心・複合辞の意味と用法』，アルク．
森山卓郎(1995)「並列述語構文考―「たり」「とか」「か」「なり」の意味・用法をめぐって―」，仁田義雄編『複文の研究(上)』，くろしお出版，pp. 127–149.
山下喜代(1995)「形容詞性接尾辞「－ぽい・－らしい・－くさい」について」，『講座日本語教育』第30分冊，早稲田大学日本語研究教育センター，pp. 183–206.
山梨正明(1988)『比喩と理解』，東京大学出版会．
山梨正明(1995)『認知文法論』，ひつじ書房．
山梨正明(2000)『認知言語学原理』，くろしお出版．
吉永尚(1995)「なかどめ形節分類についての考察」，『日本語・日本文化研究』5号，大阪外国語大学日本語講座，pp. 93–106.
吉村公宏(1995)『認知意味論の方法―経験と動機の言語学―』，人文書院．
吉村公宏(2002)「構文」，辻幸夫編『認知言語学キーワード辞典』，研究社，p. 75–76.
吉村公宏(2004)『はじめての認知言語学』，研究社．
Croft, W. (2001) *Radical Construction Grammar*, Oxford University Press.
Croft, W. and D. A. Cruse (2004) *Cognitive Linguistics*, Cambridge University Press.
Fillmore, C. J. (1982) “Frame Semantics”, In Linguistics Society of Korea (ed.), *Linguistics in the Morning Calm*, Hanshin Publishing, pp. 111–138.
Fillmore, C. J., P. Kay and M. C. O’Connor (1988) “Regularity and Idiomaticity in Grammatical Constructions: The Case of *let alone*”, *Language* 64 (3), pp. 501–538.
Fujii, Seiko (1994) “A Family of Constructions: Japanese TEMO and Other Concessive Conditionals”, *BLS* 20, pp. 194–207.
Givón, Talmy (1990) *Syntax: A Functional-typoogical Introduction*, vol.2, Benjamins.
Goldberg, A. E. (1995) *Constructions: A Construction Grammar Approach to Argument Structure*, University of Chicago Press.(河上誓作・早瀬尚子・谷口一美・堀田優子訳(2001)『構文文法論―英語構文への認知的アプローチ―』，研究社)
Goldberg, A. E. (2006) *Constructions at Work*, Oxford University Press.
Haiman, J. (1980) “The Iconicity of Grammar: Isomorphism and Motivation”, *Language* 56 (3), pp. 515–540.

Haiman, J.（1985）*Natural Syntax*, Cambridge University Press.

Kay, P. and C. J. Fillmore（1999）"Grammatical Constructions and Linguistic Generalizations: The *What's X dong Y?* Construction", *Language* 75（1）, pp. 1–33.

Lakoff, G.（1972）"Hedges: A Study in Meaning Criteria and the Logic of Fuzzy Concepts", *CLS* 8, pp. 183–228.

Lakoff, G.（1987）*Women, Fire and Dangerous Things: What Categories Reveal about the Mind*, University of Chicago Press.（池上嘉彦・河上誓作他訳（1993）『認知意味論』, 紀伊國屋書店）

Lakoff, G. and M. Johnson（1980）*Metaphors We Live By*, University of Chicago Press.（渡部昇一・楠瀬淳三・下谷和幸訳（1986）『レトリックと人生』, 大修館書店）

Langacker, R. W.（1987a）*Foundation of Cognitive Grammar: Vo.1 Theoretical Prerequisites*, Stanford University Press.

Langacker, R. W.（1987b）"Nouns and Verbs", *Language* 63（1）, pp. 53–94.

Langacker, R. W.（1990）*Concept, Image, and Symbol: The Cognitive Basis of Grammar*, Mouton de Gruyter.

Langacker, R. W.（1998）"On Subjectification and Grammaticalization", In Jean-Pierre Koenig（ed.）, *Discourse and Cognition: Bridging the Gap*, CSLI Publications, pp. 71–89.

Langacker, R. W.（1999）*Grammar and Conceptualization*, Mouton de Gruyter.

Langacker, R. W.（2005）"Construction Grammars: Cognitive, Radical, and Lessso", In Francisco J. Ruiz de Mendoza Ibáñez and M. Sandra Peña Cervel（eds.）, *Cognitive Linguistics: Internal Dynamics and Interdisciplinary Interaction*, Mouton de Gruyter, pp. 101–159.

Lee, D.（2001）*Cognitive Linguistics: An Introduction*, Oxford University Press.（宮浦国江訳（2006）『実例で学ぶ認知言語学』, 大修館書店）

Levinson, S. C.（2000）*Presumptive Meanings: The Theory of Generalized Conversational Implicature*, MIT Press.（田中廣明・五十嵐海理訳（2007）『意味の推定―真グライス学派の語用論―』, 研究社）

Okamoto, Shigeko（1990）"Reduplicated Verbs in Japaneseas Grammatical Constructions", *BLS* 16, pp. 248–256.

Okamoto, Shigeko（1994）"Augmentative Verbal Repetitive Constructions in Japanese", *Cognitive Linguistics* 5（4）, pp. 381–404.

Rosch, E., C. B. Mervis, W. D. Gray, D. M. Johnson and P. Boyes-Braem（1976）"Basic Objects in Natural Categories", *Cognitive Psychoogy* 8, pp. 382–439.

Taylor, J. R.（2003）*Linguistic Categorization*（*Third Edition*）, Oxford University Press.（辻幸夫他訳（2008）『認知言語学のための 14 章』, 紀伊國屋書店）

Ungerer, F. and H. J. Schmid（1996）*An Introduction to the Cognitive Linguistics*, Longman.（池上嘉彦他訳（1998）『認知言語学入門』, 大修館書店）

『広辞苑』（第六版）, 新村出編（2008）, 岩波書店 .

『大辞泉』（第一版）, 小学館『大辞泉』編集部編（1998）, 小学館 .

『大辞林』（第二版）, 松村明編（1995）, 三省堂 .

例文出典

（1）『CD-ROM 版新潮文庫の 100 冊』（略称：新潮 100）

（2）『CD-ROM 版新潮文庫の絶版 100 冊』（略称：新潮絶版）

（3）青空文庫：http://www.aozora.gr.jp/

（4）インターネット上で公開されているウェブページ
（検索エンジンは 'Google' および 'Goo' を使用）

（5）その他、単行本、新聞からの出典は、例文の後の（　）内に、単行本の場合は著者名・題名・ページ数・出版社を、新聞の場合は新聞名・日付を示す。

索　引

あ行

か行

さ行

た行

な行

か行

ま行

や行

ら行

わ

■ 著者紹介

著　者　　野呂　健一（のろ　けんいち）

略　歴　　1968年三重県四日市市生まれ
放送大学教養学部卒業
名古屋大学大学院国際言語文化研究科博士後期課程修了（博士（文学））
高田短期大学助教、講師を経て
現在、高田短期大学准教授

主要論文
「現代日本語の動詞連用形重複構文」〈『日本語文法』10巻2号　2010〉
「現代日本語の名詞反復構文―構文文法と類像性の観点から―」〈『認知言語学論考』No. 9　2010〉
「「～わ～わ」構文の分析」〈『日本語文法』13巻1号　2013〉
「「赤いりんご」と「りんごの赤いの」―線条的類像性の観点から―」〈*KLS* 33　2013〉
「現代日本語の依頼表現における「いただく」使用の広がりとその要因」〈『高田短期大学紀要』34号　2016〉

Frontier series
日本語研究叢書　28

現代日本語の反復構文
―構文文法と類像性の観点から―

2016年12月23日　第1刷発行

著者　野呂健一
版元　くろしお出版
〒113-0033　東京都文京区本郷3-21-10
TEL　03-5684-3389
FAX　03-5684-4762
E-mail　kurosio@9640.jp
http://www.9640.jp
装丁　スズキアキヒロ
印刷　藤原印刷株式会社

ISBN978-4-87424-721-1 C3081

このシリーズは現代日本語についての開拓的研究を，同学の士の共同財産とするために、できるだけ発表後すみやかに、廉価な形で刊行することを目的とするものです。国内国外で出された博士論文またはそれに準じると思われる論文ということを一応の基準とします。自薦・他薦とも編集部まで随時ご連絡下さい。

日本語研究叢書（フロンティアシリーズ）　投稿について

1.　審査の対象について

審査にあたり、下記のいずれかの条件を満たす者を審査の対象とします。ただし、下記で発表されている論文と今回の投稿論文の内容が全く異なるものでも構いません。

（1）『日本語の研究』『日本語文法』『言語研究』『社会言語科学』『日本語教育』等の学会誌及びそれに準ずるものに論文が複数掲載されていること。

（2）商業出版社にて本論文とは別内容の「単行本」の研究書が刊行されていること。

（3）商業出版社での「論文集」に掲載された内容が他の文献にて引用されるなど、一定の評価を得ていること。

当該論文およびその大部分が既に商業出版されている場合には審査の対象外とします。

2.　応募方法について

郵便・FAX・E-mail にて

（1）執筆者の履歴及び研究略歴（論文及びその掲載元を含む）

（2）応募博士論文の要旨（800 字程度）・目次・全体の文字数・受理先

をご連絡下さい。小社到着後、詳細を折り返しご連絡いたします。

◇◇◇◇◇◇◇◇ 日本語研究叢書（フロンティアシリーズ） ◇◇◇◇◇◇◇◇

ポリー・ザトラウスキー
日本語研究叢書 5
日本語の談話の構造分析
1993.05.27　B5 判　232+88 ページ　4,200 円＋税　978-4-87424-080-1 C3081

著者が自ら収集した膨大な談話データから、日本語の談話において勧誘行動がどのような構造と形式を持つかを分析した労作。談話分析の先駆書であり、その手法から学ぶところは大きい。

野田春美
日本語研究叢書 9
「の（だ）」の機能
1997.10.17　A5 判　276 ページ　3,800 円＋税　978-4-87424-150-6 C3081

「の（だ）」の機能を包括的に考察し、その全体像を掴む。「の（だ）」は文を名詞文に準じる形に変えるものであるという考えに基づき、「の（だ）」の文と名詞文との共通性を重視し、かつ、名詞文との異なりにも注意をむけながら考察を進める。

安達太郎
日本語研究叢書 11
日本語疑問文における判断の諸相
1999.06.01　A5 判　240 ページ　3,800 円＋税　978-4-87424-175-1 C3081

疑問文は、相手から情報を引き出すだけでなく、情報を伝えさえする。疑問文の形式をもちながら平叙文的な情報伝達を担っている文をとりあげ、話し手の主観的な判断が疑問文にどのように反映するか、そしてそれが伝達の様相にどんな影響を与えるのかを考察する。モダリティ研究へ資する一冊。

李麗燕
日本語研究叢書 12
日本語母語話者の雑談における「物語」の研究
会話管理の観点から
2000.06.20　A5 判　278 ページ　3,800 円＋税　978-4-87424-194-8 C3081

雑談の中に現れる「物語＝（過去の経験や出来事を語ること）」に焦点を当て、その開始・終了・維持等のためにどんな言語行動をとるのかを分析。膨大な談話資料も提供可能。

山岡政紀
日本語研究叢書 13
日本語の述語と文機能
2000.10.15　A5 判　304 ページ　3,800 円＋税　978-4-87424-207-3 C3081

文の構造と機能との関係の記述に、文形式そのものの機能的意味（文機能）を中心に据え、理論的な枠組みを提起した意欲作。動詞・形容詞の語用論に新たな知見を提示。「現代日本語文の構造と機能について、体系的に可能な限り厳密に記述すること」を長期的な目的とする著者の意気込みが伝わってくる。

中村ちどり
日本語研究叢書 14
日本語の時間表現
2001.12.01　A5 判　224 ページ　3,800 円＋税　978-4-87424-244-8 C3081

日本語の時間表現である副詞句と従属節、述語について分析。副詞句と従属節、複合的な述語について、語彙的時間情報といくつかの規則を考えることにより、アスペクトとテンスの解釈が構成的に行えることを提示。さらに時点を示す副詞句における助詞選択の要因についても分析。

佐々木冠
日本語研究叢書 16
水海道方言における格と文法関係
2004.03.05　A5 判　288 ページ　3,800 円＋税　978-4-87424-281-2 C3081

水海道方言の格形式の意味上・統語上の性質を記述。有生格と無生格の対立、そして標準語で「の」や「に」が使われている領域において複数の格形式が使い分けられているといった、水海道方言の構文を明らかに。

許夏珮
日本語研究叢書 17
日本語学習者によるアスペクトの習得
2005.03.01　A5 判　200 ページ　3,800 円＋税　978-4-87424-297-9 C3081

本格的な第二言語習得研究として、日本語のアスペクト表現の典型とされる「テイル」「テイタ」という言語形式に焦点をあてて、主に台湾人日本語学習者によるその習得過程を明らかにした一冊。

片岡喜代子
日本語研究叢書 18
日本語否定文の構造　かき混ぜ文と否定呼応表現
2006.11.01　A5 判　296 ページ　3,800 円＋税　978-4-87424-365-7 C3081

日本語の否定呼応表現の構造を特定する試み。「シカ」や「誰も」のような否定呼応表現は、否定辞を構成素統御する位置にあり、否定辞の作用域にはないことなどを主張する。

名嶋義直
日本語研究叢書 19
ノダの意味・機能　関連性理論の観点から
2007.01.10　A5 判　336 ページ　3,800 円＋税　978-4-87424-366-5 C3081

ノダ文について、関連性理論に代表される認知語用論的観点の枠組みから検討・仮説を立て、「発見のノダ文」「説明のノダ文」「命令・決意・忠告・願望のノダ文」「強調のノダ文」「そうなのか／そうなのだ」「推意のノダ文」の用法を仮説に沿って記述。その本質を明らかにしようとした意欲作。

有田節子
日本語研究叢書 20
日本語条件文と時制節性
2007.05.30　A5 判　224 ページ　3,800 円＋税　978-4-87424-382-4 C3081

日本語の完全時制節が必ず規定命題を表し、そのことから、規定性と二種類の不確定性の観点による条件文分類と日本語の条件形式が対応することを検証する。

庵功雄
日本語研究叢書 21
日本語におけるテキストの結束性の研究
2007.10.20　A5 判　246 ページ　3,800 円＋税　978-4-87424-399-2 C3081

近年さまざまなアプローチで研究が進みつつある談話・テキスト言語学の分野で、いままで困難と思われてきた文法的な手法にあえて取り組み、結束性という現象を手がかりに、注目すべき成果をあげた意欲作。

林青樺
日本語研究叢書 22
現代日本語におけるヴォイスの諸相　事象のあり方との関わりから
2009.02.28　A5 判　256 ページ　3,800 円＋税　978-4-87424-438-8 C3081

事象のあり方との関わりから、ヴォイスの対立・非対立問題や各構文の意味機能、そして自動性・他動性の問題などを中心に、現代日本語のヴォイスの諸現象を検討し論述。

王軼群
日本語研究叢書 23
空間表現の日中対照研究
2009.11.10　A5 判　176 ページ　3,800 円＋税　978-4-87424-462-3 C3081

日中両言語の起点表現、場所表現、移動動詞を中心に取り上げ、認知言語学的立場と類型論的立場から日本語と中国語における空間表現を比較対照し深く考察した意欲的論文。

戸次大介
日本語研究叢書 24
日本語文法の形式理論　活用体系・統語構造・意味合成
2010.03.10　A5 判　356 ページ　4,200 円＋税　978-4-87424-468-5 C3081

組合せ範疇文法（CCG）と高階動的論理に基づき「日本語の言語現象に対する網羅性」「計算機で扱うのに充分な形式的厳密性」「活用体系・統語構造・意味合成に亘る理論的統合性」を同時に満たす日本語文法を構築・提示する試み。

加藤陽子
日本語研究叢書 25
話し言葉における引用表現
2010.06.01　A5 判　280 ページ　3,800 円 + 税　978-4-87424-477-7 C3081

日本語の話し言葉に現れる、主に「ト」「ッテ」引用標識で発話が終了する形式について、その機能、表現効果、使用の意義等について考察。その現象を正確に記述し、主に統語的・意味的・語用論的観点から立場から分析する。

陳志文
日本語研究叢書 26
現代日本語の計量文体論
2012.08.20　A5 判　208 ページ　3,800 円 + 税　978-4-87424-559-0 C3081

現代日本語の代表的なジャンルとして新聞・雑誌・高校教科書の 3 つを採り上げ、統計的な方法を利用しそれぞれの文体類型を明らかにする。また 3 者の関係についても詳しく観察し、さらに文体の日中対照研究も行った、意欲的な書。

岩田一成
日本語研究叢書 27
日本語数量詞の諸相　数量詞は数を表すコトバか
2013.11.10　A5 判　256 ページ　3,800 円 + 税　978-4-87424-611-5 C3081

日本語数量詞について様々な資料から言語事実を収集し、どのような形式が存在するか、また各々どのような機能を担っているかを幅広く記述・考察する。加えてコーパスを利用した定量的な調査も行う。今後の数量詞研究の礎となる一冊。